AtV

PETER ZUDEICK, geboren in Haan, Studium der Philosophie, Germanistik, Pädagogik und Theaterwissenschaften; Promotion mit einer Arbeit über Ernst Bloch. Langjährige Tätigkeit als Redakteur, Reporter und Moderator, seit 1985 freier Korrespondent für mehrere Rundfunkanstalten und Zeitungen, seit 2000 auch mit einem Büro in Berlin. Seine »satirischen Wochenrückblicke« auf WDR, Radio Bremen, RBB, MDR, NDR und HR sind längst Kult und eine Institution.

Veröffentlichungen u.a.: Alternative Schulen (1982); Der Hintern des Teufels. Ernst Bloch. Leben und Werk (1985); SABA. Die Bilanz einer Aufgabe (1990); In Ordnung, Chef! Satirische Wochenrückblicke von und mit Peter Zudeick (Audio-CD; 2001)

Gott ist tot! – Wer wie Friedrich Nietzsche (1844–1900) mit dem Hammer philosophiert, liefert Schlagworte und Skandale. Keine Frage: Dieser schillernde, leidenschaftliche Denker bleibt eine Herausforderung. Der Sohn aus protestantischem Pfarrhaus kündigt die Gewißheiten der Religion, der Metaphysik und der gesellschaftlichen Moral. Der Professor der Altphilologie feiert in seinem Erstling »Die Geburt der Tragödie« den dionysischen Rausch. Der kranke, heimatlos durch Europa wandernde Philosoph huldigt im »Zarathustra« dem Ideal des Übermenschen. Der Prophet einer neuen »Herrenmoral« bricht im Januar 1889 auf offener Straße zusammen. Der Provokateur verfaßt Gedichte, die zum Schönsten der deutschen Sprache gehören. – Stationen eines widersprüchlichen Lebenswerks, das Peter Zudeick kritisch und unterhaltsam nachzeichnet.

Peter Zudeick

Nietzsche für Eilige

Aufbau Taschenbuch Verlag

ISBN 3-7466-2124-0

1. Auflage 2005

Einbandgestaltung MediaBureau Di Stefano
unter Verwendung eines Fotos von photonica
und eines Fotos von Getty Images
Druck GGP Media GmbH, Pößneck
Printed in Germany

www.aufbau-taschenbuch.de

Friedrich Nietzsche
1882

Meinem Leser

Ein gut Gebiß und einen guten Magen –
Dies wünsch' ich dir!
Und hast du erst mein Buch vertragen,
verträgst du dich gewiß mit mir!

Friedrich Nietzsche, »Die fröhliche Wissenschaft«

Inhalt

Anhang

Prolog

Sein Leben – zuerst, vor seinen Werken

»Wer Nietzsche wörtlich nimmt,
wer ihm glaubt, der ist verloren.«
Thomas Mann

Die Feder kritzelt: Hölle das!
Bin ich verdammt zum Kritzeln-Müssen?
So greif ich kühn zum Tintenfaß
Und schreib mit dicken Tintenflüssen.
Wie läuft das hin, so voll, so breit!
Wie glückt mir alles, wie ich's treibe!
Zwar fehlt der Schrift die Deutlichkeit –
Was tuts? Wer liest denn, was ich schreibe?

Die Frage ist berechtigt. 1882, als Friedrich Nietzsche dieses kleine Gedicht niederschreibt, liest ihn so gut wie keiner. Das hat sich inzwischen geändert. 2001 fragte die Londoner Zeitschrift »The Philosophers' Magazine« nach den größten Werken der westlichen Philosophie. Nietzsches »Jenseits von Gut und Böse« war unter den Top Ten, weit vor Hegel, Heidegger, Hobbes. Und mit seinem »Zarathustra« taucht er noch einmal unter den nächsten vierzig wichtigsten Werken auf. Was nicht heißen muß, daß diese auch gelesen werden.

Wir hören auch allenthalben, daß Nietzsche der meistzitierte Philosoph der Welt sei. Gleiches behauptet man übrigens auch von René Descartes und anderen. Hat jemand tatsächlich alle Zitate nachgezählt? Der Nietzsche-Biograph Werner Ross schreibt im Vorwort zum »Lexikon der Nietzsche-Zitate«, daß die fachphilosophische und sonstwie gelehrte Zitiererei nicht ausreichen könne, um »Meistzitierter« zu werden. »Zitiert also auch von denen, die in den Tag hinein leben und schreiben, den intellektuellen Herumtreibern, denen alles recht ist, wenn es nur Sensationsqualität besitzt.«

In der Tat eignen sich Nietzsche-Sätze besonders gut zum Zitieren. Er ist – ähnlich wie Schopenhauer – ein Zitat-Lieferant für alle Lebenslagen. Er spricht und schreibt plakativ, provokativ – eben »zitierfähig«. Giorgio Colli, einer der Herausgeber der Nietzsche-Gesamtausgabe, hat eindringlich gewarnt: »Ein Fälscher ist, wer Nietzsche interpretiert, indem er Zitate aus ihm benutzt; denn er kann ihn all das sagen lassen, worauf er selbst aus ist, indem er authentische Worte und Sätze nach freiem Belieben geschickt arrangiert. Im Bergwerk dieses Denkers ist jedes Metall zu finden: Nietzsche hat alles gesagt und das Gegenteil von allem.« Das gilt freilich nicht nur für Nietzsche, aber für ihn ganz besonders. Und man entgeht diesem Dilemma nicht. Wer über einen umstrittenen Philosophen wie Nietzsche etwas sagen will, muß belegen, was er behauptet. Zitate sind Belege.

Der Hang zum Plakativen, zu Schlagwörtern, Schlagzeilen müßte Nietzsche prädestinieren »für Eilige«. Aber das sieht nur so aus. Er sieht sich als »Lehrer des langsamen Lesens«, der sich vorgenommen hat, »nichts mehr zu schreiben, womit nicht jede Art Mensch, die ›Eile hat‹, zur Verzweiflung gebracht wird«. Sein Plädoyer: »Sich Zeit lassen, still werden, langsam werden [...] mitten in einem Zeitalter der [...] Hast, der unanständigen und schwitzenden Eilfertigkeit, das mit allem gleich ›fertig werden‹ will.« Und er wünscht sich von seinen Lesern ein Verhalten, »zu dem man beinahe Kuh und jedenfalls *nicht* ›moderner Mensch‹ sein muß: das *Wiederkäuen*«. Da sollte ein Kompromiß möglich sein: Der deutsche Volksmund und die asiatische Philosophie wissen, daß gerade der Eilige die ihm wichtigen Dinge langsam tun muß. Und das Wiederkäuen kommt sowieso später.

Nietzsche hat alles gesagt und das Gegenteil von allem. Sagt Giorgio Colli. Das gilt auch für die Interpreten. Auch *über* Nietzsche ist alles gesagt worden und das Gegenteil von allem. Wobei unzählige Autoren der Nietzsche-Literatur sich in fast nichts einig sind, nur in einem: Daß dieser Mann wie kein anderer seine Philosophie hat leben wollen, daß sein Leben exemplarisch seine Philosophie *sein* sollte. »Das Produkt des Philosophen ist sein Leben (zuerst, vor seinen Werken). Das ist sein Kunstwerk.« Sagt Nietzsche. »Er stilisiert sich selbst zum Extrem seiner Epoche, deren Schicksal in ihm exemplarisch werden soll.« Schreibt der Nietzsche-Experte Volker Gerhardt. Und weiter: »Das ganze Werk erscheint als eine rückhaltlose, leidenschaftliche, mitunter sogar gewalttätige Inszenierung einer intellektuellen Existenz, die im geistigen Zusammenbruch ihre schauerliche Vollendung findet.« Aristoteles, Kant, Hegel – über die kann man auch reden und schreiben, ohne allzuviel über ihr Leben zu wissen. Das ist bei Nietzsche grundlegend anders. Und eben nicht, weil sich das zufällig so ergeben hat, sondern weil er es so gewollt hat.

Über die Philosophen Jean-Jacques Rousseau und Arthur Schopenhauer sagt Nietzsche, beide hätten darunter gelitten, »daß ihr Leben neben ihrer Erkenntnis nebenherlief wie ein launischer Baß, der zur Melodie nicht stimmen will!«. Nietzsche will im Leben »ein Experiment des Erkennenden« sehen »und nicht eine Pflicht, nicht ein Verhängnis, nicht eine Betrügerei!«. Das Erkennen ins Leben, zum Leben zu bringen heißt dann auch, sich selbst zum Leben zu verhelfen – zu werden, was man ist. »Jeder hat *angeborenes Talent*, aber nur wenigen ist der Grad von Zähigkeit, Ausdauer, Energie angeboren und anerzogen, so daß er wirklich ein Talent wird, also *wird*, was er *ist*, das heißt: es in Werken und Handlungen entladet.«

Dieses »Werden, was man ist« soll nun »zuerst, vor seinen Werken« dargestellt werden: als dramatische Exposition zu einem Leben und Philosophieren, das zumindest in seiner Zeit, im späten 19. Jahrhundert, seinesgleichen sucht.

1. Kapitel
WIE MAN WIRD, WAS MAN IST

»Was, meinest du, will aus dem Kindlein werden? Denn die Hand des Herrn war mit ihm.« Diesen bedeutungsschweren Vers aus dem Lukas-Evangelium wählt Carl Ludwig Nietzsche als Taufspruch für seinen Sohn Friedrich Wilhelm. Das biblische Kindlein ist Johannes, Sohn der Elisabeth und des Zacharias – kein Geringerer als Johannes der Täufer. Ein paar Verse weiter heißt es: »Und du, Kindlein, wirst ein Prophet des Höchsten heißen. Du wirst vor dem Herrn hergehen, daß du seinen Weg bereitest.«

Großes und Bedeutendes will und soll auch aus dem Kindlein Friedrich Wilhelm werden. Dafür sprechen alle Zeichen, wenigstens deutet Vater Nietzsche sie so: Er selbst ist im Oktober geboren, im Oktober hat er geheiratet, und sein Sohn wird am 15. Oktober geboren, dem Geburtstag von König Friedrich Wilhelm IV. von Preußen. Einem Feiertag, an dem die Kinder schulfrei haben, die Glocken geläutet und Straßen und Plätze festlich herausgeputzt werden. »Du gesegneter Monat Oktober, in welchem mir in den verschiedenen Jahren alle die wichtigsten Ereignisse meines Lebens geschehen sind, das, was ich heute erlebe, ist doch das Größte, das Herrlichste, mein Kindlein soll ich taufen!« jubelt der glückliche Vater in seiner Taufrede und fährt fort: »O seliger Augenblick, o köstliche Feier, o unaussprechlich heiliges Werk, sei mir gesegnet im Namen des Herrn!« Die Taufe findet am 24. Oktober 1844 statt. Diesen Tag hat Carl Ludwig Nietzsche durchgesetzt, obwohl seine Frau noch im Bett liegen muß und nicht dabeisein kann. Aber es geht ihm um ein weiteres Zeichen: Der 24. Oktober ist sein eigener Tauftag.

Königs Geburtstag war für den Röckener Pfarrer auch deshalb

ein besonders symbolträchtiger Tag, weil Friedrich Wilhelm IV. sich persönlich dafür eingesetzt hatte, daß er die Pfarrstelle in der Gemeinde bei Lützen bekam. Der Name Nietzsche war bei Hofe bekannt, Carl Ludwig hatte am Altenburger Hof als Erzieher der Preußen-Prinzessinnen Therese, Elisabeth und Alexandra gewirkt – der Dank des Königs war das Pfarramt in Röcken. Nietzsches Vater ist durch und durch Monarchist, er pflegt höfische Manieren, legt auf akkurate Kleidung Wert, gibt sich aristokratisch – ein Geistlicher, dem das Gottgnadentum des Königs eine Selbstverständlichkeit ist, der seinem Gott und seinem König gleichermaßen ergeben dient.

Im Zeichen von Gott und König steht für Carl Ludwig Nietzsche auch die Geburt seines ersten Kindes. Für ihn ist klar: Ein Kind Gottes und ein Königskind ist da geboren worden. Selbstverständlich wird es auf den Namen des Königs getauft, und ebenso selbstverständlich soll Friedrich Wilhelm Nietzsche Pfarrer werden. Beide Großväter Nietzsches waren Geistliche, die Mutter des Großvaters väterlicherseits stammte sogar in fünfter Generation aus einer Pfarrersfamilie. Der Vater wird als feinsinniger, musikalisch begabter Mann geschildert, das Pfarrhaus in Röcken erscheint in allen Beschreibungen als reine Idylle.

»Am wenigsten werde ich wohl das traute Pfarrgebäude vergessen«, schreibt Nietzsche mit dreizehn Jahren. »Denn mit mächtigem Griffel ist es in meine Seele eingegraben.« Vor allem der Garten und die Wiesen rund ums Pfarrhaus erscheinen in der Erinnerung als zauberhafte Orte. »Hinter dem grünen Zaun lagen die vier Teiche, mit Weidengebüsch umgeben. Zwischen diesen Wässern zu gehen, die Sonnenstrahlen auf der Spiegelfläche und die munteren Fischlein spielen zu sehen, das war meine größte Lust.« Ein weiterer Lieblingsplatz war das Arbeitszimmer, wo Friedrich dem Vater oft »still und gedankenvoll« zusah, und wenn der Vater am Klavier improvisierte, soll der kleine Fritz ganz entzückt gewesen sein. So hat es zumindest seine Mutter berichtet.

Andererseits ist der Kleine ganz schön aufsässig. Wenn ihm was nicht paßt, wirft er sich zu Boden, strampelt mit Armen und Beinen und schreit. Die Mutter, die den Sohn gerne »Herzensfritz« nennt, schreibt 1847: »Unser Fritz wird jetzt sehr streng behandelt und muß oft tüchtig die Rute fühlen es ist aber auch ein looser Junge.« In einem Brief des Vaters vom Dezember 1846 heißt es: »Bruder Fritz ist ein wilder Knabe, den manchmal allein der Papa noch zur Raison bringt, sintemalen von diesem die Rute nicht fern ist; allein jetzt hilft ein Anderer mächtig miterziehen, denn das ist der liebe heilige Christ, welcher auch bei dem kleinen Fritz schon Kopf und Herz ganz eingenommen hat, daß er von nichts Anderem sprechen und hören will als vom ›heile Kist'!‹« Christus und die Rute – eine bemerkenswerte frühkindliche Prägung. Die Prügel haben zumindest eine Auswirkung: Der kleine Fritz tobt nicht mehr, wenn er wütend ist, und zieht sich aufs »stille Örtchen« zurück, wie die Mutter schreibt.

Von Rute und Prügel weiß Nietzsche selbst nichts zu berichten. Sein Vaterbild ist eher verklärt: »Das vollendete Bild eines Landgeistlichen! Mit Geist und Gemüt begabt, mit allen Tugenden eines Christen geschmückt, lebte er ein stilles, einfaches aber glückliches Leben und wurde von allen, die ihn kannten, geachtet und geliebt.« Das schreibt Nietzsche mit dreizehn Jahren. Drei Jahre später notiert er: »Sein Bild steht noch lebendig vor meiner Seele: eine hohe, schmächtige Gestalt mit feinen Gesichtszügen und wohlwollender Freundlichkeit. Überall beliebt und gern gesehn, in der Familie der zärtlichste Gatte, der liebevollste Vater, war er das vollendete Musterbild eines Landgeistlichen.«

Freilich: Das Röckener Pfarrhaus war gewiß kein besonders fröhlicher Ort. Nietzsches Vater ist zwar ein stiller, musischer Mensch, aber auch streng und unerbittlich in seinem Glauben, fromm im preußisch-lutheranischen Sinn, penibel, lustfeindlich. Ein liebevoller Vater, aber eben auch ein obrigkeitshöriger, autoritärer, prügelnder Vater. Das Haus wird von der Großmutter geführt, zwei unverheiratete Tanten gehören zum Haushalt und eine Dienstmagd. Ein altjüngferliches Regiment. Die Mutter, eher ein fröhliches Naturell, hat da wenig zu sagen, sie paßt sich dieser Umgebung an. Sie kommt aus einem protestantischen Pfarrhaus, in dem es lebensfroher zuging als bei Nietzsches. Carl Ludwig Nietzsche empfand diese Verwandtschaft als unwürdig und hat, so gut es ging, jeden Kontakt vermieden, weil er einen Eklat befürchtete. Der freundliche Herr Pfarrer war in diesen Dingen dogmatisch und intolerant.

Von alledem hat Friedrich Nietzsche entweder nichts mitbekommen, oder er blendet es aus seinen frühen und auch späteren Erinnerungen aus. Zumindest vordergründig bleibt Röcken zeitlebens seine Kindheits-Idylle. In die 1848 allerdings die politische Wirklichkeit einbricht. Die Märzrevolution berührt das dörfliche Leben zwar nur indirekt. »Nach Röcken drangen diese Erhebungen nicht«, schreibt Nietzsche später. »Wohl aber kann ich mich noch erinnern, wie Wagen mit jubelnden Scharen und wehenden Fahnen auf der Landstraße fuhren.« Für den Vater aber bringt der März 48 ein schreckliches Erlebnis: Als er in der Zeitung liest, daß sich der König in Berlin mit der Revolutionskokarde am Hut dem Volk gezeigt hat, bricht er in Tränen aus, zieht sich stundenlang in sein Arbeitszimmer zurück, ißt und trinkt nichts und ist für niemanden zu sprechen. Danach darf im Hause Nietzsche dieses Ereignis nicht mehr erwähnt werden.

Ende August 1848 wird der Vater plötzlich schwer krank. Zunächst sind es schlimme Kopfschmerzen, bald kann er keinen Gottesdienst mehr halten und auch keinen Konfirmandenunterricht. »So trat auf einmal Angst und Spannung an die Stelle des heitern, goldenen Friedens, des ruhigen Familienglücks.« Sein Zustand verschlimmert sich zusehends, keine Behandlung hilft. Er kann sich nicht mehr bewegen, kann nicht mehr sehen, dann auch nicht mehr sprechen – am 30. Juli 1849, nach einem qualvollen Jahr, stirbt Carl Ludwig Nietzsche, keine 36 Jahre alt. Die offizielle Diagnose lautet »Gehirnerweichung«, was in der damaligen Medizin freilich allerlei heißen kann: Schlaganfall, Gehirntumor, Paralyse. Nietzsche selbst spricht von einer »Gemütskrankheit« des Vaters, eine Version, die seine Schwester Elisabeth und dann auch seine Mutter nicht gelten lassen wollen. Sie setzen die Legende in die Welt, der Vater habe sich bei einem Treppensturz eine Kopfverletzung zugezogen. Anhaltspunkte dafür gibt es nicht, und Nietzsche selbst hat sich stets geweigert, dieser Legende Nahrung zu geben. Er bevorzugt eine andere. Mit siebzehn Jahren schreibt er: »Es war eine Gehirnentzündung, in ihren Symptomen der Krankheit des höchst seligen Königs ungemein gleich.« Etwas Königliches sollte selbst bei diesem schrecklichen Ereignis dabeisein.

Der doppelte Himmels-Vater

Der kleine Friedrich, noch nicht einmal fünf Jahre alt, ist zutiefst erschüttert. In jeder, auch der knappsten seiner zahlreichen autobiographischen Skizzen spielt der Tod seines Vaters eine zentrale Rolle. Er hat ihn immer als entscheidenden Einschnitt seines Lebens verstanden. »Der Gedanke, mich immer von meinem geliebten Vater getrennt zu sehen, ergriff mich und ich weinte bitterlich.« So heißt es bei dem dreizehnjährigen Nietzsche, ein Jahr später schreibt er: »Alle Freude war vorüber; Schmerz und Trauer waren an ihrer Stelle.« Und etwa zehn Jahre später heißt es: »Mein Vater, ein protestantischer Landgeistlicher in Thüringen, starb allzufrüh: mir fehlte die strenge und überlegne Leitung eines männlichen Intellekts.«

Aber noch aus anderen Gründen war der Tod des Vaters prägend für Friedrich Nietzsche. Was für ein traumatisches Erlebnis! Er erlebt den geliebten, verehrten, aber auch gefürchteten Vater von September 1848 an als pflegebedürftigen, zusehends verfallenden Kranken. Eine »verhängnisvolle Zeit, von der aus sich mein ganzes Leben anders gestaltete«, schreibt er im Alter von 16 Jahren. Die »zunehmenden Leiden meines Vaters, sein

Erblinden, seine abgezehrte Gestalt, die Tränen meiner Mutter, die sorgenvollen Mienen des Arztes« lassen den kleinen Jungen »ein drohendes Unglück ahnen«.

Die Mutter schreibt 1849: »Auch unsere Kinderchen werden nicht müde täglich zu Gott um die Gesundheit des guten Papa zu bitten und unser ältester vierjähriger Fritz meinte gestern warte nur meine Mamma wenn es nur anfängt zu blitzen dann wird uns schon der liebe Gott eher hören«. Aber der liebe Gott hört nicht. Der Vater, für den kleinen Fritz eine Art Repräsentant Gottes auf Erden, stirbt, und dieser angeblich allmächtige und gnädige Gott tut nichts dagegen. Also hat er entweder die Gebete des Jungen nicht gehört, nicht hören wollen, oder es stimmt nicht, was über Allmacht und Gnade dieses Gottes behauptet wird. Ein halbes Jahr später kommt ein weiteres einschneidendes Ereignis hinzu: Nietzsches kleiner Bruder Joseph stirbt, nicht einmal zwei Jahre alt.

Bald darauf muß die Familie Nietzsche das Röckener Pfarrhaus räumen, weil die Pfarre neu besetzt wird. Der gesamte Haushalt übersiedelt nach Naumburg: Großmutter, Mutter, die zwei unverheirateten Tanten, Fritz, Schwester Elisabeth, Dienstmagd Wilhelmine. Die Familie besitzt ein bescheidenes Vermögen, das von der Großmutter verwaltet wird, die Mutter bezieht eine kleine Rente, es geht bescheiden zu, aber alles ist ordentlich und sauber – alles im Sinne des preußisch-protestantischen Vaters, dessen geistiges Erbe die Mutter antritt. »Der liebe Papa im Himmel« wird zur Leitfigur für den Knaben Friedrich. Die Mutter, die Familie, Freunde des Vaters ermahnen ihn immer wieder, schön strebsam und tüchtig zu sein, damit er Pastor werden kann. Und der junge Nietzsche tut, wie ihm geheißen.

Im Mai 1850 kommt er in die Knaben-Bürgerschule Naumburg. »Schon damals fing mein Charakter an sich zu zeigen«, schreibt er elf Jahre später. Der kleine Nietzsche ist anders als die anderen, ein Einzelgänger, ein Sonderling. Er selbst führt das auch darauf zurück, daß er sehr früh viele Verwandte verloren hat. Zuerst den Vater, dann den Bruder. 1855 stirbt Tante Auguste, ein halbes Jahr später Großmutter Erdmuthe – in knapp sieben Jahren stirbt die Hälfte der Familie. »Ich hatte in meinem jungen Leben schon sehr viel Trauer und Betrübnis gesehn und war deshalb nicht ganz so lustig und wild wie Kinder zu sein pflegen. Meine Mitschüler waren gewohnt, mich wegen dieses Ernstes zu necken.« Diese Erlebnisse sind das eine. Das andere ist der Einfluß des Vaters, der habe »die Keime des Ernsten, Betrachtenden« in seine Seele gelegt. »Heiterkeit ist mir fremd.« Er soll Bibelsprüche und geistliche Lieder so hinreißend deklamiert haben, daß die Mitschüler ihn den »kleinen Pastor« nannten. Er scheint die ihm zugewiesene Rolle perfekt gespielt zu haben.

Als einmal nach Schulschluß ein Platzregen niedergeht, rennen alle Mitschüler wie wild nach Hause. Der kleine Fritz aber geht gemessenen Schrittes, hält die Schiefertafel über den Kopf, die er mit einem Taschentuch bedeckt. Als er völlig durchnäßt zu Hause ankommt und seine Mutter ihn fragt, warum er sich nicht beeilt habe, sagt er: »Aber Mama, in den Schulgesetzen steht: Die Knaben sollen beim Verlassen der Schule nicht springen und laufen, sondern ruhig und gesittet nach Hause gehen.« Er habe die »Würde eines kleinen Stockphilisters« gehabt, schreibt der neunzehnjährige Nietzsche über seine Knabenzeit. Man kann das auch anders sehen: Dieser zum Pastor bestimmte Knabe, auf Gehorsam, Disziplin, Pflichterfüllung gedrillt, seit dem Tode des Vaters einem doppelten »Vater im Himmel« ausgeliefert, antwortet auf diese Über-Forderung – bewußt oder unbewußt – mit Über-Anpassung. Nach dem Motto: Wenn ihr mich schon so haben wollt, dann aber auch richtig.

Auf der anderen Seite nimmt sich der kleine Nietzsche sein Stückchen Kindheit. Er ist ein phantasievoller Junge, der gerne Geschichten erzählt, vornehmlich Märchen, der wilde Spiele liebt, Kriegsspiele vor allem. Schon als im Zuge der 48er Märzrevolution auch in Röcken Husaren einquartiert wurden, will er »das Kriegswesen« kennengelernt haben – keine vier Jahre alt. Als der Krimkrieg ausbricht, ist er zehn, mit seinen Freunden stellt er die Belagerung von Sewastopol nach. »Eine Menge Kugeln von Pech, Schwefel und Salpeter waren vorher geformt worden, und diese wurden, nachdem sie angebrannt waren, auf die papiernen Schiffe geworfen. Bald loderten helle Flammen, die unseren Eifer vermehrten, und wahrhaft schön war es, wenn, da unser Spiel sich oft bis spät abends hinzog, die feurigen Kugeln durch das Dunkel sausten. Zum Schluß wurde gewöhnlich die ganze Flotte, ebenso alle Bomben, verbrannt, wobei oft die Flamme zwei Fuß hochschlug.« Die Freunde lesen alles, was sie über Kriegswissenschaft finden können, »und schon wollten wir ein großes militärisches Wörterbuch gemeinschaftlich schreiben und hatten schon ungeheure Pläne gemacht«. Die Ausführung der Pläne gerät zwar eher bescheiden, aber das trübt Nietzsches Begeisterung nicht. »Ungeheuer« ist eins seiner Lieblingswörter, ungeheuer muß alles werden, was er anfaßt. Das ist seine zweite Antwort auf die Knebelung seiner Kindheit durch den doppelten Übervater.

Einen weiteren Fluchtraum bietet schließlich die musikalische Mitgift des leiblichen Vaters. Musik wird früh zu Nietzsches großer Leidenschaft. »Man muß alle Menschen, die sie verachten, als geistlose, den Tieren ähnliche Geschöpfe betrachten«, schreibt er 1858. »Immer sei diese herrlichste Gabe Gottes meine Begleiterin auf meinem Lebenswege und ich kann mich glücklich preisen, sie liebgewonnen zu haben.« Vor allem Kirchenmusik! An Himmelfahrt 1854 hört er in der Naumburger Stadtkirche Händels »Messias«. »Das Halleluja! Mir war, als sollte ich mit einstimmen, deuchte mir doch, es sei der Jubelgesang der Engel unter dessen Brausen Jesus Christus gen Himmel führe. Alsbald faßte ich den ernstlichen Entschluß, etwas Ähnliches zu komponieren.« Die Mutter schenkt ihm ein Klavier, er bekommt Unterricht, bald macht er erste Kompositionsversuche, es folgen Sonaten, Motetten, geistliche Lieder, Oratorien, Sinfonien, Ouvertüren. Die Väter seiner Schulfreunde sind musische Menschen, hier kommt er mit der Musik Bachs, Händels, Mozarts, Haydns, Beethovens in Berührung, er wird vielfältig angeregt und gefördert. Allerdings läßt er nur die Klassiker gelten. Die »moderne« Musik, sofern sie »nur zur Belustigung gebraucht« wird, ist »sündlich und schädlich«, sie läßt »das gesunde Menschenohr kalt«. So befindet der dreizehnjährige Nietzsche kategorisch.

Der junge Schriftsteller

Gleichzeitig schreibt er Gedichte, Dramen, Abhandlungen – von früh auf will Nietzsche Schriftsteller sein und ist dabei ungemein produktiv. Im Mittelpunkt dieser Produktion steht von Anfang an er selbst. Weihnachten 1856, er ist zwölf, fängt er ein Tagebuch an, im August 1858 beschließt er, eine Autobiographie zu schreiben, im September entsteht der erste Teil: »Aus meinem Leben. Die Jugendjahre 1844 bis 1858«. Wohlgemerkt: Er ist noch keine vierzehn Jahre alt. Hier verrät er auch: »Überhaupt war es stets mein Vorhaben, ein kleines Buch zu schreiben und es dann selbst zu lesen. Diese kleine Eitelkeit habe ich jetzt immer noch.« Über sich selbst zu schreiben ist offenbar besonders spannend. Von 1858 bis zum Abitur 1864 entstehen fünf autobiographische Skizzen, in der Studentenzeit dann noch einmal vier. Vom Thema Nietzsche kann Nietzsche gar nicht genug kriegen.

In der Skizze »Aus meinem Leben« zum Beispiel sortiert er schon mal sein dichterisches Werk, legt ein »Werkverzeichnis« mit 46 eigenen Gedichten an und teilt sein poetisches Schaffen in drei Perioden ein, wobei er recht selbstkritisch vorgeht. Insgesamt freilich sind diese Texte merkwürdig altklug. »Es ist etwas gar zu Schönes, sich späterhin seine ersten Lebensjahre vor die Seele zu führen und die Ausbildung der Seele daran zu erkennen«, schreibt er am Ende der ersten Autobiographie von 1858. Drei Jahre später fängt »Mein Lebenslauf« so an: »Die verflossene Zeit des Lebens zu überschauen, und Gedanken an die wichtigsten Ereignisse desselben anzuknüpfen, kann und darf niemandem uninteressant sein, dem seine eigne Sitten- und Geistesentwicklung am Herzen liegt.« Eine weitere Skizze aus demselben Jahr beginnt so: »Es macht auf mich immer einen eigentümlichen Eindruck, wenn ich auf die verfloßnen Jahre zurückschaue und mir längst geschwundene Zeiten vergegenwärtige. Jetzt erst erkenne ich, wie manche Ereignisse auf meine Entwicklung eingewirkt haben, wie sich Geist und Herz durch den Einfluß der umgebenden Verhältnisse gestaltet haben.« Das klingt altersweise und lebenssatt, in diesem der zeitgenössischen Erbauungsliteratur abgelauschten pastoralen Stil schreibt üblicherweise kein Siebzehnjähriger, auch nicht im 19. Jahrhundert. Bloß muß das über den jungen Friedrich Nietzsche noch nichts aussagen: Denn die Vermutung liegt nahe, daß der Pastorensohn und zukünftige Pastor sich (auch) hier pastoral stilisiert, daß er – mehr oder weniger bewußt – sich und anderen zeigen will: Seht her, ich habe meine Lektion gelernt, ich bin meines Vaters Sohn, ich will und werde sein wie mein Vater. Daß er sich dabei selbst auf die Schliche gekommen sein könnte, dafür spricht eine merkwürdige Passage in einer Autobiographie aus dem Jahre 1863: »Ich bin als Pflanze nahe dem Gottesacker, als Mensch in einem Pfarrhause geboren. Und darum dieser dozierende Ton? Möglich, aber damit will ich ihn nicht entschuldigen.« Möglicherweise hat der junge Nietzsche gewußt, zumindest geahnt, was er tat.

Im Herbst 1854 war Nietzsche ins Naumburger Domgymnasium umgeschult worden, dort hatte er einige Probleme, vor allem mit dem Griechischen, aber auch mit der deutschen Grammatik und vor allem der Orthographie. Der Großvater gibt Nachhilfe, oft muß Nietzsche bis spät in die Nacht pauken und früh um fünf weiterlernen, damit er auf dem Gymnasium mitkommt. Im Oktober 1858 wird er in die Landesschule Pforta übernommen, ein Elite-Internat mit großer Tradition und ausgezeichnetem Ruf. Seine Gymnasiallehrer hatten ihn auf Drängen der Mutter für eine Freistelle in Schulpforta vorgeschlagen. Die Aufnahmeprüfung ist schwer, auch jetzt muß Nietzsche wieder büffeln, muß wochenlang buchstäblich Tag und Nacht arbeiten, um das gefürchtete Examen zu bestehen. An eine Tante schreibt er: »Spazierengehen ist mir jetzt etwas ganz unbekanntes da ich stets nach den Baden sowohl der Zeit als auch der Kräfte dazu entbehre.« Das Baden (er schreibt »nach den Baden«, denn mit dem Dativ steht er auf Kriegsfuß) ist wichtig, weil in Schulpforta viel Wert auf Schwimmunterricht gelegt wird. Er schafft schließlich das Examen, wenn auch mit mäßigen Ergebnissen. Deshalb kommt er nur in die unterste Klasse in Schulpforta, die Untertertia, die er auf dem Domgymnasium schon absolviert hatte.

Der Übergang ins Internat fällt dem nicht ganz vierzehnjährigen Nietzsche schwer. Zum einen hat er Heimweh, er vermißt seine Freunde, sein Zuhause. »Daß ich aus den gemütlichen Verhältnissen in eine neue unbekannte, starre Welt treten sollte, beengte meine Brust und jede Minute wurde mir schrecklicher, ja als ich Pforta hervorschimmern sah, glaubte ich in ihr mehr ein Gefängnis, als eine alma mater zu erkennen.« Aber noch etwas anderes bedrückt ihn: »Der Gedanke, von nun an niemals mich meinen eigenen Gedanken übergeben zu können, sondern immer von Schulgenossen fortgezogen zu werden von meinen Lieblingsbeschäftigungen.«

In Schulpforta herrscht ein strenges Regiment. Um vier Uhr morgens *dürfen* die Schüler aufstehen, um fünf Uhr *müssen* alle das Bett verlassen haben. Um halb sechs geht es zum Beten, danach gibt es warme Milch mit Semmeln, um sechs Uhr beginnt der Unterricht. So ist der ganze Tag straff durchorganisiert, um 21 Uhr herrscht Bettruhe. »Daß ihre Zöglinge ganze Menschen werden, daß sie an Gehorsam gegen das Gesetz und den Willen der Vorgesetzten, an Strenge und pünktliche Pflichterfüllung, an Selbstbeherrschung, an ernstes Arbeiten, an frische Selbsttätigkeit aus eigener Wahl und Liebe zur Sache, an Gründlichkeit und Methode in den Studien, an Regel in der Zeiteinteilung, an sicheren Takt und selbstbewußte Festigkeit im Umgang mit ihresgleichen gewöhnt werden, dies sind Früchte der hiesigen Disziplin und Erziehung.« So heißt es in einer Festschrift von Schulpforta. Das sind die Prinzipien einer preußischen Kadettenanstalt: militärische Zucht, klösterliche Ordnung, Männlichkeit, Tüchtigkeit.

Und Nietzsche fügt sich gut in diese Zucht. Allerdings hat er zunächst Probleme, bei anderen Schülern Anschluß zu finden. Bei einem Ausflug auf die Schönburg steigt er allein auf den Turm, während alle andern im Keller feiern. Und er macht sich einen bemerkenswerten Reim darauf:

> Mir ganz allein überlassen
> Sie mögen dort in den Hallen nur zechen
> bis sie umfallen
> Ich übe mein Herrscheramt.

Von »Herrscheramt« haben andere wenig bemerkt. Nach dem Urteil seiner Lehrer hat Nietzsche eher »mit dem Verlangen zu kämpfen, eine etwas freiere Haltung u. Stellung bei s. Mitschülern zu behaupten«. Er hält allerdings Kontakt zu seinen früheren Schulfreunden Gustav Krug und Wilhelm Pinder, mit denen er im Juli 1860 die literarische und musikalische Vereinigung »Germania« gründet. Man verpflichtet sich, einmal im Monat ein Werk abzuliefern, »eine musikalische Composition, ein Gedicht oder eine Abhandlung«. Die Werke werden dann gegenseitig kritisiert. Vor allem Nietzsche nimmt die »Germania« sehr ernst und entwickelt eine rege Produktivität – als Verfasser und als Kritiker. Hier hat er die Möglichkeit, außerhalb des strengen Reglements von Schulpforta seine Gedanken zu entwickeln und vorzutragen.

Kleine Ausbrüche

Innerhalb der Schulmauern bleibt er ein ausgesprochen braver Schüler, strebsam und fleißig, der es bald zum Klassenprimus bringt. Hin und wieder gibt es kleine Ausbrüche aus diesem

Verhaltensmuster. Seine Schwester berichtet über einen Vorfall aus der Tertia. Die Schüler sprechen von Mucius Scaevola, dem römischen Krieger, der seine Hand in eine Fackel gehalten haben soll. Völlig unmöglich, meinen einige Knaben. Fritz nimmt ein Bündel Zündhölzer, zündet sie auf der flachen Hand an und streckt sie aus. Ohne mit der Wimper zu zucken. Der Obergeselle sieht das und schlägt Fritz die Zündhölzer aus der Hand, die schon Brandwunden davongetragen hatte. Ob diese Geschichte nun stimmt oder erfunden ist – Nietzsches Schwester erfand gerne Geschichten: Sie ist nicht völlig unwahrscheinlich. Wie der kleine Nietzsche ruhig durch den Platzregen ging, weil die Vorschrift es nun einmal so wollte, so könnte er auch hier ein einmal angenommenes Prinzip stur und »heroisch« verwirklicht haben. Wenn schon Männlichkeit, Tüchtigkeit, Disziplin – dann auch ganz, dann auch richtig. Schaut her, ich zeig's euch.

Ein Regelverstoß aus Prinzipientreue gleichsam. Ein andermal versucht Nietzsche gegen das Reglement selbst aufzumucken. November 1862, er ist »Inspektor«, das heißt, er muß Schlafsäle, Schulräume, Auditorien kontrollieren und aufschreiben, was fehlt oder kaputt ist. Auf einen solchen »Inspektionszettel« schreibt er: »Im Auditorium brennen die Lampen so düster, daß die Schüler versucht sind, ihr eigenes Licht leuchten zu lassen.« Und: »In der Obersekunda sind kürzlich die Bänke gestrichen und zeigen eine unerwünschte Anhänglichkeit an die sie Besitzenden.« Das bringt ihm drei Stunden Karzer ein, denn derartige »Witzeleien« mag man in Schulpforta nicht. Nietzsche schreibt Mutter und Schwester, er habe das »langweilige Geschäft durch Humor pikanter« machen wollen. Aber die Mutter hat genausowenig Humor wie die Lehrer. Sie schreibt: »Du wirst von neuem des Fehlers der Eitelkeit angeklagt worden sein, immer etwas anderes zu tun als die anderen und finde die Strafe ganz gerecht, denn es erscheint als eine furchtbare Anmaßung, den Lehrern gegenüber sich so etwas zu erlauben.« Offenbar gab es weitere Auseinandersetzungen über diese Angelegenheit, die Mutter hat wohl auch angemerkt, der Sohn habe schlechten Umgang. Er schreibt: »Ich kann nicht begreifen, wie du dich nur noch einen Augenblick über die Folgen jener Geschichte bekümmern kannst. Ich habe sehr vielfachen und angenehmen Umgang – und an ein Beeinflussen ist nicht zu denken, da ich erst Personen kennen lernen müßte, die ich über mir fühlte.«

Wie selbstbewußt Nietzsche mit diesen Dingen umgeht, zeigt auch eine Notiz aus diesen Tagen, die offenbar unter dem Eindruck dieses Ereignisses entstanden ist: »Nichts verkehrter als alle Reue über Vergangenes, nehme man es wie es ist, ziehe man sich Lehren daraus, aber lebe man ruhig weiter, betrachte man sich als ein Phänomen, dessen einzelne Züge ein Ganzes bilden. Gegen die andern sei man nachsichtig, bedaure sie höchstens, lasse sich nie ärgern über sie, man sei nie begeistert für jemand, alle nur sind für uns selbst da, unsern Zwecken zu dienen. Wer am besten zu herrschen versteht, der wird auch immer der beste Menschenkenner sein. Jede Tat der Notwendigkeit ist gerechtfertigt, jede Tat notwendig, die nützlich ist. Unmoralisch ist jede Tat, die nicht notwendig dem andern Not bereitet; wir sind selbst sehr abhängig von der öffentlichen Meinung, sobald wir Reue empfinden und an uns selbst verzweifeln. Wenn eine unmoralische Handlung notwendig ist, so ist sie moralisch für uns.« Der das niederschreibt, ist gerade 18 Jahre alt geworden.

Ein anderer Verstoß gegen die Zucht des Internats ist an sich und für Nietzsche selbst gravierender. Er war stets hin und her gerissen zwischen dem Wunsch, Freunde zu haben, und dem Bedürfnis, alleine zu sein, abseits zu stehen, über allen anderen zu stehen. Und so schloß sich der einsame Pforta-Schüler Nietzsche zeitweilig einer sogenannten »forschen Clique« an, die sich dem Schulzwang widersetzte und alle Streber verachtete. Darunter war ein Mitschüler, zu dem Nietzsche sich offenbar besonders hingezogen fühlte. Ein künstlerisch begabter Junge, der aber gerne den Rabauken mimte und vor allem kräftig trank. Er wurde in der Obersekunda von der Schule verwiesen. Nietzsche nennt den Tag der Relegation »den traurigsten Tag, den ich in Pforta verlebt«. Das war Anfang März 1863. Am 14. April notiert das Strafbuch der Schule: »Nietzsche und Richter trinken am Sonntage auf dem Bahnhofe zu Kösen während eine Stunde je 4 Seidel Bier. Nietzsche ward davon betrunken und noch ersichtlicher Richter.« Ein Lehrer hatte die beiden auf dem Heimweg angetroffen. Nietzsche wird als Primus abgesetzt und zum Dritten der Klassenordnung erklärt.

Diesmal ist er am Boden zerstört. Beschämt und zerknirscht schreibt er der Mutter: »Daß ich sehr niedergeschlagen und verstimmt bin, kannst du dir denken und zwar mit am meisten, daß ich dir solchen Kummer bereite durch eine so unwürdige Geschichte. [...] Ich brauche dich wohl nicht weiter zu versichern, wie sehr ich mich zusammennehmen werde, da es jetzt sehr darauf ankommen wird.« Nietzsche wird – zumindest äußerlich — wieder zum Musterschüler.

In zwei Fächern allerdings bleibt er unterdurchschnittlich: in Mathematik und in Sport, auf den man in Schulpforta großen Wert legte, vor allem aufs Schwimmen. Darauf hatte Nietzsche sich ja sorgfältig vorbereitet, und die Schwimmprüfung bestand er dann auch, obwohl er große Angst davor hatte. Aber andere Sportarten machten ihm große Probleme, nicht nur wegen seiner extremen Kurzsichtigkeit, unter der er seit seiner Kindheit litt. Sein Freund Paul Deussen erinnert sich: »Aus Sport und ritterlichen Künsten machte er sich damals wenig; dem Turnen war er abhold, wie er denn schon früh zu körperlicher Fülle und Kongestionen nach dem Kopf neigte.« Einfachste Turnübungen waren für Nietzsche »eine schwere Arbeit, bei der er dunkelrot wurde, außer Atem kam und in Schweiß geriet«.

Unter Kongestionen, also Blutandrang im Kopf, litt Nietzsche schon früh. Bereits als Schüler am Naumburger Gymnasium war er öfter wegen heftiger Kopf- und Augenschmerzen nach Hause geschickt worden. Während der Zeit im Internat lag er mehrmals in der Krankenstube, und zwar eben wegen »Congestionen nach dem Kopf«, rheumatischem Hals- und Kopfschmerz, wegen Katarrhen und Rheumatismus allgemein, wie das Krankenbuch von Pforta ausweist. Das waren offensichtlich keine Kleinigkeiten, denn bei dem spartanischen Reglement in Schulpforta wurde niemand leichtfertig in die Krankenstube gelegt. Er wurde mit Senfpflaster, Schröpfköpfen und Blutegeln behandelt, der Erfolg war mäßig. »Die Kopfschmerzen sind wieder so heftig, daß ich gar nichts arbeiten kann. Ebenso tut mir der Hals wieder weh; auch der Schmerz im Kehlkopf ist wieder da. Ich habe die Nächte vor Schmerz nicht schlafen können.« Das schreibt Nietzsche im Januar 1861 an seine Mutter, solche Briefe häufen sich. Obwohl die Ärzte ihm eine kräftige Statur bestätigen, ist er doch bemerkenswert anfällig für Kopfschmerzen, fiebrige Erkältungen und rheumatische Anfälle. Im August 1862 wird es so schlimm, daß der Arzt in Pforta den Zögling nach Hause schickt. »Nietzsche wurde zur weiteren Kur nach Hause entlassen«, steht im Krankenbuch, und weiter: »Er ist ein vollsaftiger, gedrungener Mensch mit einem auffallend stieren Blick, kurzsichtig und oft von wanderndem Kopfweh geplagt. Sein Vater starb jung an Gehirnerweichung und war im hohen Alter gezeugt; der Sohn in der Zeit wo der Vater schon krank war. Noch sind keine schweren Zeichen sichtbar, wohl aber Rücksicht auf die Antecedentien nötig.« Nietzsche selbst hat diesen Zusammenhang immer gesehen und gefürchtet: Er hatte Angst davor, vom Vater erblich belastet zu sein, und war lange Zeit davon überzeugt, wie sein Vater mit 35 Jahren zu sterben.

Eigene Wege

Aber weder Krankheit noch Anpassung an schulische und gesellschaftliche Regeln hindern den jungen Nietzsche daran, geistig immer deutlicher eigene Wege zu gehen. Zunächst versucht er auch das noch in der Schule: Im Oktober 1861 schreibt er einen Deutsch-Aufsatz über Friedrich Hölderlin. Er kleidet ihn in einen »Brief an meinen Freund, in dem ich ihm meinen Lieblingsdichter zum Lesen empfehle«. Hölderlin war damals weitgehend unbekannt, die Fachwelt hielt ihn für einen »phantasierenden Irrenhäusler«, Hölderlin war noch nicht »entdeckt«. Nietzsche hatte ihn entdeckt – für sich. Zunächst die Gedichte: »Diese Verse entquollen dem reinsten, weichsten Gemüt, bald im erhabensten Ordensschwung einherwogend, bald in die zartesten Klänge der Wehmut sich verlierend.« Dann den »Empedokles«, »in dessen schwermütigen Tönen die Zukunft des unglücklichen Dichters, das Grab eines jahrelangen Irrsinns, hindurchklingt, aber nicht, wie Du meinst, in unklarem Gerede, sondern in der reinsten sophokleischen Sprache und in einer unendlichen Fülle von tiefsinnigen Gedanken«. Schließlich den »Hyperion«, »der in der wohlklingenden Bewegung seiner Prosa, in der Erhabenheit und Schönheit der darin auftauchenden Gestalten auf mich einen ähnlichen Eindruck macht wie der Wellenschlag des erregten Meeres«. Das ist mehr als Schwärmerei. In dieser eindrucksvollen Prosa zeigt sich nicht nur der junge Romantiker, der Jean Paul und Lord Byron gelesen hat, den er einen »geisterbeherrschenden Übermenschen« nennt – hier taucht dieser Begriff bei Nietzsche zum ersten Mal auf. Es zeigt sich auch ein bemerkenswertes Gefühl für Sprache und lyrische Qualität und die Vorahnung einer Wahlverwandtschaft mit einem Künstler, bei dem »mitunter der Tiefsinn mit der einbrechenden Nacht des Wahnsinns ringt«.

Nietzsches Lehrer schreibt unter den Hölderlin-Aufsatz: »Ich muß dem Verf. doch den freundlichen Rat erteilen, sich an einen gesundern, klareren, deutscheren Dichter zu halten.« Danach hat Nietzsche keinen Versuch mehr gemacht, in der Schule über das zu reden, was ihn wirklich bewegte. Was nicht weiter dramatisch war, denn dafür hatte er sich ja ein anderes Vehikel geschaffen: die »Germania«. Mit den Freunden waren regelmäßige »Einsendungen« vereinbart, Nietzsches Beitrag an Ostern 1862 ist ein Aufsatz über »Fatum und Geschichte«.

Es ist eine Auseinandersetzung mit dem Christentum, der Versuch, einen freien und unbefangenen Blick auf die Überlieferung zu werfen. Eine schwere Aufgabe. Denn »von unseren ersten Tagen an eingeengt in das Joch der Gewohnheit und der Vorurteile, durch die Eindrücke unserer Kindheit in der natürlichen Entwicklung unseres Geistes gehemmt und in der Bildung unseres Temperaments bestimmt, glauben wir es fast als Vergehen betrachten zu müssen, wenn wir einen freieren Standpunkt wählen, um von da aus ein unparteiisches und der Zeit angemessenes Urteil über Religion und Christentum fällen zu können«. Und er weiß schon mit siebzehn Jahren, was das bedeutet, für ihn bedeutet: »Ein solcher Versuch ist nicht das Werk einiger Wochen, sondern eines Lebens.«

Nietzsche ahnt: »Es stehen noch große Umwälzungen bevor, wenn die Menge erst begriffen hat, daß das ganze Christentum sich auf Annahmen gründet; die Existenz Gottes, Unsterblichkeit, Bibelautorität, Inspiration und anderes werden immer Probleme bleiben. Ich habe alles zu leugnen versucht: o niederreißen ist leicht, aber aufbauen!« Und auch das Niederreißen macht schon Probleme genug. Ein Jahr zuvor, Ostern 1861, hatte es eine ernsthafte Verstimmung zwischen Mutter und Sohn gegeben, es war zu einem häuslichen Streit in Naumburg gekommen – möglicherweise eine Auseinandersetzung über Religion und Christentum. Er entschuldigt sich brieflich wegen der »häßlichen Vorfälle«. Mehr ist nicht bekannt, Briefe der Mutter oder der Schwester aus dieser Zeit sind nicht erhalten. Ein Jahr später jedenfalls weiß er von einem »Gefühl der eigenen Vermessenheit und Tollkühnheit« zu berichten: »das alles kämpft einen unentschiedenen Kampf, bis endlich schmerzliche Erfahrungen, traurige Ereignisse unser Herz wieder zu dem alten Kinderglauben zurückführen«.

Den Weg geht Nietzsche aber offenbar nicht. Er fragt weiter nach Gott und der Welt und dem Menschen. »Ist nicht vielleicht der Mensch nur die Entwicklung des Steines durch das Medium der Pflanze, Tier? Wäre hier schon seine Vollendung erreicht und läge hierin nicht auch Geschichte?« Die Naturwissenschaft, nicht die Theologie soll diese Fragen beantworten. Und was hat es schließlich mit den großen Worten über den Menschen, seine Individualität, seinen freien Willen auf sich? Wie soll denn der überhaupt möglich sein, wo der Mensch doch so merkwürdig in die Welt gebaut ist? »Das fängt mit dem Bau des Schädels und des Rückgrates an, diesen ›fatalistischen‹ Gegebenheiten, setzt sich in Stand und Wesen der Eltern fort, formt ihn durch das Alltägliche der Verhältnisse, das Gemeine der Umgebung, das Eintönige der Heimat.« Diesen Gegebenheiten, diesem »Fatum«, so Nietzsche gegen jede idealistische Überhöhung, können wir nicht entrinnen. »Wir sind beeinflußt worden, ohne die Kraft zu einer Gegenwirkung in uns zu tragen, ohne selbst zu erkennen, daß wir beeinflußt sind. Es ist ein schmerzliches Gefühl, seine Selbständigkeit in einem unbewußten Annehmen von äußeren Eindrücken aufgegeben, Fähigkeiten der Seele durch die Macht der Gewohnheit erdrückt und wider Willen die Keime zu Verwirrungen in die Seele gegraben zu haben.« Beschreibt da jemand das Drama seiner Kindheit?

Gott oder Automat

Freilich meint Nietzsche nicht, noch nicht, daß es gar keinen freien Willen und nur »Schicksal« gebe. Bloß: Wie verhalten sich Fatum und Willensfreiheit zueinander? »Freier Wille bedeutet die Fähigkeit, bewußt zu handeln, während wir unter Fatum das Prinzip verstehen, das uns beim unbewußten Handeln leitet.« Und weiter: »In der Willensfreiheit liegt für das Individuum das Prinzip der Absonderung, der Lostrennung vom Ganzen, der absoluten Unbeschränktheit; das Fatum aber setzt den Menschen wieder in organische Verbindung mit der Gesamtentwicklung und nötigt ihn, indem es ihn zu beherrschen sucht, zur freien Gegenkraftentwicklung; die fatumlose, absolute Willensfreiheit würde den Menschen zum Gott machen, das fatalistische Prinzip zu einem Automaten.« Da ist es heraus: »würde den Menschen zum Gott machen«. Das treibt den jungen Nietzsche um, das ist ein Gedanke, dem er sich zögernd nähert, der ihm wohl auch Angst macht: »Sobald es aber möglich wäre, durch einen starken Willen die ganze Weltvergangenheit umzustürzen, sofort träten wir in die Reihe unabhängiger Götter, und Weltgeschichte hieße dann für uns nichts als ein träumerisches Selbstentrücktsein; der Vorhang fällt, und der Mensch findet sich wieder, wie ein Kind mit Welten spielend.« Ein Bild, das sich auf ein Fragment des griechischen Philosophen Heraklit bezieht: »Die Weltzeit ist ein Kind. Ein Kind, das spielt. Ein Brettspiel spielend. Eines Kindes ist die Herrschaft.« Nicht eines Gottes.

Wie sehr den noch nicht achtzehnjährigen Nietzsche dieser unerhörte Gedanke bewegt, daß nicht Gott im Mittelpunkt steht, sondern der Mensch, zeigt sich noch stärker in einem Begleitbrief zu diesem Aufsatz an die Freunde Krug und Pinder: »Daß Gott Mensch geworden ist, weist nur darauf hin, daß der Mensch nicht im Unendlichen seine Seligkeit suchen soll, sondern auf der Erde seinen Himmel gründe; der Wahn einer überirdischen Welt hat die Menschengeister in eine falsche Stellung zu der irdischen Welt gebracht: er war das Erzeugnis einer Kindheit der Völker.« Die Menschheit muß sich aus dieser Kindlichkeit fortentwickeln, muß erwachsen werden. »Erwachsen« ist für Nietzsche gleichbedeutend mit »männlich«. Die alte Religion, die des Mitleids, der Brüderlichkeit, wird abgelöst. »Unter schweren Zweifeln und Kämpfen wird die Menschheit männlich: sie erkennt in sich ›den Anfang, die Mitte, das Ende der Religion‹.«

Möglicherweise waren Nietzsches Freunde Krug und Pinder mit solchen Erwägungen intellektuell überfordert – ihr Verein »Germania« jedenfalls hielt nicht mehr lange. Was in erster Linie an Nietzsches hohen Ansprüchen lag. Man hatte vereinbart, daß die »Einsendungen« der Freunde jeweils von einem anderen besprochen und kritisiert werden. Da war Nietzsche unerbittlich. Ein »Prometheus«-Gedicht von Wilhelm Pinder findet keine Gnade: »Was diese wahrhaft babylonische Begriffsverwirrung für Gedanken im Hintergrunde hat, ist mir ein Rätsel.« Er bescheinigt ihm »Trockenheit des Gefühls«, »Unflüssigkeit der Phantasie« und empfiehlt, sich an zeitgenössische Dichter zu halten. »Nur ein eifriges Lesen derselben, eigne Übungen können allmählich den Takt und die Zuversicht geben, die Phrase ganz zu meiden und einen ansprechenden Gedanken in ein weiches, faltiges, schön geordnetes Gewand zu hüllen.«

Die Freunde werden von dieser Schulmeisterei nicht begeistert gewesen sein. Vom Sommer 1862 an bleiben ihre Einsendungen aus, nur Nietzsche liefert noch. Im September stellt er wütend fest, »daß ein Verfassungsbruch geschehen ist, daß die Heiligkeit der Statuten verletzt, daß die Germania in innerer Zerstreuung, Zerrissenheit und Apathie fast zugrundegegangen wäre«. Er meint das bitter ernst, er vergleicht den Niedergang der »Germania« mit Auswüchsen der Reformation und der Französischen Revolution und fordert eine »Läuterung der edlen und reinen Bestandteile«. Die Freunde sind offenbar beeindruckt. Man beschließt nach Nietzsches Donnerwetter, daß »ein entschiedner Reinigungsprozeß die Germania aus der Verdumpfung und Versumpfung befreien« soll. Aber dieser Prozeß währt nicht lange. Nietzsche bleibt der einzige, der brav seine Pflichtstücke abliefert, im Sommer 1863 wird die »Germania« aufgelöst.

Philologie, Philosophie, Musik

Nach dem Abitur in Schulpforta geht Nietzsche zunächst nach Bonn, um dort – Altphilologie zu studieren. Eingeschrieben ist er für Philosophie und Theologie, denn zu Hause in Naumburg glaubt man immer noch an die Pastorenlaufbahn. Und aus Naumburg kommt das Geld. Vor allem aber will Nietzsche nach der sechsjährigen Zucht in Schulpforta erst einmal das Studentenleben genießen. Er wird Mitglied der Burschenschaft

»Frankonia«, des städtischen Gesangvereins, er zieht durch die Kneipen, geht auf den Paukboden, zu Tanz- und Musikfesten – und ist das alles nach einem Jahr gründlich leid. Das Studium macht kaum Fortschritte, die theologischen Vorlesungen bestärken ihn eher in seinen Zweifeln am Christentum, die Philologie fördert den textkritischen Umgang mit den Quellen – insgesamt sind die zwei Semester in Bonn aber nicht besonders ergiebig. Als sein Lehrer Professor Theodor Ritschl, damals ein führender Altphilologe, nach Leipzig wechselt, folgt Nietzsche ihm.

In Leipzig studiert er nur noch Klassische Philologie, auf Ritschls Anregung gründet er einen »Philologischen Verein«, wo er im kleinen Kreis Vorträge halten kann. Der erste beschäftigt sich im Januar 1866 mit den Sprüchen des griechischen Aristokraten Theognis von Megara, über den er schon seine Abschlußarbeit in Schulpforta geschrieben hatte. Professor Ritschl ist beeindruckt und schwärmt, »noch nie von einem Studierenden des dritten Semesters etwas Ähnliches der strengen Methode nach, der Sicherheit der Kombination nach gesehen zu haben«. So berichtet jedenfalls Nietzsche selbst. Der Professor ermuntert seinen Studenten, den Vortrag zu einem kleinen Buch umzuarbeiten. Der Text wird in der Zeitschrift »Rheinisches Museum für Philologie« veröffentlicht, die Ritschl herausgibt. Als Nietzsche dann im November 1866 über den spätantiken Schriftsteller Diogenes Laertius und dessen Bücher über Leben und Lehre griechischer Philosophen arbeitet, sorgt Ritschl dafür, daß die Universität das Thema »De fontibus Diogenis Laertii« als akademische Preisaufgabe ausschreibt. Nietzsche gewinnt den Preis. Auch diese Arbeit erscheint im »Rheinischen Museum«, außerdem ein weiterer Aufsatz, so daß der Student Nietzsche, gerade 23 Jahre alt, in der Fachwelt schon einen Namen hat.

Gleichzeitig aber entfernt er sich innerlich von der Philologie. Schon im Oktober 1865 war er im Antiquariat auf ein Buch von Arthur Schopenhauer gestoßen: »Die Welt als Wille und

Vorstellung«. Schopenhauer fasziniert ihn. »Hier war jede Zeile, die Entsagung, Verneinung, Resignation schrie, hier sah ich einen Spiegel, in dem ich Welt, Leben und eigen Gemüt in entsetzlicher Großartigkeit erblickte. Das Bedürfnis nach Selbsterkenntnis, ja Selbstzernagung packte mich gewaltsam.« Die Schopenhauer-Lektüre wird für Nietzsche zum entscheidenden Erlebnis. »Es ist dies das Zeitalter Schopenhauers; ein gesunder Pessimismus, der zum Hintergrund das Ideal hat, ein manneskräftiger Ernst, eine Abneigung gegen das Hohle, Substanzlose und Zuneigung zum Gesunden und Einfachen.« Vor allem ist Nietzsche fasziniert von einem Philosophen, dessen Pessimismus die Welt als etwas sieht, »das besser nicht wäre«, den Menschen als Werkzeug eines blinden Willens und keineswegs als Vernunftwesen. Rettung, Erlösung gibt es nur in der Verneinung oder im Anschauen des Schönen, in der Kunst, vor allem in der Musik.

Das zweite große Erlebnis in Leipzig war die Begegnung mit Richard Wagner 1868. Bei aller Musikbegeisterung war Nietzsche gegenüber den »Modernen« skeptisch geblieben. Im November 1865 hatte er ein Konzert mit »Zukunftsmusik« gehört – Liszt, Wagner, Berlioz –, er hatte sich mit Wagners »Walküre« beschäftigt, mit den »Meistersingern«, aber Begeisterung hatte sich nicht eingestellt. Im Herbst 1868 liest er Wagners ästhetische Schriften und ist schon eher angetan. Er schreibt an einen Freund: »Mir behagt an Wagner, was mir an Schopenhauer behagt, die ethische Luft, der faustische Duft, Kreuz, Tod und Gruft etc.« Im November hält Wagner sich in Leipzig auf, im Hause des Buchhändlers Friedrich Brockhaus. Wo auch Professor Ritschl regelmäßig verkehrt. Wagner kennt dessen Schwärmerei für den Studenten Nietzsche, er möchte ihn kennenlernen. So kommt es zu der Begegnung, und Nietzsche ist genauso hingerissen wie Wagner. Sie sprechen über Musik und Philosophie, über Schopenhauer. »Du begreifst es, welcher Genuß es für mich war, ihn mit ganz unbeschreiblicher Wärme von ihm reden zu hören, was er ihm verdanke, wie er der einzige Philosoph sei, der das Wesen der Musik erkannt habe«, schreibt Nietzsche an seinen Freund Rohde. Wagner lädt Nietzsche schließlich ein, ihn in Tribschen bei Luzern am Vierwaldstätter See zu besuchen.

Drei Monate später eröffnet Professor Ritschl seinem Lieblingsschüler Nietzsche, daß an der Universität Basel der Lehrstuhl für griechische Sprache und Literatur frei geworden sei. Das Kollegium in Basel erwäge, Nietzsche darauf zu berufen. Wohlgemerkt: Nietzsche hat kein Examen, geschweige denn Promotion oder Habilitation vorzuweisen, er ist Philologie-Student im neunten Semester. Aber Ritschl ist von ihm überzeugt. »So viele junge Kräfte ich auch seit nunmehr 39 Jahren unter meinen Augen habe entwickeln sehen: noch nie habe ich einen jungen Mann gekannt, der so früh und so jung schon so reif gewesen wäre, wie dieser Nietzsche.« Das schreibt er in seiner Empfehlung und fügt hinzu: »Er ist der Abgott und (ohne es zu wollen) Führer der ganzen jungen Philologenwelt hier in Leipzig, die (ziemlich zahlreich) die Zeit nicht erwarten kann, ihn als Dozenten zu hören.« Die Basler Kollegen lassen sich überzeugen. Nietzsche wird – noch vor der Promotion – nach Basel berufen, die Universität Leipzig promoviert ihn daraufhin im März 1869 ohne Prüfung aufgrund seiner Veröffentlichungen im »Rheinischen Museum«.

Nietzsche ist einerseits skeptisch. Denn eigentlich war er gerade dabei, sich von der Philologie zu verabschieden. Mit seinem Freund Erwin Rohde wollte er nach Paris, und zwar nicht nur für ein paar Tage. Es hört sich nach Lebensplanung an, was Nietzsche noch im Januar 1869 an Rohde schreibt: »Ich dachte mir uns beide, wie wir, mit ernstem Auge und lächelnder Lippe, mitten durch den Pariser Strom hindurchschreiten, ein paar philosophische Flaneurs, die man überall zusammen zu sehen sich gewöhnen würde ... Ach, liebster Freund, ich glaube, so ist es dem Bräutigam zu Mute wie mir.« Nach der Entscheidung für Basel schreibt er: »Wir sind doch recht die Narren des Schicksals. Noch vorige Woche wollte ich Dir einmal schreiben und vorschlagen, gemeinsam Chemie zu studieren und die Philologie dorthin zu werfen, wohin sie gehört, zum Urväter-Hausrat. Jetzt lockt der Teufel ›Schicksal‹ mit einer philologischen Professur.«

Andererseits war er aber auch stolz. Er hatte ein Amt, ein eigenes Einkommen, er stellte etwas dar in der bürgerlichen Gesellschaft. Den neuen sozialen Status muß er sogleich dokumentieren. Er läßt Visitenkarten drucken, die er an alle verschickt mit der Bitte »Zur Verbreitung«. Darauf steht: »Friedrich Nietzsche. Professor extraord. der klassischen Philologie (mit 800 Thl. Gehalt) an der Universität Basel.« Am 28. Mai 1869 hält der junge Professor in Basel seine Antrittsvorlesung über »Die Persönlichkeit Homers«.

2. Kapitel
Geburt einer Philosophie

Nietzsche geht mit Elan an die Arbeit. Morgens um sieben Uhr beginnen seine Vorlesungen: montags bis mittwochs über Geschichte der griechischen Lyrik, donnerstags bis samstags über das Aischylos-Drama »Die Choephoren«. Der Zulauf ist nicht eben gewaltig. In der ersten Vorlesung sitzen sechs, in der zweiten sieben Studenten. Sein Seminar – jeweils montags – hat zwei Teilnehmer und fünf Zuhörer. Nietzsche beklagt sich, aber die Kollegen versichern ihm, das sei normal. Die Universität Basel hat nicht so viele Studenten, erst recht nicht in der Altphilologie.

Angenehmer ist da schon die Arbeit im »Pädagogium«, das auf die Universität vorbereitet. Alle Baseler Professoren mußten dort unterrichten, und Nietzsche hat das besonders gern getan: sechs Stunden die Woche Latein und Griechisch. Seine Schüler haben ihn wegen seiner ruhigen und freundlichen Art gemocht, und Nietzsche sah hier eine Möglichkeit, erzieherisch zu wirken und – unter anderem – die Schüler »mit Philosophie zu infizieren«. Beides war an der Universität nicht im erhofften Maße möglich. Zwar war der Neuling in Basel freundlich und mit einiger Neugierde empfangen worden, aber Nietzsche fühlt sich bald einsam. Die gesellschaftlichen Einladungen langweilen ihn, der Universitätsbetrieb ebenso. Wenige Wochen nach seiner Antrittsvorlesung schreibt er an Erwin Rohde, daß er kein Bedürfnis verspüre, sich seinen Kollegen zu nähern, »ja genau genommen, fühle ich einen kleinen Gran von Verachtung gegen sie in mir, mit dem sich ja ein sehr höflicher und gefälliger Verkehr ganz gut verträgt«.

Das gilt sicher nicht für Jacob Burckhardt. Der war seit 1858 Ordinarius für Geschichte in Basel und galt als Institution in

Sachen Kulturgeschichte. Vor allem seine Vorlesungen über die Kultur der Griechen haben Nietzsche beeindruckt. Burckhardt war so etwas wie ein väterlicher Freund. Nietzsche hat das Gespräch mit ihm gesucht und bis zu seinem Zusammenbruch brieflichen Kontakt mit ihm gehalten. Aber Burckhardt war eine Respektsperson, kein wirklicher Freund. Und einen Freund möchte Nietzsche unbedingt um sich haben. Anfang 1870 schreibt er an Rohde: »Ich vermisse Dich ganz unglaublich. Ich bitte Dich wie ein Kranker bittet: ›komm nach Basel!‹«

Aber Rohde wurde Professor in Kiel, und Nietzsche blieb in Basel zunächst ohne »richtigen« Freund. Zwar entwickelte sich mit dem jungen Theologie-Professor Franz Overbeck, einem Wohnungsnachbarn, bald eine enge Freundschaft, die über Nietzsches geistigen Zusammenbruch hinaus andauerte. Zuerst aber fühlte er sich einsam. Als seine Antrittsvorlesung gedruckt wird, stellt Nietzsche ihr eine gereimte Widmung voran: »In Basel steh ich unverzagt / doch einsam da – Gott sei's geklagt, / und schrei ich laut: Homer! Homer! / so macht das Jedermann Beschwer. / Zur Kirche geht man und nach Haus / und lacht den lauten Schreier aus. / Jetzt kümmr' ich mich nicht mehr darum: / Das allerschönste Publikum / hört mein homerisches Geschrei / und ist geduldig still dabei. / Zum Lohn für diesen Überschwank / von Güte hier gedruckten Dank.«

Das »homerische Geschrei« mag nicht nach dem Geschmack des Basler Publikums gewesen sein, Nietzsches Lebensinhalt war es gewiß auch nicht. Er war ja vor der Berufung nach Basel schon längst auf dem Weg zu etwas anderem gewesen und nur durch Zufall wieder unter die Altphilologen gefallen. Die Suche nach diesem »Anderen«, falls sie je unterbrochen war, nimmt Nietzsche nach seinen ersten beiden Semestern in Basel mit Nachdruck wieder auf. Am 18. Januar 1870 hält er im Basler Museum einen Vortrag über »Das griechische Musikdrama«. Er endet mit dem Satz: »Was wir von der Zukunft erhoffen, das war schon einmal Wirklichkeit – in einer mehr als zweitausendjährigen Vergangenheit.« Kurz darauf – am 1. Februar – behandelt

Nietzsche in einem weiteren Vortrag »Sokrates und die Tragödie«, und hier propagiert er ganz unverhohlen, was er vorher nur angedeutet hatte: die Wiedergeburt der griechischen Tragödie durch das Musikdrama Richard Wagners. »Wer als Germane den Ernst dieser Frage nicht begreift, der ist dem Sokratismus unserer Tage verfallen. [...] Dieser Sokratismus ist die heutige jüdische Presse. Ich sage kein Wort mehr.« Freunde macht man sich mit solchen Sätzen beim rechtschaffenen Schweizer Publikum nicht. Es gibt Ärger, es gibt »Schrecken und Mißverständnisse«.

Aber Nietzsche ist ein gewisses Aufsehen ganz recht. »Es beginnt nun für mich die Periode des *Anstoßes*, nachdem ich eine zeitlang leidliches Wohlgefallen erregt habe, weil ich die alten wohlbekannten Pantoffeln anhatte.« Nietzsche ist davon überzeugt, daß er an etwas Großem arbeitet, daß er seine Zunft hinter sich lassen muß. »Wissenschaft, Kunst und Philosophie wachsen jetzt so sehr in mir zusammen, daß ich jedenfalls einmal Zentauren gebären werde.«

Im Sommer 1870 entstehen die Aufsätze »Die dionysische Weltanschauung« und »Die Geburt des tragischen Gedankens«, ein erster Buchentwurf heißt »Ursprung und Ziel der Tragödie«, ein zweiter »Sokrates und die griechische Tragödie«, dann soll das Werk »Musik und Tragödie« heißen, auch der Titel »Die Heiterkeit der Griechen« wird erwogen – eine Fülle von Plänen und Skizzen aus dieser Zeit kreisen um die Themen griechischer Staat, Tragödie, Philosophie, Sokratismus, Homer, Platon. Ein großer Höhenflug ist geplant, hoch droben über der Fußgängerperspektive der Philologie, eine große Kulturphilosophie des Griechentums soll entstehen. Ohnehin erwartet man von Nietzsche eine »richtige« wissenschaftliche Veröffentlichung als Legitimation für den Professorentitel, in seinen Vorträgen vor Basler Publikum lotet Nietzsche die Wirkungsmöglichkeiten aus. Dort erregt er mit manchen Thesen Anstoß, auf der anderen Seite wird das »Band mit meinen Tribschener Freunden noch enger«.

Gemeint sind Richard Wagner und Cosima von Bülow, die Nietzsche in deren Villa in Tribschen regelmäßig besucht. Ganz offensichtlich sind Nietzsches Gedanken über die griechische Tragödie und das moderne Musikdrama von Richard Wagners musiktheoretischen Schriften und erst recht von den intensiven Gesprächen in Tribschen beeinflußt. Auf Wagners Einfluß geht ohne Zweifel auch der antijüdische Schlenker in Nietzsches Vortrag »Sokrates und die griechische Tragödie« zurück. Richard Wagner war erklärter Antisemit, er hatte mit einem einschlägigen Pamphlet »Das Judentum in der Musik« klar Position bezogen, war aber auch auf Widerstand gestoßen. Die gute Gesellschaft akzeptierte zu dieser Zeit zumindest noch keinen grobschlächtigen Antisemitismus der Wagnerschen Art. Also war Wagner zwar entzückt von Nietzsches Vortrag, riet ihm aber, »nicht in das Wespennest zu stechen« und Angriffe auf die Juden zu vermeiden. Wenig später, in seinem Tragödienbuch, macht Nietzsche aus der »jüdischen Presse« dann »tückische Zwerge«. Daß Wagner von Nietzsche begeistert ist, versteht sich nach alledem von selbst. Er drängt ihn geradezu, aus seinen Ideen und Vorarbeiten ein Buch zu machen.

Aber vorerst hatte Nietzsche anderes zu tun: Er meldet sich als Freiwilliger zum Deutsch-Französischen Krieg. Ein merkwürdiges Ereignis. Zwar hatte Nietzsche 1867, während seines Studiums in Leipzig, seinen Militärdienst nicht gerade unwillig absolviert. Er hatte sich sogar zu den Berliner Garderegimentern gemeldet, war aber dann nur zur Reitenden Abteilung der Feldartillerie einberufen worden, die in Naumburg stationiert war. Um »die hiesigen Kanonen zu umarmen – mit mehr Ingrimm als Zärtlichkeit«, wie er am 4. Oktober 1867 schrieb. Nietzsche hätte es gerne mindestens eine Nummer größer gehabt. Auch der Verlauf seiner Militärzeit war nicht ganz nach seinem Geschmack. Anfang März mißlingt ihm ein Sprung aufs Pferd, er zieht sich eine schwere Brustverletzung zu, an der er monatelang laboriert. Als er einigermaßen wiederhergestellt ist, wird er für den Rest der Dienstzeit krank geschrieben. Das hatte er sich schon etwas heroischer vorgestellt.

Trotzdem ist die Meldung als Kriegsfreiwilliger seltsam.

Denn Nietzsche hatte, bevor er nach Basel ging, auf seine preußische Staatsbürgerschaft verzichtet, und zwar mit ausdrücklichem Hinweis darauf, daß er sonst im Kriegsfall »unwiderruflich als reitender Artillerist eingezogen« würde. Und das wollte er der Basler Universität nicht zumuten. Nun die Kehrtwendung: Am 8. August 1870 schreibt er an den Vorsteher des Erziehungskollegiums der Stadt Basel, daß er sich »dem ungeheuren Rufe Deutschlands, daß jeder seine *deutsche* Pflicht tue«, nicht entziehen könne.

Die Basler sind großzügig. Noch im April – nach nur einem Jahr Lehrtätigkeit – hatte die Universität Nietzsche zum ordentlichen Professor gemacht, und nun ließ sie ihn mit den Deutschen gegen Frankreich in den Krieg ziehen. Allerdings nur als Sanitäter. Was hat Nietzsche zu dieser plötzlichen patriotischen Aufwallung veranlaßt? Der Krieg war im Juli ausgebrochen, da hatte Nietzsche noch an Rohde geschrieben: »Freund, liebster Freund, wir sahen uns noch einmal in der Abendröte des Friedens. [...] Wir können bereits am Anfang vom Ende sein! Welche Wüstenei! Wir werden wieder Klöster brauchen. Und wir werden die ersten fratres sein.« Und nun dieser Sinneswandel?

Vielleicht lockt Nietzsche ja die Aussicht, eine Weile von den Basler Verpflichtungen befreit zu sein. Und vielleicht lockt ja auch Paris. Zwei Tage vor jenem 8. August kommt die Meldung von einem ersten großen deutschen Sieg. Nietzsche macht gerade einen Ausflug in den Alpen, auf dem er Freundschaft mit dem Hamburger Landschaftsmaler Adolf Mosengel schließt. Der hat eine Weile in Paris gelebt und will mit in den Krieg ziehen. »Es ist jetzt nicht unwahrscheinlich, daß wir der siegreichen Armee bis Paris folgen«, schreibt Nietzsche seiner Schwester.

Dazu kommt es aber nicht. Nietzsche und Mosengel werden eine Woche lang zu Sanitätern ausgebildet, dann fährt man Richtung Metz. Man sieht Schlachtfelder mit Leichen und Verwundeten, reist durchs Elsaß, erreicht Anfang September Nancy und wird von dort in die Nähe von Metz geschickt, also ins eigentliche Kriegsgebiet. Von dort geht die Reise sofort zurück, und zwar mit einem Spitalzug Richtung Karlsruhe. Nietzsche infiziert sich mit Ruhr und Rachendiphtherie, eine Krankheit, die er nie wieder ganz loswerden wird. Nach einer Woche ist der Feldzug zu Ende – es war eher eine Reise mit eingebauter Rückkehr von zwei Freiwilligen, die niemand so recht gebrauchen konnte.

Eine Kriegsgeburt

»Während die Donner der Schlacht von Wörth über Europa hinweggingen, saß der Grübler und Rätselfreund, dem die Vaterschaft dieses Buches zuteil ward, irgendwo in einem Winkel der Alpen, sehr vergrübelt und verrätselt, folglich sehr bekümmert und unbekümmert zugleich, und schrieb seine Gedanken über die Griechen nieder [...]. Einige Wochen darauf: und er befand sich selbst unter den Mauern von Metz, immer noch nicht losgekommen von den Fragezeichen, die er zur vorgeblichen ›Heiterkeit‹ der Griechen und der griechischen Kunst gesetzt hatte; bis er endlich, in jenem Monat tiefster Spannung, als man in Versailles über den Frieden beriet, auch mit sich zum Frieden kam und, langsam von einer aus dem Felde heimgebrachten Krankheit genesend, die ›Geburt der Tragödie aus dem Geiste der Musik‹ letztgültig bei sich feststellte.« So beschreibt Nietzsche selbst fünfzehn Jahre später die Entstehung seines Erstlingswerks, dessen Titel zunächst durchaus noch Altphilologie atmet. Danach sieht es in der Tat auch inhaltlich aus.

Nietzsche geht es um ein besseres Verständnis der antiken griechischen Kunst. Seit der Renaissance, erst recht seit der Klassik galt die Kunst der griechischen Antike als vorbildlich. »Der einzige Weg für uns, groß, ja, wenn es möglich ist, unnachahmlich zu werden, ist die Nachahmung der Alten.« Mit diesem Satz wurde der Altertumsforscher Johann Joachim Winckelmann stilbildend. Das wichtigste Merkmal der griechischen Meisterstücke ist nach Winckelmann »eine edle Einfalt und eine stille Größe« – das hat das Griechenbild seit Aufklärung und Klassik geprägt. Für Lessing war das antike Hellas Vorbild für Kunst und Philosophie, Goethe wollte »das Land der Griechen mit der Seele suchen«. Schönheit, Klarheit, Leichtigkeit, Helligkeit, Heiterkeit – das waren die Begriffe, die mit der Idealvorstellung »Griechenland« verbunden wurden.

Bei Georg Wilhelm Friedrich Hegel, dem Philosophen des deutschen Idealismus, heißt es: »Darum hat die griechische Kunst sich in die ganze Heiterkeit des griechischen Geistes ergossen und ein Wohlgefallen, eine Freude und Beschäftigung an einer unendlichen Menge höchst erfreulicher Situationen gefunden.« Will sagen: Nicht nur in der Kunst herrscht diese Heiterkeit, sie ist ein Merkmal des antiken Hellas überhaupt. Die alten Griechen werden imaginiert als fröhliches Volk, das in schöner Natur und bei immer gutem Wetter das Dasein genießt und spielerisch-leicht mit der Götterwelt umgeht. Im Historismus des 19. Jahrhunderts waren diese Idealvorstellungen der deutschen Klassik kanonisch geworden.

Mit dieser Tradition will Nietzsche Schluß machen. Er erklärt, daß die Entwicklung der griechischen Kunst an die Duplizität zweier Prinzipien gebunden ist: des Apollinischen und des Dionysischen. Zwei Prinzipien, die im ständigen Widerstreit miteinander stehen, die »in immer neuen aufeinanderfolgenden Geburten und sich gegenseitig steigernd, das hellenische Wesen beherrscht haben«. Mal siegt das eine, mal das andere Prinzip, am Ende aber »erhebt sich das Apollinische zur starren Majestät der dorischen Kunst und Weltbetrachtung«.

Diese beiden Prinzipien orientieren sich an den Götterfiguren Apollon und Dionysos. Apollon, Sohn des Zeus und der Leto, ist der Gott des Lichts, des Frühlings, der sittlichen Reinheit, der Mäßigung, der Künste, besonders der Musik, der Dichtkunst und des Gesangs. Er ist der Chef der neun Musen, der Musen-Gott. Allerdings kennt der Apollon-Kult, der vermutlich aus Kleinasien stammt, auch den geheimnisvollen Orakelgott, der weissagen kann und diese Gabe anderen verleiht, der Übel bringt und abwehrt, der Krankheiten heilt und schickt, der für Tod,

Vernichtung, Rache steht. Aber bei den Griechen wird er seit dem 6. vorchristlichen Jahrhundert in erster Linie als Gott des Schönen und Guten verehrt, auf sein Licht fällt kaum ein Schatten, sein Name steht darüber hinaus für Klarheit und strenge Form – eben für das, was später »Klassik« genannt wurde.

Dionysos ist ein Halbgott. Zwar ist Zeus auch sein Vater, aber seine Mutter, Semele, ist eine Sterbliche – die Tochter des Thebaner-Königs Kadmos. Dionysos ist eine Frühgeburt, seine Mutter stirbt, also näht Zeus sich das Kind in den Schenkel und trägt es vollständig aus. Nach seiner zweiten Geburt wird Dionysos von Nymphen aufgezogen, die später seine Begleiterinnen werden.

Dieses Motiv des Zweimal-Geborenseins wird in einer anderen Überlieferung noch verstärkt: Zeus und Persephone haben einen Sohn namens Zagreus. Er soll Nachfolger von Zeus werden. Als Hera das erfährt, läßt sie das Kind von Titanen töten, zerstückeln und verschlingen. Aber Athene rettet das Herz von Zagreus. Zeus verspeist es und zeugt mit Semele seinen Sohn neu, der jetzt Dionysos heißt.

Auch zu dessen Mythos gehört die Zerstückelung: Hera ist auch auf Dionysos eifersüchtig, die Titanen müssen wieder ran, Dionysos versucht sich durch Verwandlungen zu retten. Die Titanen spüren ihn auf, als er sich in einen Stier verwandelt hat; sie zerstückeln ihn, aber Rhea, seine Großmutter, sammelt die Teile auf und fügt sie wieder zusammen. Dionysos ist noch einmal geboren.

Dieser Dionysos wird zum Gott der Baumkunst, des Weines, des Rausches, der Fruchtbarkeit. Die kultische Verehrung des Dionysos reicht bis in die frühgriechische Zeit zurück, im sechsten vorchristlichen Jahrhundert wurde sie in Athen zum Staatskult. Zu den Dionysien, den Festlichkeiten zu Ehren des Dionysos, gehörten Chorgesänge und orgiastische Feiern mit ekstatischen Tänzen. Im Verlauf dieser Feiern wurden auch Tiere zerstückelt und gegessen – in Erinnerung an das Schicksal des Dionysos. Man verleibte sich den verehrten Gott ein.

Anschließend hängten die Dionysier sich das Fell um die Schultern, das häufig ein Bocksfell war. Der Bock heißt altgriechisch tragos, der Gesang oide, die tragoidia (Tragödie) ist also ursprünglich ein »Bocksgesang«. Will sagen: Die griechische Tragödie hat ihren Ursprung in den dionysischen Bräuchen. Damit ist die Tragödientheorie des Aristoteles eingeholt, nach der die griechische Tragödie aus dem Dithyrambos, einem dionysischen Kultlied, hervorgegangen war.

Die Entsetzlichkeit des Daseins

Dieser Mythos des Dionysos ist die Voraussetzung für Nietzsches Neuinterpretation des klassischen Griechentums. Die apollinische Kultur, das Helle, Klare, Strenge auf der einen Seite, die dionysische Kultur, das Triebhafte, Rauschhafte, Ekstatische auf der anderen Seite – das sind zwei notwendige und zusammenhängende Elemente der griechischen Kultur. Allerdings versteht Nietzsche das apollinische und dionysische Prinzip nicht als Produkte menschlichen Willens, menschlichen Kunst-Willens. Sondern »das« Apollinische und »das« Dionysische brechen aus der Natur hervor – ohne Vermittlung des menschlichen Künstlers.

Und es ist auch nicht so, daß die beiden Prinzipien voneinander nichts wissen. Die apollinische Kultur schaut zwar mit Erstaunen auf das Dionysische, gleichsam mit hochgezogenen Augenbrauen. Aber in dieses Erstaunen mischt sich das Grausen, »daß ihm jenes alles doch eigentlich so fremd nicht sei, ja daß sein apollinisches Bewußtsein nur wie ein Schleier diese dionysische Welt vor ihm verdecke«. Das Schreckliche, Tierische, Dunkle, an das im Dionysos-Kult erinnert wird, in das sich der ekstatische dionysische Tänzer hineinverwandelt, das ist keine völlig andere Welt, von der die helle apollinische Welt nichts wüßte. »Der Grieche kannte und empfand die Schrecken und Entsetzlichkeiten des Daseins: um überhaupt leben zu können, mußte er vor sie hin die glänzende Traumgeburt der Olympischen stellen.« Die Olympischen, also die Götter, machen den Menschen das Dasein erträglich, indem sie dieses Dasein idealisiert, »von einer höheren Glorie umflossen«, vorleben. »So rechtfertigen die Götter das Menschenleben, indem sie es selbst leben.«

Selbsterkenntnis, Ordnung, Maß, Regel als apollinische Prinzipien sind, so Nietzsche weiter, Maß-Regeln gegen Selbstüberhebung und Übermaß des titanischen Zeitalters, der außer-apollinischen wie der vor-apollinischen Welt. Aber der apollinische Grieche weiß auch: »Sein ganzes Dasein, mit aller Schönheit und Mäßigung, ruhte auf einem verhüllten Untergrunde des Leidens und der Erkenntnis, der ihm wieder durch jenes Dionysische aufgedeckt wurde.« Also noch einmal: Apollinisch und Dionysisch gehören zusammen, das Apollinische ist der schöne Schein vor dem Vorhang, aber das dunkel Dionysische hinter dem Vorhang oder im Untergrund bricht immer wieder durch.

Dies alles ist nun nicht ganz so neu, wie Nietzsche gelegentlich glauben machen will. Das Begriffspaar apollinisch – dionysisch gibt es schon bei Friedrich Schlegel, der die Tragödien des Sophokles lobt, weil sich darin die »göttliche Trunkenheit des Dionysos, die tiefe Erfindsamkeit der Athene, und die leise Besonnenheit des Apollo gleichmäßig verschmolzen«. Auch Winckelmann kennt diese Entgegensetzung, für ihn ist Apollon nicht nur ästhetisch schön, sondern auch der vorbildliche Ausdruck der Freiheitsliebe der Griechen, vorbildlich für alle späteren Zeiten. Dionysos steht dagegen für das weichliche, »untertänige« orientalische Wesen. Diese Sichtweise hat der Altphilologe und Archäologe Karl Otfried Müller (1797–1840) korrigiert: Für ihn repräsentiert Dionysos nicht das Orientalische, sondern die älteren Bewohner Griechenlands und deren urwüchsige, »primitive« Religion, die der »olympischen« der homerischen Zeit vorausging. Und so war es möglich, das Weiterwirken des Dionysos im klassischen Griechenland zu erklären. Die Antithese Apollon und Dionysos ist also lange vor Nietzsche geläufig, er hat hier nichts erfunden. Neu ist bei ihm zum einen die Wertschätzung der dionysischen Tradition, die bei anderen Autoren eher abfällig bewertet wurde. Und zum anderen ist die Antithese Apollon – Dionysos für Nietzsche keine rein kulturgeschichtliche, sondern eine existentielle, eine unser aller Leben zentral bestimmende Antithese.

Das mag verwundern, denn vom »Leben« spricht Nietzsche in seiner »Geburt der Tragödie« zunächst nicht. Es geht um zwei Kunstgötter und ihr Verhältnis zueinander, ihre Rolle in der griechischen Antike. Das Apollinische als das Prinzip der Phantasie, »der schöne Schein der Traumwelten, in deren Erzeugung jeder Mensch voller Künstler ist, ist die Voraussetzung aller bildenden Kunst«. Das Dionysische liegt hinter dem schönen Schein – oder vielmehr darunter. Es repräsentiert den »gemeinsamen Untergrund von uns allen«, das Ur-Eine, über das weiter nichts ausgesagt werden kann. Es kann nur im Rausch erahnt werden.

»Unter dem Zauber des Dionysischen schließt sich nicht nur der Bund zwischen Mensch und Mensch wieder zusammen: auch die entfremdete, feindliche oder unterjochte Natur feiert wieder ihr Versöhnungsfest mit ihrem verlorenen Sohne, dem Menschen.« Und weiter: »Singend und tanzend äußert sich der Mensch, als Mitglied einer höheren Gemeinsamkeit: er hat das Gehen und das Sprechen verlernt und ist auf dem Wege, tanzend in die Lüfte emporzufliegen. Aus seinen Gebärden spricht die Verzauberung. Wie jetzt die Tiere reden, und die Erde Milch und Honig gibt, so tönt auch aus ihm etwas Übernatürliches: als Gott fühlt er sich, er selbst wandelt jetzt so verzückt und erhoben, wie er die Götter im Traume wandeln sah.«

Ekel vor der Wirklichkeit

Was hat das mit der Alltagswelt der Menschen zu tun? Zunächst nichts. Aber das Erlebnis des Dionysischen hat Auswirkungen auf diese Alltagswelt. Wenn nämlich der Dionysier aus seiner Welt der Ekstase und des Rausches wieder auftaucht, ekelt er sich vor der wirklichen. Auch deshalb, weil er erkannt hat, daß Handeln lächerlich wäre. Der Blick in das Wesen der Dinge hat gezeigt, daß kein Handeln am ewigen Wesen der Dinge etwas ändern kann. »In der Bewußtheit der einmal geschauten Wahrheit sieht jetzt der Mensch überall nur das Entsetzliche oder Absurde des Seins [...]: es ekelt ihn.«

Freilich gibt es eine Rettung, der Ekel hat einen Feind: die Kunst. »Sie allein vermag jene Ekelgedanken über das Entsetzliche oder Absurde des Daseins in Vorstellungen umzubiegen, mit denen sich leben läßt: diese sind das *Erhabene* als die künstlerische Bändigung des Entsetzlichen, und das *Komische* als die künstlerische Entladung vom Ekel des Absurden.« Und unsere eigene Existenz ist genau dadurch definiert: Wir haben »in der Bedeutung von Kunstwerken unsere höchste Würde«, sogar unsere Daseinsberechtigung, »denn nur als *ästhetisches Phänomen* ist das Dasein und die Welt ewig *gerechtfertigt*«.

Das Erhabene und das Komische als Rettung vor dem Entsetzlichen, dem Absurden, dem Ekel des Daseins – das ist die These. Nun interessiert sich Nietzsche für das Komische nicht so sehr, mehr für das Erhabene – er will ja über die Tragödie reden. Die griechische Tragödie handelt von Mythen – Nietzsche spricht hier von der Tragödie, die in unser Bild der griechischen Kultur eingegangen ist, also von Aischylos, Sophokles, Euripides und dem fünften vorchristlichen Jahrhundert. Zentrale Figuren dieser Tragödien wie Ödipus und Prometheus sind für Nietzsche nichts weiter als Masken des ursprünglichen Helden Dionysos. »Es ist eine unanfechtbare Überlieferung, daß die griechische Tragödie in ihrer ältesten Gestalt nur die Leiden des Dionysus zum Gegenstand hatte, und daß der längere Zeit hindurch einzig vorhandene Bühnenheld eben Dionysus war.«

Die Leiden des Dionysos: Das ist das zentrale Thema für Nietzsche. Dionysos ist für ihn der Inbegriff des Leidens überhaupt, der Mythos des Zagreus gibt ihm dafür den entscheidenden Hinweis. Der Mythos der Zerstückelung ist der

Mythos der Individuation, »wobei angedeutet wird, daß diese Zerstückelung, das eigentlich dionysische *Leiden*, gleich einer Umwandlung in Luft, Wasser, Erde und Feuer sei, daß wir also den Zustand der Individuation als den Quell und Urgrund alles Leidens, als etwas Verwerfliches, zu betrachten hätten. [...] In jener Existenz als zerstückelter Gott hat Dionysos die Doppelnatur eines grausamen, verwilderten Dämons und eines milden, sanftmütigen Herrschers.« Das ist das Urthema der Ur-Tragödie. Sie spricht von der Einheit alles Vorhandenen, von der Individuation als Urgrund allen Übels, und sie repräsentiert »die Kunst als die freudige Hoffnung, daß der Bann der Individuation zu zerbrechen sei, als die Ahnung einer wiederhergestellten Einheit«.

Der Tod der Tragödie

Die Tragödie der Tragödie besteht nun darin, daß dieses Urthema uminterpretiert, umgebogen wird, daß aus der mythischen Leidensgeschichte menschliche Schicksale werden. Beispiel Ödipus: Nachdem Ödipus das Rätsel der Sphinx gelöst hat, stürzt sie sich in den Abgrund. In Nietzsches Interpretation ist die Sphinx gleichbedeutend mit »Natur«. Und dann heißt dieser Mythos: Wer durch seine Weisheit die Natur in den Abgrund stürzt, der muß selbst zugrunde gehen. »Die Spitze der Weisheit kehrt sich gegen den Weisen; Weisheit ist ein Verbrechen an der ›Natur‹: solche schrecklichen Sätze ruft uns der Mythus zu.« Im Ödipus-Drama des Sophokles wird diese schreckliche Wahrheit zurechtgebogen auf menschliches Maß. Sophokles stellt uns den Ödipus als einen edlen Menschen vor, der trotz seiner Weisheit zum Elend verdammt ist. Die grausame Wahrheit wird dadurch verdeckt oder verzuckert.

Bei Euripides geht, so Nietzsche, diese Entwicklung noch weiter. Er macht aus der Tragödie und ihren großen Themen, ihrem großen Dionysos-Thema, ein Alltagsgeschäft. »Im wesentlichen sah und hörte jetzt der Zuschauer seinen Doppelgänger auf der euripideischen Bühne und freute sich, daß jener so gut zu reden verstehe.« Diese Austreibung des Dionysos aus der griechischen Tragödie ist aber nicht das Werk des Euripides. Er ist auch nur eine Maske, und dahinter steckt – Sokrates. Der große Philosoph setzt auf Vernunft, Wissen, Einsicht, und wohin er schaut, stößt er auf Instinkt. Überall trifft er auf Staatsmänner, Redner, Dichter und Künstler, die von sich behaupten, etwas über ihren Beruf zu wissen, die aber tatsächlich nichts wissen und nur aus Instinkt handeln. Daher der berühmte Sokrates-Satz: »Ich weiß, daß ich nichts weiß« – nämlich im Unterschied zu all denen, die von sich das Gegenteil behaupten.

Für Nietzsche ist freilich Sokrates der Dünkelhafte, der aus dem Mangel an Wissen und Einsicht »auf die innerliche Verkehrtheit und Verwerflichkeit des Vorhandenen« schließt. Da kommt einer daher und »tritt mit der Miene der Nichtachtung und der Überlegenheit [...] in eine Welt hinein, deren Zipfel mit Ehrfurcht zu erhaschen wir uns zum höchsten Glücke rechnen würden«. Dieser Glaube an das Wissen zerstört das Wesen der Tragödie, »welches sich einzig als eine Manifestation und Verbildlichung dionysischer Zustände, als sichtbare Symbolisierung der Musik, als die Traumwelt eines dionysischen Rausches interpretieren läßt«. Und zwar nicht, weil Wissen und Vernunft etwas an sich Schädliches und Zerstörerisches hätten, sondern wegen der »Wahnvorstellung [...], daß das Denken, an dem Leitfaden der Kausalität, bis in die tiefsten Abgründe des Seins reiche, und daß das Denken das Sein nicht nur zu erkennen, sondern sogar zu *korrigieren* imstande sei. Dieser erhabene metaphysische Wahn ist als Instinkt der Wissenschaft beigegeben und führt sie immer und immer wieder zu ihren Grenzen, an denen sie in *Kunst* umschlagen muß: *auf welche es eigentlich, bei diesem Mechanismus, abgesehn ist.*«

Geschichte ist Vernichtung

Hier sind wir bei einer Kernthese Nietzsches angelangt: Die Welt (das Sein) ist eine Welt der fortgesetzten Vernichtungskämpfe, weil die Menschen – als Individuen und als Völker – ihre egoistischen Ziele durchsetzen wollen. Dieser grauenhafte Zustand herrscht immer und überall. Allerdings gibt es ein Heilmittel »zur Abwehr jenes Pesthauchs«: die Kunst in allen möglichen Erscheinungsformen, »besonders als Religion und Wissenschaft«. Diese Einsicht nennt Nietzsche »praktischen Pessimismus«, dagegen ist Sokrates das »Urbild des theoretischen Optimisten«, der in Wissen und Erkenntnis eine Universalmedizin sieht. Aber auch der sokratische Mensch muß mit seinem Wissensdrang an Grenzen stoßen, »wo er in das Unaufhellbare starrt. Wenn er hier zu seinem Schrecken sieht, wie die Logik sich an diesen Grenzen um sich selbst ringelt und endlich sich in den Schwanz beißt – da bricht die neue Form der Erkenntnis durch, *die tragische Erkenntnis*, die, um nur ertragen zu werden, als Schutz und Heilmittel die Kunst braucht.«

Die tragische Erkenntnis sagt: Alles, was entsteht, muß untergehen; alles, was lebt, muß leiden; Kampf, Qual, Vernichtung sind lebensnotwendig. Nietzsche spricht von einem »Übermaß von unzähligen, sich ins Leben drängenden und stoßenden Daseinsformen, [...] der überschwenglichen Fruchtbarkeit des Weltwillens«. Die Natur ist verschwenderisch, wird Nietzsche später sagen, und die Tragödie besteht darin, daß die Fülle von Lebensformen letztlich vernichtet wird. »Die Tragödie sitzt inmitten dieses Überflusses an Leben, Leid und Lust, in erhabener Entzückung, sie horcht einem fernen, schwermütigen Gesange – er erzählt von den Müttern des Seins, deren Namen lauten: Wahn, Wille, Wehe.«

Die Wiedergeburt der Tragödie

Wahn, Wille, Wehe – das klingt nicht nur nach Richard Wagner, er ist ausdrücklich gemeint. Denn nach dem sokratisch verschuldeten Tod der Tragödie wird ihre Wiedergeburt möglich. Sie ist geboren aus dem Geist der Musik, sie stirbt am Geist der Erkenntnis, und sie wird wiedergeboren aus dem germanischen Geist der Musik Richard Wagners. »Ja, meine Freunde, glaubt mit mir an das dionysische Leben und an die Wiedergeburt der Tragödie. Die Zeit des sokratischen Menschen ist vorüber: kränzt euch mit Epheu, nehmt den Thyrsusstab zur Hand und wundert euch nicht, wenn Tiger und Panther sich schmeichelnd zu euren Knien niederlegen. Jetzt wagt es nur, tragische Menschen zu sein: denn ihr sollt erlöst werden. Ihr sollt den dionysischen Festzug von Indien nach Griechenland geleiten! Rüstet euch zu hartem Streite, aber glaubt an die Wunder eures Gottes!«

Durch Glaube und Wunder allein wird aber die Wiederkehr der sokratisch verdrängten Welt- und Lebenserfahrung nicht möglich, auch wenn sich das hier so anhört. Sondern nur durch Besinnung auf den Dithyrambus, also den Hymnus auf Dionysos, aus dem die Tragödie ja entstanden ist. Dieser »Geist der Musik« muß wiedergewonnen werden, wenn die Wiedergeburt der Tragödie möglich sein soll. Diese Rolle fällt der Musik Richard Wagners zu, genauer dem Musikdrama Richard Wagners. Anders als in der italienischen und französischen Oper, sagt Nietzsche, wird bei Wagner nicht Musik zu einem Text gemacht, sondern die musikalische Stimmung ist das Vorrangige, das Entscheidende. Die Musik ist das erste, und aus ihr entwickelt sich Handlung. Was auf der Bühne geschieht, erschließt sich dem Publikum als Ausfluß der musikalischen Stimmung. Die Musik ergreift das Gemüt direkt, läßt das Publikum zu einer beseelten, berauschten Gemeinschaft werden.

»Aus dem dionysischen Grunde des deutschen Geistes ist eine Macht emporgestiegen, die mit den Urbedingungen der sokratischen Kultur nichts gemein hat und aus ihnen weder zu erklären noch zu entschuldigen ist, vielmehr von dieser Kultur als das Schrecklich-Unerklärliche, als das Übermächtig-Feindselige empfunden wird, die deutsche Musik, wie wir sie vornehmlich in ihrem mächtigen Sonnenlaufe von Bach zu Beethoven, von Beethoven zu Wagner zu verstehen haben.« In Wagners Oper vollzieht sich die Wiedergeburt der antiken Tragödie, die Zusammenführung des Apollinischen und des Dionysischen. Das Einsinken in das Dionysische, die Hingabe an den Rausch, die orgiastische Bejahung von Leid und Schmerz ist nur die eine Seite. Die griechische Tragödie war für Nietzsche aber definiert durch die übergreifende Einheit der beiden Prinzipien, des Dionysischen *und* des Apollinischen.

In Wagners Musikdrama bleibt das Apollinische erhalten: »Mit der ungeheueren Wucht des Bildes, der ethischen Lehre, der sympathischen Erregung reißt das Apollinische den Menschen aus seiner orgiastischen Selbstvernichtung empor und täuscht ihn über die Allgemeinheit des dionysischen Vorganges hinweg.« Am Ende aber siegt der dionysische Zauber, zum Beispiel im Gesang Isoldes: »In des Wonnemeeres wogendem Schwall, in der Duft-Wellen tönendem Schall, in des Weltatems wehendem All – ertrinken, versinken, unbewußt, höchste Lust.« In diesem Wagner-Ton schreibt auch Nietzsche: »Glaube niemand, daß der deutsche Geist seine mythische Heimat auf ewig verloren habe, wenn er so deutlich noch die Vogelstimmen versteht, die von jener Heimat erzählen. Eines Tages wird er sich wach finden, in aller Morgenfrische eines ungeheuren Schlafes: dann wird er Drachen töten, die tückischen Zwerge vernichten und Brünnhilde erwecken – und Wotans Speer selbst wird seinen Weg nicht hemmen können!« In der Tragödie »haben wir, wiedergeboren aus der Musik, den tragischen Mythus – und in ihm dürft ihr alles hoffen und das Schmerzlichste vergessen! Das Schmerzlichste aber ist für uns alle – die lange Entwürdigung, unter der der deutsche Genius, entfremdet von Haus und Heimat, im Dienst tückischer Zwerge lebte. Ihr versteht das Wort – wie ihr auch, zum Schluß, meine Hoffnungen verstehen werdet.«

Wieso nun durch Wagner die gesamte Kultur sich der großen Kultur der griechischen Antike annähern soll, ist damit noch nicht geklärt. Denn mit dem Dionysos-Mythos hat Wagners Musikdrama ja nichts zu tun. Die Brücke ist der deutsche Geist, und das heißt hier der Mythos der Germanen. Wiedergeburt der Tragödie heißt auch Wiedererstarken des deutschen Geistes, Befreiung von den »tückischen Zwergen« – Judentum, Christentum, Rationalismus. Deutsche und griechische Kultur sind das Gegenbild zur »Zivilisation« – hier wird am deutlichsten, wie sehr Nietzsche in seinem philosophischen Erstlingswerk in der Tradition der Romantik steht.

Dieses Buch liest sich nicht nur wie eine Hommage an Richard Wagner, sondern gleichzeitig wie eine Festschrift zu Ehren Arthur Schopenhauers. »Die Geburt der Tragödie« hat in der Tat beides. Die Lobpreisung Wagners ist offensichtlich, der Einfluß Schopenhauers nicht so sehr, aber auch er ist eindeutig. Die Vorstellung, daß diese Welt von einer großen Kraft, einem Urtrieb durchwaltet ist, der auch im tiefsten Inneren des Menschen wirkt, ist direkt von Schopenhauer übernommen. Für Schopenhauer ist der Urgrund der Welt ein formloses Brodeln, ein grausames, ewiges Ringen. Er ist da, bleibt aber verborgen, denn der Mensch könnte das Schreckliche dieses Urgrundes nicht aushalten. Der Mensch braucht die Ordnung der Begriffe und der Formen, er braucht den schönen Schein, also die Kunst, und das Apollinische ist eine Steigerung dieses schönen Scheins. Das sind die Zutaten, die Schopenhauer der entstehenden Philosophie Nietzsches liefert.

Der mit dieser Abhandlung über das altphilologische Thema – die griechische Tragödie – weit hinausgeht. Die »Geburt der Tragödie aus dem Geiste der Musik« ist die Geburt von Nietzsches Philosophie, sie trägt die Keime dieser Philosophie in sich, sie liegt noch in der Wiege, wird versucht, angedeutet, ist noch nicht fertig, muß erst noch wachsen.

Keine Wirkung

Anfang Januar 1872 erscheint die Tragödienschrift im Musikverlag Ernst Wilhelm Fritzsch in Leipzig, dem Verlag Richard Wagners. Nietzsche hatte das Buch vorher einem anderen Verleger angeboten, aber man war sich nicht einig geworden. Und schließlich war es für Nietzsche recht angenehm, im Verlag des »Meisters« zu publizieren. Seine Erwartungen waren hochgespannt. »Die Schrift wird mächtig gekauft werden«, schrieb er im November 1871 an Carl von Gersdorff, den Nietzsche schon von Schulpforta und aus der Leipziger Studentenzeit kannte. Er hatte einigen Grund zu dieser Hoffnung, denn die kleine Schrift »Sokrates und die griechische Tragödie«, eine der Vorarbeiten, die im Juni 1871 erschienen war, hatte nach Auskunft eines Bekannten in Leipzig zumindest dort »große Sensation gemacht«. Andererseits war Nietzsche aber auch ängstlich. An Erwin Rohde schreibt er: »Ich fürchte immer, daß die Philologen es der Musik wegen, die Musiker der Philologie wegen, die Philosophen der Musik und Philologie wegen *nicht* lesen wollen.« Hundert Taler Honorar bekommt Nietzsche, das sind immerhin rund zehn Prozent seines Jahreseinkommens als Professor. Die Basler Universität erhöht sein Gehalt nach Erscheinen des Buches um fünfhundert Franken, so daß Nietzsche daran rund ein Viertel seines Jahresgehalts verdient.

Der nichtmaterielle Erfolg freilich bleibt zunächst aus. Zwar ist Richard Wagner verständlicherweise begeistert: »Schöneres als Ihr Buch habe ich noch nichts gelesen! Alles ist herrlich!« Auch Cosima Wagner schwärmt: »O wie schön ist Ihr Buch! Wie schön und wie tief und wie kühn!« Aber über solche Gemütsbezeugungen hinaus kam auch aus dem Freundeskreis nichts Substantielles. Sehr viel konnte man mit dieser Schrift wohl nicht anfangen. Die philologische Fachwelt erst recht nicht: Eisiges Schweigen. Was Nietzsche zutiefst irritierte und kränkte, war die Reaktion seines verehrten Lehrers Ritschl. Nämlich keine! Ende Januar faßt Nietzsche sich ein Herz und schreibt: »Sie werden mir mein Erstaunen nicht verargen, daß ich von Ihnen auch kein Wörtchen über mein jüngst erschienenes Buch zu hören bekomme [...]. Denn dieses Buch ist doch etwas von der Art eines Manifestes und fordert doch am wenigsten zum Schweigen auf.« So ganz schweigsam war der Professor in der Tat nicht gewesen: Er hatte nach Lektüre der Schrift in sein Tagebuch notiert: »Geistreiche Schwiemelei.« Die Angelegenheit war ihm schlicht peinlich.

Nietzsche schreibt weiter. »Mir liegt vor allem daran, mich der jüngsten Generation der Philologen zu bemächtigen und ich hielte es für ein schmähliches Zeichen, wenn mir dies nicht gelänge.« Ritschl, der seinen Lieblingsschüler mit ähnlichen Worten nach Basel gelobt hatte, fällt dazu nichts mehr ein. »Fabelhafter Brief von Nietzsche (= Größenwahnsinn)«, schreibt er in sein Tagebuch und läßt seine Frau einen Antwortbrief entwerfen. Er sei zu alt, heißt es darin, um sich »noch nach ganz neuen Lebens- und Geisteswegen umzuschauen«. Immerhin sei ihm »bei flüchtiger Durchsicht« aufgefallen, daß Nietzsches Griechenbild nicht das seine sei. Mehr als flüchtige Durchsicht wollte der Herr Professor nicht aufwenden, weil er sich ohne die Kenntnis der Philosophie Schopenhauers »an den mannigfachen schönen und tiefsinnigen Gedanken« nicht glaubte erfreuen zu können. Und er gibt darüber hinaus zu bedenken, daß die Jugend durch solche Werke zu einer »unreifen Mißachtung der Wissenschaft« und zu »allseitigem Dilettantismus« verleitet werden könnte – eine böse Abfuhr.

Aber noch milde formuliert. In einem Brief an Wilhelm Vischer-Bilfinger in Basel, dem er Nietzsche so warm empfohlen hatte, schreibt er: »Aber unser Nietzsche! – ja das ist wirklich ein recht betrübtes Kapitel [...]. Einerseits die strengste Methode geschulter wissenschaftlicher Forschung, andererseits diese phantastisch-überschwängliche, übergeistreich ins Unverstehbare überschlagende, Wagner-Schopenhauerische Kunstmysterienreligionsschwärmerei! Denn das ist kaum zu viel gesagt, daß er und seine – ganz unter seinem magischen Einfluß stehenden – Mitadepten Rohde und Romundt im Grunde auf eine neue Religionsstiftung ausgehen.«

Es sieht so aus, als solle Nietzsches Erstling ein Geheimtip bleiben, ein Buch für Wagnerianer, eine Sektenfibel. Freund Rohde erklärt sich bereit, eine Rezension für das »Litterarische Centralblatt« zu schreiben. Sie fällt so schwärmerisch aus, daß sie abgelehnt wird. Auch bei anderen Redaktionen holt Rohde sich eine Abfuhr, so daß schließlich nur noch die Fürsprache des »Meisters« hilft: Die Rezension, stilistisch überarbeitet, erscheint im Mai 1872 in der »Norddeutschen Allgemeinen«, zu der Richard Wagner beste Beziehungen pflegte. Die erste Besprechung war im April-Heft der »Rivista Europea« in Florenz erschienen, einer von Wagner-Freunden herausgegebenen Zeitschrift. Sollte das alles gewesen sein?

Nicht ganz. Ein ordentlicher Verriß bringt Schwung in die Sache. Der Altphilologe Ulrich von Wilamowitz-Moellendorff veröffentlicht eine Streitschrift gegen Nietzsches »Geburt der Tragödie«, in der er den ehemaligen Mitschüler von Schulpforta nach allen Regeln der Kunst niedermacht. Nietzsche habe nichts verstanden, nichts richtig gelesen, vieles falsch zitiert, zum Teil falsch datiert – eine komplette Katastrophe: »leicht ist der beweis, daß auch hier erträumte genialität und frechheit in der aufstellung von behauptungen genau im verhältnis steht zu unwissenheit und mangel an wahrheitsliebe!« Und das von einem Schulpforta-Zögling! »welche schande, hr. N machen Sie der Mutter Pforte!« Und das Pamphlet schließt: »eins aber fordere ich: halte hr. N. wort, ergreife er den thyrsos, ziehe er von Indien nach Griechenland, aber steige er herab vom katheder, auf welchem er wissenschaft lehren soll; sammle er tiger und panther zu seinen knieen, aber nicht Deutschlands philologische jugend«.

Der Meister persönlich greift ein. In einem »offenen Brief« an Nietzsche in der »Norddeutschen Allgemeinen Zeitung« macht Wagner sich Gedanken um den Zustand der deutschen Bildungsanstalten und gibt Nietzsche gleichsam öffentlich den

Auftrag, sich um die Frage zu kümmern, »welche Art die deutsche Bildung sein müsse, wenn sie der wiedererstandenen Nation zu ihren edelsten Zielen verhelfen soll«. Auch Rohde greift wieder zur Feder und schreibt eine Erwiderung auf Wilamowitz mit dem schönen Titel »Afterphilologie. Zur Beleuchtung des von dem Dr. phil. Ulrich von Wilamowitz-Moellendorff herausgegebenen Pamphlets: ›Zukunftsphilologie!‹ Sendschreiben eines Philologen an Richard Wagner«. Der Verlag Teubner in Leipzig lehnt den Abdruck ab, Wagners Verlag Fritzsch übernimmt ihn.

Wilamowitz antwortet auf Wagner und Rohde – und nach gut einem Jahr ist dann die Fehde zu Ende. Das Ergebnis: In der philologischen Fachwelt ist Nietzsche erledigt. Hermann Usener, Nachfolger Ritschls in Bonn und Hauptvertreter der »Bonner Schule« in der Philologie, erklärt Nietzsche für wissenschaftlich tot. Und in Basel laufen ihm die Studenten weg. Im Wintersemester 1872/73 fällt die Vorlesung über »Homer und die sog. homerische Frage« mangels Teilnehmern aus, ebenso das Seminar »Kritische und exegetische Übungen«; in die Vorlesung »Rhetorik der Griechen und Römer« kommen zwei Hörer: ein Germanist und ein Jurist. »Die Vehme hat ihre Schuldigkeit getan«, schreibt Nietzsche im November. »Daß die kleine Universität nun gar noch durch mich leiden soll, ist recht schwer zu ertragen.«

Gute Zeiten in Basel

Gar so schwer war es ihm aber um diese Zeit nicht. Denn insgesamt war 1872 ein glückliches Jahr für Nietzsche. Zum einen geht es ihm gesundheitlich recht gut. Kopfschmerzen und Migräneanfälle, die ihn seit seiner Kindheit plagen, bleiben für eine Weile aus, und auch die Folgen von Ruhr und Diphtherie aus dem Krieg zeigen sich in diesem Jahr noch nicht. Als Gelehrter hat er eine gute Zeit. Anfang des Jahres bekommt sein wissenschaftliches Ansehen noch einen schönen Schub: Die altehrwürdige Universität Greifswald bietet dem jungen Professor einen Lehrstuhl an. Doch der lehnt ohne lange Überlegung ab. Die Basler halten das für ein Treuebekenntnis und erhöhen sein Gehalt noch einmal um fünfhundert Franken, so daß er jetzt 4000 Franken im Jahr bekommt. Aber Nietzsche hat ganz andere Gründe, nicht nach Greifswald zu gehen. Ihn interessiert die akademische Karriere nicht so sehr, wie er Mutter und Schwester schreibt: »Man muß nur wissen, was ein Ort überhaupt geben kann: einen befreundeten Menschen und ein ehrenhaftes Ansehen. Und so halte ich es in Basel aus.«

Mit dem »befreundeten Menschen« meint Nietzsche zum einen Jacob Burckhardt, der um dieselbe Zeit einen Ruf nach Berlin ablehnt. Dann aber vor allem Richard Wagner, den »Meister«, nicht zu vergessen dessen Frau Cosima, der Nietzsche unverhohlen den Hof macht. Freilich waren die Wagners gerade dabei, von Tribschen weg und nach Bayreuth zu ziehen. Nietzsche wollte mitgehen, er hatte ernsthaft vor, die Professur aufzugeben und sich ganz in den Dienst des Großunternehmens Bayreuth zu stellen. Richard und Cosima Wagner lehnen dieses Angebot energisch ab. Sie meinen, Nietzsche solle lieber schriftstellerisch für Wagner und seine Gemeinde wirken.

Aber der gibt nicht so schnell auf. Noch im April schlägt er seinem Freund Rohde vor, dieser könne Ende September sein Nachfolger in Basel werden. »Ich selbst nämlich will den nächsten Winter herumziehn im deutschen Vaterland d. h. eingeladen von den Wagnervereinen [...] um Vorträge über die Nibelungen-Bühnenfestspiele zu halten – es muß eben jeder tun, was seine Pflicht ist und, im Kollisionsfalle, was seine Pflicht mehr ist.«

Nietzsche war also guter Dinge und voller Pläne – auch für die weitere Zukunft. Denn die Trennung von der Universität sollte endgültig sein, er wollte nach dem Wagner-Winter für zwei Jahre in den Süden ziehen. »Ich selbst denke mit dem letzten Rest meines Vermögens, vielleicht 2000 Taler, noch 2½ Jahr existieren zu können – und was nachher wird, das weiß Gott, geht mich auch zunächst nichts an.«

Auch sonst läuft bis zum Streit um die »Geburt der Tragödie« alles bestens für den jungen Gelehrten. Auf Einladung der Basler »Freiwilligen Akademischen Gesellschaft« hält er zwischen Januar und März fünf Vorträge über »Die Zukunft unserer Bildungsanstalten«. Damit hat er so großen Erfolg, daß er die Vorträge drucken lassen will, wozu es dann aber nicht kommt.

Mit »unseren« Bildungsanstalten ist freilich nicht die Schweiz gemeint, sondern das preußische Bildungssystem insgesamt und Universität und Gymnasium im besonderen. Die höhere Bildung in Preußen-Deutschland, sagt Nietzsche, ist ein Rekrutierungssystem für Beamte, der Staat macht sich zum »Leitstern« der Bildung. Zum anderen kritisiert er die »Demokratisierung« der Bildung, die er als »Bildungsbarbarei« bezeichnet. Verantwortlich dafür ist wiederum der Staat, der Bildung reglementiert und organisiert und damit den Trend zur Spezialisierung der Forschung, zur Arbeitsteilung in der Wissenschaft fördert und beschleunigt. »Die Arbeitsteilung in der Wissenschaft strebt praktisch nach dem gleichen Ziele, nach dem hier und da die Religionen mit Bewußtsein streben: nach einer Verringerung der Bildung, ja nach einer Vernichtung derselben.«

Darüber hinaus kritisiert Nietzsche eine Politik, die Bildung auf gesellschaftliche Nützlichkeit ausrichtet, »eine *rasche* Bildung, um schnell ein geldverdienendes Wesen werden zu können und doch eine gründliche Bildung, um ein *sehr viel* Geld verdienendes Wesen werden zu können. Dem Menschen wird nur so viel Kultur gestattet als im Interesse des Erwerbs ist.« Dagegen stellt er das Ideal einer Bildung, »die einsam macht, die über Geld und Erwerb hinaus Ziele steckt, die viel Zeit verbraucht«, einer Bildung, die große einzelne, große Individuen, die »Führer« hervorbringt. »Alle Bildung fängt mit dem Gegenteile dessen an, was man jetzt als akademische Freiheit preist, mit dem Gehorsam, mit der Unterordnung, mit der Zucht, mit der Dienstbarkeit. Und wie die großen Führer der Gefährten bedürfen, so bedürfen die zu Führenden der Führer: Hier herrscht in der Ordnung der Geister eine gegenseitige Prädisposition, ja eine Art von prästabilierter Harmonie.«

Aber für die Führer sind schlechte Zeiten gekommen. »An die Stelle des großen Genius, des Führers für alle Zeiten, des Erlösers vom Augenblick« sind ausgerechnet die »Diener des Augenblicks« getreten – die Journalisten. Sie sind für die entsetzliche Schändung der Sprache verantwortlich, die Nietzsche bitter beklagt. »Noch ein Jahrhundert Zeitungen – und alle Worte stinken.« Auch hier ist Nietzsche ein besonders getreuer Schüler Schopenhauers, der die Zeitungsschreiber »elende Philister« genannt und geschimpft hatte: »Was in aller Welt soll aus der deutschen Sprache werden, wenn Sudler und Zeitungsschreiber diskretionäre Gewalt behalten, mit ihr zu schalten und zu walten nach Maßgabe ihrer Laune und ihres Unverstandes?«

Konkretes zur »Zukunft« der Bildung hat Nietzsche freilich nicht zu bieten. Seine Vorträge sind vor allem Kritik der gegenwärtigen Zustände; sechs waren geplant, und im letzten sollte wohl das Zukunftsbild gemalt werden. Aber nach dem fünften Vortrag bricht Nietzsche die Reihe ab und macht erst einmal Ferien. Was ihm vorschwebte, kann man ahnen: eine »Wiedererweckung des Hellenentums« und, damit verbunden, eine Rückbesinnung auf den »deutschen Geist«. Aber auch hier ist nicht ganz klar, was Nietzsche meint. »Um so fester halten wir an *dem* deutschen Geiste fest, der sich in der deutschen Reformation und in der deutschen Musik offenbart hat und der in der ungeheuren Tapferkeit und Strenge der deutschen Philosophie und in der neuerdings erprobten Treue des deutschen Soldaten jene nachhaltige, allem Scheine abgeneigte Kraft bewiesen hat, von der wir auch einen Sieg über jene modische Pseudokultur der ›Jetztzeit‹ erwarten dürfen.« Deutscher Geist ist hier wiederum gedacht als Gegensatz zur »französischen Zivilisation«, in deren Schatten die deutsche Kultur stehe, von dem sie sich befreien müsse, um wieder zu sich selbst zu finden. »Kampf gegen die Zivilisation« ist zu dieser Zeit ein verbreitetes Motto, es ist auch Nietzsches Schlachtruf.

Wahrheit und Lüge

Im Jahr 1872 entsteht auch ein Aufsatz, von dem Nietzsche später behauptet, er habe ihn »geheimgehalten«. Richtig ist, daß er nicht veröffentlicht wurde, aber das lag nicht an Nietzsche. Er hat den Text dem Verleger Fritzsche in Leipzig geschickt. Der hat ihn aber nicht angenommen. In dieser kleinen Abhandlung »Über Wahrheit und Lüge im außermoralischen Sinne« geht es um Grundlegendes zum Verständnis und Selbstverständnis Nietzsches, es geht im Kern um die Frage, was der Mensch wissen und erkennen kann. Und es geht von vornherein um die ungeheure Anmaßung des Menschen, überhaupt etwas erkennen zu können.

»In irgendeinem abgelegenen Winkel des in zahllosen Sonnensystemen flimmernd ausgegossenen Weltalls gab es einmal ein Gestirn, auf dem kluge Tiere das Erkennen erfanden. Es war die hochmütigste und verlogenste Minute der ›Weltgeschichte‹; aber doch nur eine Minute. Nach wenigen Atemzügen der Natur erstarrte das Gestirn, und die klugen Tiere mußten sterben.« Mit dieser »Fabel« beginnt Nietzsche seine Abhandlung, aber sie ist ihm noch zu zahm. »Kläglich«, »schattenhaft«, »flüchtig«, »zwecklos« und »beliebig« – das sind seine Begriffe für die Rolle des menschlichen Intellekts in der Natur. Der nicht nur nichtswürdig ist, sondern vor allem keine »Mission« hat, »die über das Menschenleben hinausführte«. Der Mensch gaukelt sich vor, daß er Bedeutung habe, er hat aber keine. »Könnten wir uns aber mit der Mücke verständigen, so würden wir vernehmen, daß auch sie mit diesem Pathos durch die Luft schwimmt und in sich das fliegende Zentrum dieser Welt fühlt.«

Damit aber nicht genug. Der menschliche Intellekt betrügt

sich nicht nur über seine Bedeutung, er verschweigt sich selbst auch, daß er über sich selbst nichts weiß. »Ja, vermöchte er auch nur sich einmal vollständig, hingelegt wie in einen erleuchteten Glaskasten, zu perzipieren? Verschweigt die Natur ihm nicht das allermeiste, selbst über seinen Körper, um ihn, abseits von den Windungen der Gedärme, dem raschen Fluß der Blutströme, den verwickelten Fasererzitterungen, in ein stolzes gauklerisches Bewußtsein zu bannen und einzuschließen! Sie warf den Schlüssel weg: und wehe der verhängnisvollen Neubegier, die durch eine Spalte einmal aus dem Bewußtseinszimmer heraus und hinab zu sehen vermöchte und die jetzt ahnte, daß auf dem Erbarmungslosen, dem Gierigen, dem Unersättlichen, dem Mörderischen der Mensch ruht in der Gleichgültigkeit seines Nichtwissens und gleichsam auf dem Rücken eines Tigers in Träumen hängend.«

Woran liegt es nun, daß der menschliche Intellekt derart selbstbetrügerisch vorgeht? Es ist zunächst ein Akt der Selbsterhaltung. Der Mensch als schwaches Wesen, das den Existenzkampf nicht »mit Hörnern oder scharfem Raubtiergebiß« führen kann, muß mit dem Mittel der Verstellung arbeiten, muß ständig täuschen, lügen, betrügen, sich maskieren, so daß »fast nichts unbegreiflicher ist, als wie unter den Menschen ein ehrlicher und reiner Trieb zur Wahrheit aufkommen konnte«. Dieser Trieb, so sieht es Nietzsche, verdankt sich der Vergesellschaftung des Menschen: Er will »aus Not und Langeweile gesellschaftlich und herdenweise existieren«, und dafür braucht er einen »Friedensschluß«, eine Übereinkunft, eine Konvention: »Jetzt wird nämlich das fixiert, was von nun an ›Wahrheit‹ sein soll, das heißt, es wird eine gleichmäßig gültige und verbindliche Bezeichnung der Dinge erfunden, und die Gesetzgebung der Sprache gibt auch die ersten Gesetze der Wahrheit: denn es entsteht hier zum ersten Male der Kontrast von Wahrheit und Lüge.« Und im Laufe der Jahrhunderte gewöhnt der Mensch sich daran, »nach einer festen Konvention zu lügen, herdenweise in einem für alle verbindlichen Stile zu lügen«. Die lange Gewöhnung an diese Konvention führt zu einem »Gefühl der Wahrheit«.

Möglich wird das auch dadurch, daß wir Sprache als adäquaten Ausdruck von Realität mißverstehen. Die Bezeichnung der Dinge, also Sprache, Wörter, Begriffe, dient der Repräsentation der »Wahrheit«, beansprucht also, eine Aussage über die Dinge selbst machen zu können – ein Unding, sagt Nietzsche. »Wir glauben etwas von den Dingen selbst zu wissen, wenn wir von Bäumen, Farben, Schnee und Blumen reden, und besitzen doch nichts als Metaphern der Dinge, die den ursprünglichen Wesenheiten ganz und gar nicht entsprechen.« Wer das behauptet, muß allerdings von diesen »ursprünglichen Wesenheiten« etwas wissen. In diese Falle tappt Nietzsche aber nicht, er zieht das »ganz und gar nicht entsprechen« kurz darauf wieder zurück und sagt: »das wäre nämlich eine dogmatische Behauptung und als solche ebenso unerweislich wie ihr Gegenteil«. Das Problem hat Nietzsche damit aber noch längst nicht vom Hals. Er redet ständig vom »Wesen der Dinge«, das durch Sprache nicht zu erfassen sei. Also muß es ein solches Wesen ja doch geben. Er vermeidet zum Beispiel das Wort »Erscheinung«, weil es verführerisch sei: »denn es ist nicht wahr, daß das Wesen der Dinge in der empirischen Welt erscheint«. Ebenso verführerisch scheint aber der Begriff »Wesen der Dinge« zu sein, denn er schleicht sich in Nietzsches Argumentation immer wieder ein.

Gleichwohl: Er bleibt hartnäckig dabei, daß von »richtiger Wahrnehmung« nicht gesprochen werden kann, denn »das würde heißen: der adäquate Ausdruck eines Objekts im Subjekt – ein widerspruchsvolles Unding: denn zwischen zwei absolut verschiedenen Sphären, wie zwischen Subjekt und Objekt, gibt es keine Kausalität, keine Richtigkeit, keinen Ausdruck, sondern höchstens ein ästhetisches Verhalten, ich meine eine andeutende Übertragung, eine nachstammelnde Übersetzung in eine ganz fremde Sprache«. Also was ist dann noch Wahrheit? »Ein bewegliches Heer von Metaphern, Metonymien, Anthropomorphismen, kurz eine Summe von menschlichen Relationen, die, poetisch und rhetorisch gesteigert, übertragen und geschmückt wurden und die nach langem Gebrauch einem Volke fest, kanonisch und verbindlich dünken: die Wahrheiten sind Illusionen, von denen man vergessen hat, daß sie welche sind.«

3. Kapitel

Unzeitgemässes

Die Abhandlung über »Wahrheit und Lüge« bleibt das vorläufig letzte Zeugnis einer im engeren Sinne philosophischen Anstrengung. Nietzsche hatte zwar die Philologenzunft innerlich längst hinter sich gelassen, mit der Geburt seiner Philosophie in der »Geburt der Tragödie« und dem sich anschließenden »Philologen-Streit« war dieser Akt auch äußerlich abgeschlossen. Es wäre also folgerichtig, wenn Nietzsche sich jetzt ans philosophische Werk gemacht hätte. Aber er hatte im »Philologen-Streit« offenbar Geschmack an der zeitkritischen Auseinandersetzung gefunden. Die ist selbstverständlich auch in der »Geburt der Tragödie« enthalten, aber eher eingekleidet in kulturphilosophische Überlegungen. In den nächsten Jahren geht Nietzsche an die »Front«, er sucht die Auseinandersetzung mit seinen »Unzeitgemäßen Betrachtungen«.

David Strauss – Der Bekenner und der Schriftsteller

Im November 1872 diskutiert Nietzsche in Straßburg mit Richard Wagner über David Friedrich Strauß. Bei einem Besuch in Bayreuth im April 1873 ist wiederum Strauß Gesprächsthema. Wagner und Strauß sind erklärte Feinde, und Wagner möchte, daß sein Gegner mal ordentlich durchgeprügelt wird. Nietzsche hat dazu wenig Anlaß. Strauß war ein berühmter Mann, berühmt geworden durch die bibelkritische Schrift »Das Leben Jesu, kritisch bearbeitet« (1835). Nietzsche hat das Buch als Student mit Begeisterung gelesen, er hat inhaltlich viel davon profitiert. Jetzt geht es um das Spätwerk, um das Buch »Der alte und der neue Glaube« (1872), in dem Strauß versucht, das

Christentum endgültig zu »erledigen« und eine allgemein verständliche und für alle zuträgliche »Weltanschauung« zu formulieren, eine naiv fortschrittsgläubige »Ersatzreligion«. Dieses Buch soll Nietzsche nun verreißen.

Die Wagners kennen das Buch und sind empört, Nietzsche noch nicht. Aber schon am 18. April 1873 kann er Vollzug melden: Er hat das Buch jetzt gelesen und findet es auch ganz schlimm. Also kommt im August die »Erste Unzeitgemäße Betrachtung« heraus mit dem Titel: »David Strauss – Der Bekenner und der Schriftsteller«. Freilich geht es Nietzsche darin nicht um Strauß als Person – *nur* eine Auftragsarbeit für Wagner zu schreiben wäre ihm wohl zu billig vorgekommen. Es geht um die Kultur insgesamt, um Bildung, und Strauß wird ihm zum Musterexemplar des »Bildungsphilisters«.

Die deutsche Kultur sieht Nietzsche in Gefahr – das hatten wir schon. Auch daß diese Kultur sich gegen die »französische Zivilisation« behaupten müsse. Aber nun kommt eine interessante Volte: Der militärische Sieg über Frankreich gilt Nietzsche nicht allzuviel, ja, er beklagt den »Irrtum der öffentlichen Meinung und aller öffentlich Meinenden, daß auch die deutsche Kultur in jenem Kampfe gesiegt habe«. Ganz im Gegenteil: Dieser Wahn ist imstande, »unseren Sieg in eine völlige Niederlage zu verwandeln: *in die Niederlage, ja Exstirpation des deutschen Geistes zugunsten des ›deutschen Reiches‹*«. Und Nietzsche fragt sich, ob in diesem Reich, also im Deutschland Bismarcks, »noch etwas mit dem übrig bleibenden deutschen Körper anzufangen ist!«.

Unter »Kultur« versteht Nietzsche hier die »Einheit des künstlerischen Stils in allen Lebensäußerungen eines Volkes«. Wobei er nicht näher erläutert, wie er sich eine solche »Einheit« vorstellt. Was er aber weiß, ist dies: Kultur im zeitgenössischen Deutschland ist »Jahrmarkts-Buntheit«, ist »Tumult aller Stile«. Genau dies ist Unkultur, ist Stillosigkeit, die der »Bildungsphilister« für Kultur hält, auch weil er rings um sich her auf seinesgleichen stößt und daher die Unkultur für das Normale hält. Nietzsche sieht im Philistertum eine Reaktion auf die Romantik, auf deren »Karneval aller Götter und Mythen [...] und die im Rausch ersonnenen dichterischen Moden und Tollheiten«. Gegen dieses bunte Treiben rettet der Philister sich ins Idyll und entwickelt »ein Behagen an der eigenen Enge, der eigenen Ungestörtheit, ja an der eigenen Beschränktheit«.

Was Nietzsche an Strauß darüber hinaus für symptomatisch hält, ist der selbstgefällige Fortschrittsglaube der Gründerzeit. Der Siegeszug der Naturwissenschaften, der rasante technische Fortschritt, die Geschichtsgläubigkeit des Historismus, die Reichsgründung – das alles sorgte für einen Optimismus, der Nietzsche wie Schopenhauer als »wahrhaft ruchlose Denkungsart« erscheint, »als ein bitterer Hohn über die namenlosen Leiden der Menschheit«. Strauß will den alten Glauben des Christentums ersetzen durch einen neuen Glauben an einen vernünftigen Gang der Geschichte, angelehnt an Hegels Philosophie, die das Wirkliche als vernünftig bezeichnet, weil eine höhere Vernunft – der Weltgeist – Garant für diese Vernünftigkeit des weltgeschichtlichen Prozesses sei. Der Fortschritt, schreibt Strauß, gleiche einer Eisenbahnstrecke, die abgesteckt, aber noch nicht ausgebaut ist. »Welche Abgründe werden da noch auszufüllen oder zu überbrücken, welche Berge zu durchgraben sein, wie manches Jahr noch verfließen, ehe der Zug reiselustige Menschen schnell und bequem da hinaus befördert! Aber man sieht doch die Richtung schon: dahin wird und muß es gehen, wo die Fähnlein lustig im Winde flattern. Ja, lustig, und zwar im Sinne der reinsten, erhabensten Geistesfreude.«

So viel kindliche Naivität fordert Nietzsches Spottlust heraus. Hatte er sich in der »Geburt der Tragödie« und auch noch in den Vorträgen stark an Wagners altertümelnden, dunklen Sprachgestus angelehnt, so kündigt sich hier ein eigener Stil an, kräftig, erfinderisch, anschaulich. So schreibt er gegen Strauß: »Man merkt es ihm doch an, daß er einmal in seiner Jugend Hegelisch gestottert hat: damals hat sich etwas in ihm ausgerenkt, irgendein Muskel hat sich gedehnt; damals ist sein Ohr, wie das Ohr eines unter Trommeln aufgewachsenen Knaben, abgestumpft worden, um nie wieder jene künstlerisch zarten und kräftigen Gesetze des Klanges nachzufühlen, unter deren Herrschaft der an guten Mustern in strenger Zucht herangebildete Schriftsteller lebt.« Und gegen den Glauben an die Vernünftigkeit allen Werdens und Geschehens führt Nietzsche Lichtenberg ins Feld: »Wäre da nicht vielmehr unsere Welt, wie das Lichtenberg einmal ausgedrückt hat, das Werk eines untergeordneten Wesens, das die Sache noch nicht recht verstand, also ein Versuch? ein Probestück, an dem noch gearbeitet wird?«

Das Pamphlet gegen Strauß erregt einiges Aufsehen. Daß Nietzsche den Sieg gegen Frankreich und die Gründung des Deutschen Reiches nicht begeistert begrüßt, löst Empörung aus, vor allem aber die Angriffslust des Autors, der rüde Ton. Nietzsches Karriere als enfant terrible des deutschen Kulturlebens beginnt, und er genießt diese Karriere offensichtlich. Er plant eine ganze Serie von »Unzeitgemäßen Betrachtungen«, will Zeitgenossen wie Gustav Freytag, Kuno Fischer, Berthold Auerbach und Georg Gervinus niedermachen. Im Herbst 1873 entstehen lange Listen mit Themen für zeitkritische Polemiken. Zwar hat er ein großes Ziel: Er will »Erzieher« werden, möglichst des ganzen Menschengeschlechts. Aber vorher muß er sich alle Wut über die Zeitgenossen von der Seele schreiben. »Inzwischen muß ich erst alles Polemische Verneinende Hassende Quälende aus mir herausziehn«, schreibt er einer Verehrerin. Und an seinen Freund Rohde: »Es liegt mir durchaus daran, erst einmal den ganzen polemisch-negativen Stoff in mir auszustoßen; ich will unverdrossen erst die ganze Tonleiter meiner Feindseligkeiten absingen, auf und nieder, recht greulich, ›daß das Gewölbe widerhallt‹.«

Vom Nutzen und Nachteil der Historie

Schon fünf Monate später – Anfang 1874 – erscheint die zweite »Unzeitgemäße Betrachtung« unter dem Titel »Vom Nutzen und Nachteil der Historie für das Leben«. Es ist die Zeit des

Historismus, also der hohen Wertschätzung, ja Überbetonung der Historie. Die Zeit ist stolz auf ihre historische Bildung, und Nietzsche meint, »daß wir alle an einem verzehrenden historischen Fieber leiden und mindestens erkennen sollten, daß wir daran leiden«.

Nietzsche unterscheidet drei Arten der Geschichtsbetrachtung. Die »monumentalische«, die »antiquarische« und die »kritische«. Die *monumentalische* Historie betrachtet die Leistungen einzelner großer Individuen als »Höhenzug der Menschheit durch Jahrtausende«. Diese Geschichtsbetrachtung hat ihren Sinn. Denn sie zeigt den gegenwärtig Lebenden, »daß das Große, das einmal da war, jedenfalls einmal *möglich* war und deshalb auch wohl wieder einmal möglich sein wird«. Aber sie birgt auch Gefahren, wenn sie nämlich, um das Vorbildliche und Nachahmenswerte herauszustellen, zu einer Sammlung der »Effekte an sich« wird. »Und denkt man sich gar diese Historie in den Händen und Köpfen der begabten Egoisten und der schwärmerischen Bösewichter, so werden Reiche zerstört, Fürsten ermordet, Kriege und Revolutionen angestiftet und die Zahl der geschichtlichen ›Effekte an sich‹, das heißt der Wirkungen ohne zureichende Ursachen, von neuem vermehrt.«

Die *antiquarische* Geschichtsbetrachtung bewahrt und verehrt das Gewesene. »Das Kleine, das Beschränkte, das Morsche und Veraltete erhält seine eigne Würde und Unantastbarkeit dadurch, daß die bewahrende und verehrende Seele des antiquarischen Menschen in diese Dinge übersiedelt und sich darin ein heimisches Nest bereitet.« Das hat seinen Sinn und seine Würde, aber auch seine Gefahren: Alles Alte und Vergangene gilt als gleich ehrwürdig; das Antiquarische hat keinen Sinn für das Neue und Werdende, der Respekt vor dem Alten droht in Erstarrung zu münden.

Davor rettet die *kritische* Geschichtsbetrachtung, die dazu befähigt, »eine Vergangenheit zu zerbrechen und aufzulösen, um leben zu können«. Das Problem hierbei: Eine Geringschätzung der Geschichte macht blind für die eigenen Voraussetzungen.

»Denn da wir nun einmal die Resultate früherer Geschlechter sind, sind wir auch die Resultate ihrer Verirrungen, Leidenschaften und Irrtümer, ja Verbrechen; es ist nicht möglich, sich ganz von dieser Kette zu lösen.«

Auch wenn es zunächst so aussehen mag: Nietzsches Historienschrift ist kein Methoden-Traktat, sondern über weite Strecken eine Abrechnung mit der Hegelschen Geschichtsphilosophie, die in der ersten »Unzeitgemäßen Betrachtung« ja schon kurz angesprochen war. »Ich glaube, daß es keine gefährliche Schwankung oder Wendung der deutschen Bildung in diesem Jahrhundert gegeben hat, die nicht durch die ungeheure, bis diesen Augenblick fortströmende Einwirkung dieser Philosophie, der Hegelschen, gefährlicher geworden ist.« Der Kern von Hegels Geschichtsphilosophie ist für Nietzsche die Betrachtung der Gegenwart als das notwendige Resultat des Weltprozesses. Hegels Weltgeschichte ist das Wandeln Gottes auf Erden. »Dieser Gott aber wurde sich selbst innerhalb der Hegelschen Hirnschalen durchsichtig und verständlich und ist bereits alle dialektisch möglichen Stufen seines Werdens, bis zu jener Selbstoffenbarung, emporgestiegen: so daß für Hegel der Höhepunkt und der Endpunkt des Weltprozesses in seiner eigenen Berliner Existenz zusammenfielen.«

Was Nietzsche an Hegels Geschichtskonzept vor allem stört, ist die Verabsolutierung des Geschichtsbegriffs, die Bewunderung der Macht der Geschichte, die zum »Götzendienste des Tatsächlichen« wird. »Wer aber erst gelernt hat, vor der ›Macht der Geschichte‹ den Rücken zu krümmen und den Kopf zu beugen, der nickt zuletzt chinesenhaft-mechanisch sein ›Ja‹ zu jeder Macht, sei dies nun eine Regierung oder eine öffentliche Meinung oder eine Zahlen-Majorität, und bewegt seine Glieder genau in dem Takte, in dem irgendeine ›Macht‹ am Faden zieht.« Der moderne, der zeitgenössische Mensch als Erbe des Weltprozesses, als Sinn und Lösung aller Welträtsel, als reifste Frucht am Baum der Erkenntnis – »das nenne ich ein schwellendes Hochgefühl«, spottet Nietzsche.

Weltprozeß und Menschheitsgeschichte sind für Nietzsche überhaupt untaugliche, ja unsinnige Begriffe. Geschichte ist immer Geschichte einzelner großer Individuen. Und er warnt davor, »die Geschichte vom Standpunkt der *Massen* zu schreiben und nach jenen Gesetzen in ihr zu suchen, die aus den Bedürfnissen dieser Massen abzuleiten sind, also nach den Bewegungsgesetzen der niedersten Lehm- und Tonschichten der Gesellschaft. [...] Gerade diejenige Art der Historie ist aber jetzt allgemein in Schätzung, welche die großen Massentriebe als das Wichtige und Hauptsächliche in der Geschichte nimmt und alle großen Männer nur als den deutlichsten Ausdruck, gleichsam als die sichtbar werdenden Bläschen auf der Wasserflut betrachtet.« Dagegen: »Das *Ziel der Menschheit* kann nicht am Ende liegen, sondern nur *in ihren höchsten Exemplaren*.«

Über ein Ziel der Geschichte, über den Sinn des Daseins muß man sich keine Gedanken machen, sagt Nietzsche. »Wozu die ›Welt‹ da ist, wozu die ›Menschheit‹ da ist, soll uns einstweilen gar nicht kümmern [...]; aber wozu du einzelner da bist, das frage dich, und wenn es dir sonst keiner sagen kann, so versuche es nur einmal, den Sinn deines Daseins gleichsam *a posteriori* zu rechtfertigen, dadurch, daß du dir selber einen Zweck, ein Ziel, ein ›Dazu‹ vorsetzest, ein hohes und edles ›Dazu‹. Gehe nur an ihm zugrunde – ich weiß keinen besseren Lebenszweck, als am Großen und Unmöglichen [...] zugrunde zu gehen.«

Der Mensch soll zuallererst lernen zu leben, und nur im Dienst des erlernten Lebens hat auch die Historie ihre Funktion. Insgesamt, sagt Nietzsche, ist ein Übermaß von Historie über die Menschen gekommen, und das ist vor allem in der Erziehung der Jugend schädlich. Es soll, es wird eine neue Generation geben – »unsere erste Generation« –, die eine neue deutsche Kultur bilden wird. »Schenkt mir erst Leben, dann will ich euch auch eine Kultur daraus schaffen! – so ruft jeder einzelne dieser ersten Generation, und alle diese einzelnen werden sich untereinander an diesem Rufe erkennen.«

Nun weiß Nietzsche, daß das alles »Allgemeinheiten« sind, er wittert die Frage: Was soll das denn konkret heißen, wovon redest du überhaupt! Seine Antwort: Diejenigen, die es angeht, die Auserwählten, die werden das verstehen und werden die Allgemeinheiten »mit ihrer eigensten Erfahrung in eine persönlich gemeinte Lehre sich übersetzen«. Und die anderen? »Die andern mögen einstweilen nichts als verdeckte Schüsseln wahrnehmen, die wohl auch leer sein können: bis sie einmal überrascht mit eignen Augen sehen, daß die Schüsseln gefüllt sind und daß Angriffe, Forderungen, Lebenstriebe, Leidenschaften in diesen Allgemeinheiten eingeschachtelt und zusammengedrückt lagen, die nicht lange so verdeckt liegen konnten.«

Schopenhauer als Erzieher

Der große einzelne als Träger der Geschichte und Kampf gegen die Hegelei – das waren die zwei Hauptkampflinien in Nietzsches Historien-Schrift. In Arthur Schopenhauer verbinden sich diese beiden Elemente. Er ist der Hegel-Hasser per excellence, und er ist für Nietzsche das Musterbeispiel des unabhängigen, schöpferischen, einsamen Individuums, das nur seinen Gesetzen folgt. »Schopenhauer als Erzieher« heißt folgerichtig die dritte »Unzeitgemäße Betrachtung«, die im Dezember 1874 herauskommt. Aber merkwürdig: Der Philosoph Arthur Schopenhauer steht in dieser Schrift gar nicht im Mittelpunkt, noch weniger seine Philosophie und ihre philosophiegeschichtliche Ortsbestimmung. Die wird immer mal wieder angesprochen und pflichtschuldig mit Zitaten belegt – aber genaugenommen entwickelt Nietzsche hier das Bild eines Ideal-Philosophen, der Philosophie lebt. Schopenhauer ist die Chiffre für das, was Nietzsche sein will, werden will. In seinem Spätwerk »Ecce homo« hat er dann auch freimütig eingeräumt, daß in seiner Schopenhauer-Schrift eigentlich nur von ihm selbst die Rede ist.

Nietzsche hat sich immer als Erzieher verstanden. Er war es im kleinen Rahmen am Basler Pädagogium, er wollte es an der Universität sein, seine öffentlichen Vorträge zielten darauf ab, und schließlich verstand er sein Leben als Philosoph insgesamt als das Leben eines Erziehers. Der sich zunächst einmal selbst erzieht, indem er sich selbst befreit. »Der Mensch, welcher nicht zur Masse gehören will, braucht nur aufzuhören, gegen sich bequem zu sein; er folge seinem Gewissen, welches ihm zuruft: ›sei du selbst! Das bist du alles nicht, was du jetzt tust, meinst, begehrst!‹«

Zum wahren Wesen führt Bildung, aber nicht die übliche, sondern die wahre Bildung, die Befreiung von allem Universitätswesen, von der üblichen Gelehrsamkeit. Bildung soll keine Gelehrten erzeugen, sondern Genies. Aufgabe der Menschheit ist, »*die Erzeugung des Philosophen, des Künstlers und des Heiligen in uns und außer uns zu fördern und dadurch an der Vollendung der Natur zu arbeiten*«. Der auf diesem Weg zu sich selbst gekommene Philosoph ist dann auch in dem Sinne Erzieher, daß er die Menschen befreit zu sich selbst. Voraussetzung für ein solches Philosophen-Leben: »freie Männlichkeit des Charakters, frühzeitige Menschenkenntnis, keine gelehrte Erziehung, keine patriotische Einklemmung, kein Zwang zum Brot-Erwerben, keine Beziehung zum Staate – kurz Freiheit und immer wieder Freiheit«.

Wenn es Aufgabe der Menschheit ist, einzelne große Menschen zu erzeugen, dann gilt die Masse nichts. »Eigentlich ist es leicht zu begreifen, daß dort, wo eine Art an ihre Grenze und an ihren Übergang in eine höhere Art gelangt, das Ziel ihrer Entwicklung liegt, nicht aber in der Masse ihrer Exemplare und deren Wohlbefinden.« Die gesamte Natur »drängt« sich zum Menschen hin, aber die meisten Menschen sind noch keine richtigen, sind im Prinzip noch »Fortsetzung der Tierheit«. Wer zum wahren Menschen werden will, muß »gehoben« werden. Wer ist dazu fähig? »Das sind jene wahrhaften *Menschen, jene Nicht-mehr-Tiere, die Philosophen, Künstler und Heiligen.*«

Wenn es nun richtig ist, daß alles auf die Erzeugung wahrer, großer Menschen ankommt, dann ist es unsinnig, sich in den Dienst der Allgemeinheit stellen zu wollen. Aber wie kann der »normale« Mensch dazu beitragen, daß ein einzelnes Leben den höchsten Wert, die größte Bedeutung erhält? »Gewiß nur dadurch, daß du zum Vorteile der seltensten und wertvollsten Exemplare lebst, nicht aber zum Vorteile der meisten, das heißt der, einzeln genommen, wertlosesten Exemplare.« Also sollen sich die Menschen sehr wohl opfern – aber eben nicht für die Allgemeinheit, sondern für die seltenen Musterexemplare.

So abstrakt und verblasen das auch alles ist: Nietzsche stellt sich offenbar so etwas wie eine »Drei-Klassen-Menschheit« vor. Die höchste Klasse sind die ganz wenigen Auserlesenen, die »wahren« Menschen. Die mittlere Klasse sind diejenigen, die für diese Musterexemplare leben, sich opfern. Und dann ist da noch die Masse der wertlosen Exemplare, die im Prinzip noch Teil der Tierwelt sind. So explizit entwickelt Nietzsche dieses Menschenbild hier zum ersten Mal. Es wird von nun an sein ganzes Leben und Denken begleiten.

Für die Rolle der Philosophen bei alledem hat Nietzsche zum Schluß noch ein hübsches Aperçu: Die Natur arbeitet verschwenderisch, sagt er, »ihre Ausgaben sind viel größer als der Ertrag«. Und sie wird sich damit einmal zugrunde richten. Mit den Philosophen geht sie auch so um: »Die Natur schießt den Philosophen wie einen Pfeil in die Menschen hinein, sie zielt nicht, aber sie hofft, daß der Pfeil irgendwo hängen bleiben wird. Dabei aber irrt sie sich unzählige Male und hat Verdruß.«

Genau wie Nietzsche mit seinen Veröffentlichungen. Die erste »Unzeitgemäße« hatte noch einiges Aufsehen erregt, danach ließ das Interesse rapide nach. Zwar war eine Neuauflage der Schrift gegen David Friedrich Strauß in Arbeit, aber von der ersten lagen noch 483 Exemplare beim Verleger, von der Historien-Schrift noch 778 – bei einer Auflage von je 1000. Und auch das Schopenhauer-Stück hatte kaum Aussicht auf größeren Erfolg. Die Wagner-Gemeinde freute sich zwar, aber sonst waren die Reaktionen zurückhaltend, die Rezensionen belanglos, selbst Freunde kritisierten die Langatmigkeit und Unbestimmtheit des Textes.

Richard Wagner in Bayreuth

Nietzsche ist niedergeschlagen, aber er hält – zumindest nach außen – an seinen Plänen fest. Dreizehn »Unzeitgemäße« sollten es werden, drei sind erschienen, die vierte hat er im Kopf. Sie soll »Wir Philologen« heißen und natürlich vom antiken Griechenland handeln. Nietzsche beginnt mit der Arbeit, bricht dann aber ab und schreibt eine Abhandlung, die andernorts schon sehnlichst erwartet wird: »Wagner in Bayreuth«. Schon im Januar 1874 gab es erste Notizen zu einer Wagner-Schrift – sie waren verheerend. »Die Musik ist nicht viel wert, die Poesie auch nicht, das Drama auch nicht, die Schauspielkunst ist oft nur Rhetorik – aber alles ist im Ganzen eins und auf einer Höhe«. Nietzsche kritisiert das Schauspielerische an Wagner, die Selbstinszenierung, die Übertreibungen. »Unmäßigkeit und Schrankenlosigkeit galt ihm wohl als Natur.« Und: »Keiner unserer großen Musiker war in seinem 28. Jahre noch ein so schlechter Musiker wie Wagner.« Oder: »Der Tyrann läßt keine andre Individualitäten gelten als die seinige und die seiner Vertrauten.« Oder: »Wagners Kunst [...] hat etwas wie Flucht aus dieser Welt, sie negiert dieselbe, sie verklärt diese Welt nicht. [...] Daher das Bündnis Wagners und Schopenhauers [...]. Der Schopenhauerische ›Wille zum Leben‹ bekommt hier seinen Kunstausdruck: dieses dumpfe Treiben ohne Zwecke, diese Ekstase, diese Verzweiflung, dieser Ton des Leidens und Begehrens, dieser Akzent der Liebe und der Inbrunst. Selten ein heitrer Sonnenstrahl, aber viel magische Zaubereien der Beleuchtung.«

Das eignet sich ohne Zweifel nicht als Material für eine Huldigungsschrift. Im Sommer 1875 setzt Nietzsche neu an und stellt bis Oktober acht Kapitel fertig. Er hält sie für unpublizierbar. Er druckst lange herum, die Wagners wissen von der Abhandlung, erwarten die Fertigstellung, die Einweihung von Bayreuth rückt näher – er muß an die Sache ran. Im Frühjahr 1876 beginnt er mit der endgültigen Fassung, die am 10. Juli erscheint. Das ist knapp, denn am 13. August ist Premiere in Bayreuth.

»Wagner in Bayreuth« ist im Prinzip eine Abnabelung von Richard Wagner, seinem zweiten »Ersatzvater« nach Arthur Schopenhauer. Aber Nietzsche kleidet diese Distanzierung geschickt in eine Huldigung, und ähnlich wie beim Schopenhauer-Text wird die Wagner-Huldigung zu einer Idealisierung, zu einem doppelten Wunschkonzert: So möge doch der Meister bitte sein, und so möchte der ideale Künstler und Philosoph überhaupt sein. Auch hier ist also wieder viel von Nietzsche selbst die Rede. Zum Beispiel wenn er Wagner als Philosophen bezeichnet, dessen wichtigste Frage sei, »wie weit die Dinge eine unabänderliche Artung und Gestalt haben: um dann, wenn diese Frage beantwortet ist, mit der rücksichtslosesten Tapferkeit auf die *Verbesserung der als veränderlich erkannten Seite der Welt* loszugehen«.

Zunächst feiert Nietzsche Wagner als großen Erneuerer der Kultur. Wagners Bayreuth soll Ausgangspunkt sein einer neuen Lebensauffassung, Kunstauffassung, die Geburt eines neuen Menschen. Das sind die üblichen Lobeshymnen. Aber auch der Wagner-Kritiker Nietzsche fällt fast mit der Tür ins Haus: Gleich auf der ersten Seite spricht er von der Sorge über das, was da in Bayreuth vor sich geht. Aber er kriegt die Kurve. Denn das sind die Bedenken von anderen, die »Wagners Blick für das Notwendige« nicht kennen. »Uns Vertrauensvolleren muß es so erscheinen, daß er ebenso an die Größe seiner Tat als an den großen Sinn derer, welche sie erleben sollen, glaubt.«

Ein ziemlich vergiftetes Lob, aber Nietzsche schwenkt gleich wieder auf hymnische Beschreibungen des Genies Wagner. Er ist der Zauberer, mit ihm und durch ihn geschieht ein Wunder.

Zum einen durch die Wiedergeburt der Tragödie – das kennen wir aus Nietzsches Erstlingswerk. Dann auch durch die Wiedergewinnung richtiger Empfindungen. Denn der Mensch kann sich durch Sprache nicht richtig mitteilen, er wird zum Sklaven der Konvention – das kennen wir aus dem Essay über »Wahrheit und Lüge«. Die Musik »unserer deutschen Meister« aber, vor allem die Wagners, bringt das Wesentliche zum Erklingen: »Eben nur die *richtige Empfindung*, die Feindin aller Konvention, aller künstlichen Entfremdung und Unverständlichkeit zwischen Mensch und Mensch: diese Musik ist Rückkehr zur Natur, während sie zugleich Reinigung und Umwandlung der Natur ist; denn in der Seele der liebevollsten Menschen ist die Nötigung zu jener Rückkehr entstanden, und *in ihrer Kunst ertönt die in Liebe verwandelte Natur.*«

Und schließlich ist Wagner ein Revolutionär, weil er volksnahe Kunst macht. Die moderne Kunst ist Luxus, das hat Wagner erkannt, und diese Luxus-Gesellschaft hat dem Volk »seinen Mythus, seine Liedweise, seinen Tanz, seine Spracherfindung entzogen, um daraus ein wollüstiges Mittel gegen die Erschöpfung und die Langeweile ihres Daseins zu destillieren«. Sie hat das Christentum benutzt zum Schutz gegen das Volk und als Befestigung ihres Besitzes und der Gesellschaft überhaupt – das alles hat Wagner sich eine Weile angeschaut, »um am Schlusse seiner Betrachtungen vor Ekel und Wut aufzuspringen: er war aus Mitleid mit dem Volke zum Revolutionär geworden«. Mithin: »Wagner wird zum *Revolutionär der Gesellschaft*, Wagner erkennt den einzigen bisherigen Künstler, *das dichtende Volk*.«

Diese Beweisführung mag verblüffend erscheinen, aber sie verfehlt ihren Zweck nicht: Schmeicheleinheiten für den »Meister«, in deren Schutz Nietzsche dann zur Kritik ansetzen kann. Zum Beispiel daran, daß Wagner neuerdings als Theater-Reformer angesehen wird und sich wohl auch selbst so fühlt. Das ist aber der großen Aufgabe Wagners hinderlich, der ja »über den Künsten, den Religionen, den verschiedenen Völkerschichten« waltet als »Zusammenbildner und Beseeler«, als

»Vereinfacher der Welt«. Und schließlich wird die Distanzierung unüberhörbar, wenn Nietzsche über die »kurzatmige Hoffnung« schreibt, mit der Wagner sich immer wieder ins Leben warf. »Aber in der Art, wie er es tat, lag fast immer eine Maßlosigkeit, das Anzeichen dafür, daß er nicht tief und fest an jene Hoffnung glaubte, sondern sich nur an ihr berauschte.« Und schließlich: »Das Leben Wagners, ganz aus der Nähe und ohne Liebe gesehn, hat, um an einen Gedanken Schopenhauers zu erinnern, sehr viel von der Komödie an sich, und zwar von einer merkwürdig grotesken. Wie das Gefühl hiervon, das Eingeständnis einer grotesken Würdelosigkeit ganzer Lebensstrecken auf den Künstler wirken mußte, der mehr als irgendein anderer im Erhabenen und Über-Erhabenen allein frei atmen kann – das gibt dem Denkenden zu denken.«

Das läßt nun an Deutlichkeit kaum noch etwas zu wünschen übrig – aber die Wagners haben diese Passagen offenbar überlesen. Wagner ist so begeistert, daß er die Schrift König Ludwig II. schickt. »Freund! Ihr Buch ist ungeheuer!« schreibt er an Nietzsche. »Wo haben Sie nur die Erfahrung von mir her?« Und Cosima Wagner telegraphiert: »Ich verdanke Ihnen jetzt, teurer Freund, die einzige Erquickung und Erhebung, nächst den gewaltigen Kunsteindrücken.«

Abnabelung

Gesundheitlich geht es Nietzsche in dieser Zeit wieder ziemlich schlecht. Die Kopf- und Augenschmerzen begleiten ihn schon seit seiner Kindheit, später kommt ein chronisches Magen-Darm-Leiden dazu, das sich seit dem Ausflug in den Krieg 1870 noch verschlimmert. Die Ärzte verschreiben Kuren, Diäten, probieren alles mögliche aus. Gelegentlich mit Erfolg. 1872, das Jahr der »Geburt der Tragödie«, ist zum Beispiel noch ein recht glückliches Jahr. Aber die Phasen relativer Gesundheit werden seltener. Von 1873 an kommen Migräne, Magenkrämpfe und Erbrechen in immer kürzeren Abständen. Er ist länger krank, er wird müde, er mag nicht mehr Professor sein. »Ach, ich hätte so gern ein kleines Landgut«, schreibt er Anfang 1874. »Da hinge ich auf einige Zeit meine Professur an den Nagel. Nun bin ich 5 Jahre Professor; ich dächte es wäre bald genug.« Im Februar kommt es noch schlimmer: Er wird Dekan, bekommt also noch mehr Arbeit: »Ich hab's satt.«

Die depressiven Phasen häufen sich, auch die Andeutungen, er möchte doch lieber tot sein. Anfang 1875: »Ich sah gestern als am ersten Tag des Jahres mit wirklichem Zittern in die Zukunft [...] ich beneide jeden, der auf eine rechtschaffene Weise tot wird.« Im Frühsommer verschlechtert sich sein Gesundheitszustand nach kurzer Erholung wieder. Die Arbeit an Universität und Pädagogium fällt ihm immer schwerer. Die Ärzte verschreiben eine neue Diät, er bittet seine Schwester, nach Basel zu kommen, um den Haushalt und die Diät zu überwachen. »Ich habe eine *sehr schlimme* Zeit hinter mir und vielleicht eine noch schlimmere vor mir«, schreibt er am 26. Juni 1875. »Der Magen war gar nicht mehr zu bändigen, auch bei der lächerlich strengsten Diät, mehrtägige Kopfschmerzen der heftigsten Art, in wenig Tagen wieder kommend, stundenlanges Erbrechen, ohne etwas gegessen zu haben, kurz, die Maschine schien in Stücke gehen zu wollen und ich will nicht leugnen, einige Male gewünscht zu haben, sie wäre es.«

Besondere Sorgen macht ihm, was Wagner und die Seinen in Bayreuth planen. Er ahnt, daß das nichts mehr mit dem Wagner zu tun hat, den er in der »Geburt der Tragödie« gefeiert hat. Wie er auch ahnt, daß seine Schopenhauer-Begeisterung zumindest in Teilen ein Irrtum war. Nietzsche beginnt, sich von seinen beiden großen »Ersatz-Vätern« abzunabeln. Im Herbst 1875 findet er neue Freunde: Paul Rée, den er schon zwei Jahre vorher in Basel kennengelernt hatte und dessen Buch »Psychologische Beobachtungen« er jetzt begeistert aufnimmt. Und den jungen Komponisten Heinrich Köselitz, der von Nietzsches Schriften begeistert ist und die Nähe des Verehrten sucht. Köselitz wird Nietzsches Sekretär und treuer Gefolgsmann.

Anfang 1876 läßt Nietzsche sich von der Arbeit am Pädagogium beurlauben, Mitte Februar auch von den Vorlesungen an der Universität für den Rest des Semesters. Er macht mit Carl von Gersdorff Ferien am Genfer See, immer auf der Suche nach »heiteren Himmeln«, nach einem Klima, das er verträgt. Später schreibt er: »Die Mittel, mit denen Julius Cäsar sich gegen Kränklichkeit und Kopfschmerz verteidigte: ungeheure Märsche, einfachste Lebensweise, ununterbrochner Aufenthalt im Freien, beständige Strapazen – das sind, ins Große gerechnet, die Erhaltungs- und Schutz-Maßreglen überhaupt gegen die extreme Verletzlichkeit jener subtilen und unter höchstem Druck arbeitenden Maschine, welche Genie heißt.«

Nietzsche weiß oder ahnt zumindest, daß seine organischen Leiden von seelischem Druck noch verstärkt werden. Er weiß, daß die »Wagnerei« ihn krank macht, und er möchte sich dem nicht weiter aussetzen. Nach langem Zögern und eindringlichem Zureden von Freunden entschließt er sich dann doch, im Juli 1876 zu den Proben für die ersten Festspiele in Bayreuth zu fahren. Die Erfahrung ist so schrecklich, wie befürchtet. »Ich sehne mich weg. Mir graut vor jedem dieser langen Kunst-Abende«, schreibt er am 1. August an seine Schwester. »Ich habe es ganz satt.« Noch vor der ersten Generalprobe flieht er nach Klingenbrunn im Bayerischen Wald. Dort schreibt er: »Ich muß alle Fassung zusammen nehmen, um die grenzenlose Enttäuschung dieses Sommers zu ertragen. […] Es ist alles jetzt für mich Gift und Schaden.« Er läßt sich zwar von seiner Schwester überreden, zur Premiere des »Rheingold« am 12. August doch wieder nach Bayreuth zu kommen. Aber die Enttäuschung hält an, er reist vorzeitig ab, zurück nach Basel.

Im Oktober wird er von der Universität für ein Jahr beurlaubt. Mit Paul Rée fährt er nach Sorrent, um dort bei Malwida von Meysenbug, einer guten Bekannten aus Wagner-Kreisen, den Winter zu verbringen. Zufällig – oder auch nicht zufällig – sind auch die Wagners in Sorrent. Man trifft sich mehrmals, aber man fühlt sich unbehaglich. Es ist das letzte Mal, daß Nietzsche Richard und Cosima Wagner sieht. Der Bruch mit Wagner war notwendig, das ist Nietzsche ganz klar. Aber er hat daran gelitten wie an kaum etwas anderem. Jahre später schreibt er an Heinrich Köselitz: »Ich für meinen Teil leide abscheulich, wenn ich der Sympathie entbehre; und durch nichts kann es mir z. B. ausgeglichen werden, daß ich in den letzten Jahren der Sympathie Wagners verlustig gegangen bin. Wie oft träume ich von ihm, und immer im Stile unsres damaligen vertraulichen Zusammenseins! Es ist nie zwischen uns ein böses Wort gesprochen worden, auch in meinen Träumen nicht, aber sehr viele ermutigende und heitere, und mit niemandem habe ich vielleicht so viel zusammen gelacht. Das ist nun vorbei – und was nützt es, in manchen Stücken *gegen* ihn *Recht* zu haben! Als ob damit diese verlorne Sympathie aus dem Gedächtnis gewischt werden könnte!«

4. Kapitel
MENSCHLICHES, ALLZUMENSCHLICHES

Im August 1876, auf der Flucht aus Bayreuth, hatte Nietzsche mit den Aufzeichnungen zu seiner Aphorismensammlung »Menschliches, Allzumenschliches« begonnen. Die freilich zunächst nicht als Aphorismensammlung geplant war. Ursprünglich hatte Nietzsche ja vorgehabt, die Reihe seiner »Unzeitgemäßen« fortzuführen. In der Zeit des Umbruchs, der Abnabelung von Schopenhauer und Wagner um 1875/76, plant er noch rund fünfzig Betrachtungen. Die Zeitkritik muß erledigt werden, er will das »ganze höchst verwickelte System der Antagonismen, aus denen die ›moderne Welt‹ besteht«, aufklären. Damit er frei werden kann für die eigentliche Arbeit. »Wie wird mir zu Mute sein, wenn ich erst alles Negative und Empörte, was in mir steckt, aus mir heraus gestellt habe«, schreibt er an Malwida von Meysenbug. Er will endlich Eigenes schaffen, will nicht immer nur über Geschaffenes reden und schreiben. Aber das geht nur, wenn das andere weggeräumt ist. »Jetzt darf ich nur hoffen, allmählich frei zu werden; und ich spüre bis jetzt, daß ich es immer mehr werde. So kommt auch wohl mein Tag der eigentlichen *Arbeit* noch.«

Im Frühjahr 1876 skizziert Nietzsche am Genfer See einen Werkplan, der bis zum 58. Lebensjahr geht. Hier taucht der Begriff »Aphorismus« schon auf: Geplant sind aphoristische Anhänge an die einzelnen »Unzeitgemäßen«. Aber seine Krankheit läßt längeres konzentriertes Arbeiten am Schreibtisch kaum noch zu, er ist zudem viel unterwegs auf der Suche nach gesunden Lebensumständen. Diese ständige Wanderschaft zwingt eine Arbeitsweise auf, die das Aphoristische begünstigt. Im Winter 1876/77 in Sorrent entsteht der wesentliche Teil von »Menschliches, Allzumenschliches«, das im Mai 1878 erscheint.

Aphorismensammlung heißt hier allerdings nicht nur Aneinanderreihung von Spruch- und Lebensweisheiten über alles und jedes. Das ist es auch, mitunter auch auf dem Niveau von Kalenderblatt-Weisheiten. Im Prinzip aber entwickelt Nietzsche zentrale Begriffe seiner Philosophie weiter, die in seinem bisherigen Werk ja zum Teil nur stichwortartig vorkommen, auf jeden Fall aber eher als Frage, als Problemstellung denn als Lösung.

Wende zur Aufklärung

Dabei markiert dieses Buch eine Wende in Nietzsches Entwicklung. Es geht nicht mehr um den griechischen Mythos als Zentrum der Wahrheit, nicht mehr um Wagners Erlösungs-Mystik, nicht mehr um Schopenhauers Willens-Metaphysik – es geht um Aufklärung! Erstaunlich für jemanden, der gerade noch Sokrates verteufelt und das Dionysische gefeiert hat. Das Werk ist dem französischen Aufklärer Voltaire gewidmet und trägt den Untertitel »Ein Buch für freie Geister«. In den Vorarbeiten hatte Nietzsche notiert: »Das Bild des Freigeistes ist unvollendet im vorigen Jahrhundert geblieben: sie negierten zu wenig und behielten *sich* übrig.« Es geht also um nichts weniger als eine Vollendung der über sich selbst unaufgeklärten Aufklärung, um eine Radikalisierung der Aufklärung auch um den Preis der Zersetzung, Zerstörung ihrer selbst. Das ist Nietzsches Ansatz.

Das heißt auch: Die Wissenschaft hat den Mythos abgelöst, auch Sokrates kommt – vorsichtig – wieder zu Ehren, man nennt diese Phase Nietzsches auch seine »positivistische«. Er selbst spricht von einem »Kaltwasserbad«, die begriffliche Nähe zur Heilkur ist gewollt. »Ein Irrtum nach dem andern wird gelassen aufs Eis gelegt, das Ideal wird nicht widerlegt – *es erfriert.*« So hat Nietzsche zehn Jahre später in »Ecce homo« das Programm dieses Buches beschrieben. Die Eis-Metapher kommt schon im zweiten Band von »Menschliches, Allzumenschliches«

vor, wo Nietzsche überlegt, wie man Menschen davon überzeugen kann, daß sie falsche Vorstellungen haben. Widerlegungen helfen da nicht, auch kein Spott oder Hohn. »Also: ja nicht verhöhnen, beschmutzen, was man endgültig beseitigen will, sondern es achtungsvoll *auf Eis legen*, immer und immer wieder, in Anbetracht daß Vorstellungen ein sehr zähes Leben haben. Hier muß man nach der Maxime handeln: ›Eine Widerlegung ist keine Widerlegung.‹« Gar so kühl, wie er sich das vorgenommen hat, ist seine Abrechnung mit den alten Irrtümern freilich nicht immer geraten.

Nietzsche, der gewesene Philologe und werdende Philosoph, erklärt sich in diesem Buch zum Psychologen, also zum Arzt der Seele. Daß es »Ärzte der Kultur« geben müsse, darüber hatte er früher schon einmal nachgedacht, ein Buch zu diesem Thema war geplant. Die Vorstellung, daß die Menschheit eines Seelenarztes bedürfe und daß Doktor Nietzsche genau der richtige sei, wird von jetzt an immer stärker. »Der grausame Anblick des psychologischen Seziertisches und seiner Messer und Zangen kann der Menschheit nicht erspart bleiben.« Ihr müßt euch klarwerden über eure Irrtümer, eure Lügen, um euch frei machen zu können von falschen Religionen, Moralen, Philosophien, um frei für euch selbst zu sein – das ruft Nietzsche seinen Lesern zu. Und das ist genau das, was der philosophierende Psychologe selbst tut.

Alles in Frage stellen, was gültig ist, sich selbst in Frage stellen, bis zur Schmerzgrenze – und darüber hinaus. Damit formuliert Nietzsche einen im Kern philosophischen Anspruch: Der Beginn der Philosophie, so haben die griechischen Klassiker gelehrt, ist das Staunen über das Alltägliche, Selbstverständliche. Im Staunen wird das Selbstverständliche dieses Alltäglichen fragwürdig, also wert, befragt, hinterfragt, ausgefragt zu werden. Und das heißt erstens: Es gibt keine Instanz, keine Autorität, die nicht frag-würdig ist. Alles steht auf dem Prüfstand. Und zweitens: Vor diesem Fragen gibt es auch subjektiv kein Entrinnen, keiner kann ausbüchsen, immer wieder muß bis zur

Selbstzerfleischung – Nietzsche hat das ziemlich wörtlich genommen – den Dingen und dem Selbst auf den Grund gegangen werden.

Von den ersten und letzten Dingen

Im ersten »Hauptstück« von »Menschliches, Allzumenschliches« geht es um die »ersten und letzten Dinge«, also um die Fragen, die Nietzsche schon in seinem Aufsatz über »Wahrheit und Lüge« angesprochen hatte.

Nietzsche legt hier zunächst mal die Metaphysik »aufs Eis«. Er spricht vom »Erbfehler« aller Philosophen, und das ist der Glaube an »ewige Wahrheiten«. »Aber alles ist geworden; es gibt *keine ewigen* Tatsachen: so wie es keine absoluten Wahrheiten gibt.« Erst recht ist der Mensch keine ewige Wahrheit, auch er ist geworden, sein Erkenntnisvermögen ist geworden, und der Glaube daran, daß alle Dinge dieser Welt von Anfang an eine natürliche Richtung auf diesen Menschen hin haben, ist eben ein Glaube, nicht mehr. Allerdings hat Nietzsche mit dieser »Lösung« eines Problems gleich ein neues Problem: Er sagt, daß wir nur die rund 4000jährige Geschichte des Menschen kennen und aus diesem sehr beschränkten Zeitraum auf das »Wesen« glauben schließen zu können.

Seine These: »Nun ist alles *Wesentliche* der menschlichen Entwicklung in Urzeiten vor sich gegangen, lange vor jenen 4000 Jahren, die wir ungefähr kennen; in diesen mag sich der Mensch nicht viel mehr verändert haben. Da sieht aber der Philosoph ›Instinkte‹ am gegenwärtigen Menschen und nimmt an, daß diese zu den unveränderlichen Tatsachen des Menschen gehören und insofern einen Schlüssel zum Verständnis der Welt überhaupt abgeben können.« Das Problem ist, daß in dieser These vier Behauptungen und Annahmen stecken, deren Geltung ebenfalls erst noch zu erweisen wäre:

1. Alles Wesentliche hat sich in Urzeiten abgespielt.
2. Der Mensch hat sich danach nicht viel geändert.

3. Instinkte gehören zu den unveränderlichen Tatsachen.

4. Sie können Schlüssel zum Verständnis der Welt überhaupt sein.

Nietzsches gesamte Philosophie kreist immer wieder um diese Behauptungen und Annahmen und steht ständig in Gefahr, daraus genau die Dogmen zu machen, die er ansonsten bekämpft.

Metaphysisches Denken, sagt Nietzsche, trennt die Welt. In Leib und Seele, in Traum und Wirklichkeit, in Wirklichkeit und Idee, in Ding an sich und Erscheinung. Aber darüber, was hinter den Dingen liegt, was ihnen zugrunde liegt, läßt sich nichts aussagen. »Wir sehen alle Dinge durch den Menschenkopf an und können diesen Kopf nicht abschneiden; während doch die Frage übrigbleibt, was von der Welt noch da wäre, wenn man ihn doch abgeschnitten hätte.« Aber selbst wenn man den Kopf abschneiden könnte: »man könnte von der metaphysischen Welt gar nichts aussagen als ein Anderssein, ein uns unzugängliches, unbegreifliches Anderssein; es wäre ein Ding mit negativen Eigenschaften. – Wäre die Existenz einer solchen Welt noch so gut bewiesen, so stünde doch fest, daß die gleichgültigste aller Erkenntnisse eben ihre Erkenntnis wäre: noch gleichgültiger als dem Schiffer in Sturmesgefahr die Erkenntnis von der chemischen Analysis des Wassers sein muß.«

Die Frage stellt sich nun, warum die Menschen so an der Metaphysik hängen, wenn metaphysische Fragen so uninteressant, so gleichgültig sind. Nietzsches Antwort: »Leidenschaft, Irrtum, Selbstbetrug.« Wenn die entlarvt sind, dann hätte man alle Religionen und Metaphysiken widerlegt. Das ist sein Programm, das ihn von nun an nicht mehr loslassen wird. Das »Wesen der Welt an sich« ist ein Nullum, die Frage danach kann man »der Physiologie und der Entwicklungsgeschichte der Organismen und Begriffe überlassen«.

Und so gibt es auch kein »Ding an sich«, also die vor allem von Immanuel Kant entwickelte Vorstellung, daß wir die Dinge zwar nur so kennen, wie wir sie sinnlich wahrnehmen, wie sie

»für uns« sind. Gleichwohl ist die Existenz der Dinge »an sich« gewiß, sagt Kant, wenn wir auch nichts darüber wissen. Nietzsche definiert Ding an sich als »zureichenden Grund der Welt der Erscheinung«, geht damit also über Kants enger gefaßte Definition hinaus; und gegen dieses »Ding an sich« wehrt er sich mit dem Argument: Es gibt keine festen Größen, alles ist geworden und noch im Werden. »Das, was wir jetzt die Welt nennen, ist das Resultat einer Menge von Irrtümern und Phantasien, welche in der gesamten Entwicklung der organischen Wesen allmählich entstanden, ineinander verwachsen sind und uns jetzt als aufgesammelter Schatz der ganzen Vergangenheit vererbt werden.« Wir können uns aus diesem Zusammenhang, aus der »Gewalt uralter Gewohnheiten der Empfindung« nicht lösen, nicht befreien, da hilft uns auch die Wissenschaft nicht. Aber sie kann die Entstehung der Welt von Irrtümern und Phantasien allmählich aufhellen. »Vielleicht erkennen wir dann, daß das Ding an sich eines homerischen Gelächters wert ist: daß es so viel, ja alles *schien* und eigentlich leer, nämlich bedeutungsleer ist.«

Wichtig daran ist für Nietzsche, alles als Irrtum zu entlarven, was »hinter der Welt« einen sie begründenden und tragenden Zusammenhang konstituieren soll – er nennt die Metaphysiker deshalb auch »Hinterweltler«. Von daher sind auch alle Fragen nach einem Sinn des Lebens oder nach dem Wert des Lebens sinnlos. Keiner weiß, was das Leben vollständig ist, er kennt nicht alles und nicht alle Menschen, alle seine Urteile sind notwendig unlogisch und ungerecht. »Wir sind von vornherein unlogische und daher ungerechte Wesen *und können dies erkennen*: Dies ist eine der größten und unauflösbarsten Disharmonien des Daseins.«

Nun hat aber fast jeder Mensch eine Vorstellung oder zumindest ein Gefühl vom Wert des Lebens. Der beruht für Nietzsche darauf, daß sich der »gewöhnliche, alltägliche« Mensch wichtiger nimmt als die Welt. »Der große Mangel an Phantasie, an dem er leidet, macht, daß er sich nicht in andere Wesen hineinfühlen kann und daher so wenig als möglich an ihrem Los und Leiden teilnimmt. *Wer* dagegen wirklich daran teilnehmen könnte, müßte am Werte des Lebens verzweifeln; gelänge es ihm, das Gesamtbewußtsein der Menschheit in sich zu fassen und zu empfinden, er würde mit einem Fluche gegen das Dasein zusammenbrechen, – denn die Menschheit hat im ganzen *keine* Ziele, folglich kann der Mensch, in Betrachtung des ganzen Verlaufs, nicht darin seinen Trost und Halt finden, sondern seine Verzweiflung.« Der Irrtum über das Leben, meint Nietzsche, ist also notwendige Voraussetzung für das Leben.

Moral und Willensfreiheit

Das zweite Hauptstück befaßt sich mit einem Thema, das sich bald zu einem Zentrum der Philosophie Nietzsches entwickeln wird: Mit der »Geschichte der moralischen Empfindungen«. Wie kommt es zum Beispiel zu Begriffen wie »gut« und »böse«? Durch einen Denkfehler, nämlich indem man Ursache und Wirkung verwechselt, Wirkung als Ursache auffaßt. Zunächst werden Handlungen wegen ihrer Folgen »gut« oder »böse« genannt. Dann wird den Handlungen selbst, ohne Rücksicht auf die Folgen, eine solche Eigenschaft angedichtet. Dann werden die Motive hinter den Taten »gut« oder »böse« genannt, schließlich verlegt man die Eigenschaft ins Wesen des Menschen selbst. Aber auch dieses vermeintliche »Wesen« ist nichts anderes als notwendige Folge vergangener und gegenwärtiger Elemente und Einflüsse. Und das heißt: Der Mensch ist für nichts verantwortlich zu machen, weder für sein Wesen noch seine Motive, noch seine Handlungen, noch seine Wirkungen. »Damit ist man zur Erkenntnis gelangt, daß die Geschichte der moralischen Empfindungen die Geschichte eines Irrtums, des Irrtums von der Verantwortlichkeit ist: als welcher auf dem Irrtum von der Freiheit des Willens ruht.«

Eine ungeheure Provokation, wenn auch nicht neu. Materialistische Philosophen haben solche Thesen schon vor Nietzsche aufgestellt, aber Nietzsche, der kleine Pastor, der Kindheit und Schule unter dem Joch der Moralpredigt erlebt hat, empfindet wohl die Ungeheuerlichkeit dieser Provokation stärker als andere. Immer wieder beschäftigt ihn diese Erkenntnis, immer wieder wälzt er diese Überlegungen um und um, um sich zu vergewissern, welche Implikationen und Folgen ein solches Denken hat. Zum Beispiel die, daß auch das Schuldbewußtsein ein Irrtum ist. Es »ruht auf der irrtümlichen Voraussetzung, daß die Tat eben *nicht* notwendig hätte erfolgen müssen. Also: weil sich der Mensch für *frei* hält, nicht aber weil er frei ist, empfindet er Reue und Gewissensbisse.« An anderer Stelle formuliert Nietzsche: »Der Gewissensbiß ist, wie der Biß des Hundes gegen einen Stein, eine Dummheit.«

Der Mensch ist nicht frei. Freiheit ist ein Irrtum, ist Betrug und Selbstbetrug. Tatsächlich ist die Lehre von der Freiheit des Willens die metaphysische Überhöhung einer Erfahrung aus dem politisch-gesellschaftlichen Bereich, eine Erfindung der herrschenden Stände. »Dort ist der starke Mann auch der freie Mann, dort ist lebendiges Gefühl von Freud und Leid, Höhe des Hoffens, Kühnheit des Begehrens, Mächtigkeit des Hassens das Zubehör der Herrschenden und Unabhängigen, während der Unterworfene, der Sklave, gedrückt und stumpf lebt.«

Die Imagination der Freiheit des Willens ist darüber hinaus unserem begrifflichen Denken und Sprechen geschuldet, das hatte Nietzsche schon im Essay über »Wahrheit und Lüge« angesprochen. Wir isolieren einzelne Fakten und Handlungen, sprechen von gleichen Fakten und Handlungen, charakterisieren sie als gut, böse, mitleidig, neidisch etc. – und sind stets im Irrtum. Denn unser Handeln und Erkennen ist ein beständiges, ungeteiltes und unteilbares Fließen. Und so gibt es auch zwischen guten und bösen Handlungen keinen Gattungsunterschied, sondern höchstens einen graduellen: »Gute Handlungen sind sublimierte böse; böse Handlungen sind vergröberte, verdummte gute.«

Wo es keinen freien Willen gibt, gibt es auch keine Wahlfreiheit, etwas zu tun oder zu lassen. Also auch keine Möglichkeit,

Verbrecher zu bestrafen. Wenn man Vorgeschichte und Umstände einer Tat hinreichend kennt, kann man nicht strafen, sondern muß zu der Erkenntnis gelangen: »er mußte so handeln, wie er gehandelt hat; wir würden, wenn wir straften, die ewige Notwendigkeit bestrafen«. Denn da es keine Schuld gibt, ist es eine Lüge, daß Schuld bestraft würde – »selbst wenn es eine gäbe: diese liegt in Erziehern, Eltern, Umgebungen, in uns, nicht im Mörder – ich meine die veranlassenden Umstände«. Nietzsche ist radikal und konsequent der Meinung, daß der Mensch Produkt des gattungsgeschichtlichen Erbes *und* der gesellschaftlichen Verhältnisse ist – so würden wir es heute ausdrücken. Also: »Niemand ist für seine Taten verantwortlich, niemand für sein Wesen; richten ist soviel als ungerecht sein. Dies gilt auch, wenn das Individuum über sich selbst richtet. Der Satz ist so hell wie Sonnenlicht, und doch geht hier jedermann lieber in den Schatten und die Unwahrheit zurück: aus Furcht vor den Folgen.«

Allerdings haben die Irrtümer der Moral auch ihr Gutes: Ohne sie wäre der Mensch Tier geblieben. Da er sich für etwas Höheres hält, hat er sich strengere Gesetze auferlegt. »Die Bestie in uns will belogen werden; Moral ist Notlüge, damit wir nicht von ihr zerrissen werden.« Der Mensch ist also das »Über-Tier«. Später wird Nietzsche fordern, daß die nächste Stufe der »Über-Mensch« sein müsse. Typisch für Nietzsche ist allerdings, daß er mit solchen Begriffen auch herumspielt, herumexperimentiert und keine Probleme damit hat, sich zu widersprechen. Er behauptet sogar, bewußt mit Widersprüchen zu arbeiten, um die Widersprüchlichkeit der Welt zu zeigen.

Im zweiten Band von »Menschliches, Allzumenschliches«, in dem Nietzsche die hier verhandelten Themen wiederaufgreift, variiert, zuspitzt, kommt der Begriff Übertier noch einmal vor – jetzt aber negativ besetzt. Der Grundirrtum der Menschheit sei, »daß der Mensch der Freie in der Welt der Unfreiheit sei, der ewige *Wundertäter*, sei es, daß er gut oder böse handelt, die erstaunliche Ausnahme, das Übertier, der Fast-Gott, der Sinn der

Schöpfung, der Nichthinwegzudenkende, das Lösungswort des kosmischen Rätsels, der große Herrscher über die Natur und Verächter derselben, das Wesen, das *seine* Geschichte *Weltgeschichte* nennt«. Und wieder an anderer Stelle meint er, daß die »Abtrennung des Menschen von den Tieren« erst gelingen könne, wenn die Menschheit die moralischen, religiösen und metaphysischen Irrtümer hinter sich gelassen habe. Diese »Begriffsverwirrung« kann aber auch einfach daran liegen, daß Nietzsche in dieser Zeit wegen seiner Augenprobleme kaum lesen und schreiben konnte und fast alles diktiert hat. Da verliert man bei dieser Fülle von Aphorismen auch schon mal den Überblick.

Nietzsches These ist also: Der Mensch handelt immer, wie er muß. Das heißt: Hier regiert kein Wille, sondern das Verlangen des Individuums nach Genuß und die Furcht vor Verlust dieses Verlangens. Selbst wenn ein Mensch vermeintlich »moralisch« handelt, dann handelt er auch egoistisch. Denn wer »selbst-los« handelt, also für jemand anderen etwas Gutes tut unter Verzicht auf eigene Wünsche, der liebt einen Teil von sich selbst mehr als einen anderen. Er zerteilt sein Wesen und bringt den einen Teil dem anderen zum Opfer. Und dieser Neigung zu folgen, sagt Nietzsche, ist keineswegs selbstlos, sondern egoistisch, eben in einem Teilbereich. »In der Moral behandelt sich der Mensch nicht als *individuum*, sondern als *dividuum*.« Und das gehört für Nietzsche zum Abscheulichsten überhaupt: Er will immer Individuum sein und kein Zerteiltes. Das Zerteilt-Sein hat er lange genug erfahren müssen.

Also ist jede Moral ein Konstrukt, jeder Begriff von Schuld, von Sühne, von Verantwortung. Das sind bittere Pillen, Nietzsche sagt es immer wieder, er hat es selbst so empfunden, er weist häufig darauf hin, welch schreckliche, »ungeheuerliche« Gedanken ihn umtreiben. Aber wenn diese Einsichten auch weh tun, sie müssen sein, es sind »Geburtswehen« auf dem Weg von einer moralischen zu einer weisen Menschheit. Denn all diese Umwertung aller Werte, so wird Nietzsche seine Arbeit später nennen, hat einen Sinn, hat ein Ziel: einen neuen Menschen.

»Die Sonne eines neuen Evangeliums wirft ihren ersten Strahl auf die höchsten Gipfel in der Seele jener einzelnen: da ballen sich die Nebel dichter als je, und nebeneinander lagert der hellste Schein und die trübste Dämmerung. Alles ist Notwendigkeit – so sagt die neue Erkenntnis; und diese Erkenntnis selber ist Notwendigkeit. Alles ist Unschuld: und die Erkenntnis ist der Weg zur Einsicht in diese Unschuld.«

Religion

Die Überlegungen zur Geschichte von Moralbegriffen führen folgerichtig zur Religionskritik – und sie sind wohl auch als Vorbereitung dazu angelegt. In diesem dritten »Hauptstück« macht Nietzsche kategorisch mit allem Schluß, was ihm vorher etwas bedeutet hat. Die Tragödie wird kurz im Vorbeigehen zu Boden geschlagen. Wie kämpft man gegen ein Übel, fragt Nietzsche. Man kann die Ursache abschaffen oder die Wirkung verändern. Die zweite Methode ist die übliche: Das Übel wird umgedeutet zu etwas Gutem. In der Kunst zum Beispiel durch Erweckung einer Lust am Schmerz. So arbeitet der Tragödiendichter, vergleichbar den Priestern, »denn diese lebten bisher von der Narkotisierung menschlicher Übel«. Nietzsche steht hier ganz in der Tradition der Religionskritik Feuerbachs und damit auch ganz nah bei Karl Marx. Zum Beispiel indem er über die erste Methode im Kampf gegen das Übel – Abschaffung der Ursache – sagt: »Je mehr die Herrschaft der Religionen und aller Kunst der Narkose abnimmt, um so strenger fassen die Menschen die wirkliche Beseitigung der Übel ins Auge.« Marx hatte 1844, also im Geburtsjahr Nietzsches, die Religion als das »Opium des Volks« bezeichnet und über die Rolle der Religionskritik gesagt: »Die Kritik hat die imaginären Blumen an der Kette zerpflückt, nicht damit der Mensch die phantasielose, trostlose Kette trage, sondern damit er die Kette abwerfe und die lebendige Blume breche.«

Auch diese Ketten-Metapher finden wir bei Nietzsche. Im zweiten Band von »Menschliches, Allzumenschliches« schreibt er: »Dem Menschen sind viele Ketten angelegt worden, damit er es verlerne, sich wie ein Tier zu gebärden: und wirklich, er ist milder, geistiger, freudiger, besonnener geworden, als alle Tiere sind. Nun aber leidet er noch daran, daß er so lange seine Ketten trug, daß es ihm so lange an reiner Luft und freier Bewegung fehlte: – diese Ketten aber sind, ich wiederhole es immer und immer wieder, jene schweren und sinnvollen Irrtümer der moralischen, der religiösen, der metaphysischen Vorstellungen. Erst wenn auch die Ketten-Krankheit überwunden ist, ist das erste große Ziel ganz erreicht: die Abtrennung des Menschen von den Tieren.« Nietzsche erwähnt Marx an keiner Stelle, obwohl er viel über Sozialismus redet, er hat ihn offenbar nicht gelesen, nicht einmal zur Kenntnis genommen: einer der bekanntesten und einflußreichsten Philosophen seiner Zeit – ein blinder Fleck.

Nachdem Nietzsche auf diese Weise Kunst und Religion als Verhinderer der »wirklichen Beseitigung der Übel« bezeichnet hat, nimmt er den großen Hammer und schlägt zu. Mit dem Christentum »kann man sich, nach dem gegenwärtigen Stande der Erkenntnis, schlechterdings nicht mehr einlassen, ohne sein *intellektuelles Gewissen* heillos zu beschmutzen und vor sich und anderen preiszugeben«. Begründung: Der rächende Gott, die allgemeine Sündhaftigkeit, die ewige Verdammnis, die Gnade – all das ist barbarisch. Die Erbsünde, daß des Menschen größte Schuld sein soll, daß er geboren wurde – »die verdrehteste Paradoxie«. Vor allem die moralischen Anforderungen sind so überspannt, daß sie nicht erfüllt werden können. Der Mensch soll nicht moralischer werden, sondern sich klein und sündhaft fühlen. »Das Christentum [...] zerdrückte und zerbrach den Menschen vollständig und versenkte ihn wie in tiefen Schlamm.«

Und Nietzsche bringt sogar eine – wenn auch sarkastische – Art von Mitleid für die Opfer auf. Der Alltags-Christ ist eine erbärmliche Figur, »ein Mensch, der wirklich nicht bis drei zählen kann, und der übrigens, gerade wegen seiner geistigen Unzurechnungsfähigkeit, es nicht verdiente, so hart bestraft zu werden, wie das Christentum ihm verheißt«. Hier zeigt sich, was Nietzsche gemeint hat, als er sagte, daß alles Gift aus ihm heraus müsse, bevor er das Eigene schaffen könne. Diese Texte sind ein Purgatorium, was sich aufgestaut hat, der ganze Überdruß an seinen Zeitgenossen, der Haß auf Verlogenheit und Bigotterie – das alles hat hier ein Ventil gefunden.

Dann ist Schopenhauer an der Reihe, von dem man nach Nietzsche zwar einiges über Religionen lernen kann, der dann aber letztlich zu sehr Romantiker und zu wenig Aufklärer war mit seiner Meinung, daß nun doch eine gewisse allegorische Wahrheit in Religionen stecke. »*Noch nie hat eine Religion, weder mittelbar noch unmittelbar, weder als Dogma noch als Gleichnis, eine Wahrheit enthalten*. Denn aus Angst und dem Bedürfnis ist eine jede geboren, auf Irrgängen der Vernunft hat sie sich ins Dasein geschlichen.«

Mit Schopenhauer muß aber noch aus einem anderen Grunde »abgerechnet« werden – wegen seiner Willens-Metaphysik. Zwar spricht Schopenhauer von der »Einsicht in die strenge Notwendigkeit der menschlichen Handlungen«, aber er nimmt sich selbst nicht ernst, weil es für ihn auch eine ethische Bedeutsamkeit dieser Handlungen gibt. Darüber ist Nietzsche aber längst hinaus. Wenn es keinen freien Willen gibt, dann auch keine Verantwortlichkeit und keine Ethik. Es nützt alles nichts, es gibt keine Hintertür, keine führt ins Freie: »Wir *sind* im Gefängnis, frei können wir uns nur *träumen*, nicht machen.«

Politik, Staat, Sozialismus

Höchste Aufgabe der Menschheit ist es, den großen einzelnen, den Genius zu erzeugen. Wie das vor sich gehen könnte, darüber gab es bisher nur sehr diffuse Auskünfte von Nietzsche.

Da er aber immer stärker davon überzeugt ist, daß die »Natur«, das Organische das Leitbild allen Handelns sein muß, möchte er auch dies der Natur ablauschen. Er fragt sich also, wie die Natur den Genius erzeugt. Die Antwort: durch Mißhandlung und Quälerei, durch Schüren von Neid, Haß und Wetteifer, und auf diese Weise flammt dann vielleicht nach Jahrhunderten das Licht des Genius auf. Wer bei der Erzeugung des Genius wie die Natur verfahren wolle, und wie könnte man anders verfahren, »würde gerade so böse und rücksichtslos wie die Natur sein müssen. – Aber vielleicht haben wir uns verhört.« Er glaubt natürlich, daß er sich nicht verhört, daß er die »Natur« ganz richtig verstanden hat. Er ist davon überzeugt, daß man sich den harten und grausamen Tatsachen stellen muß.

Wie stellt er sich nun die Gesellschaft vor, in der dies möglich sein soll? Gesellschaft ist für ihn nur denkbar als strikte Zwei-Klassen-Gesellschaft, Nietzsche spricht auch von »Kasten«. Da ist zum einen die Masse: Sie ist »gewalttätig, neidisch, ausbeuterisch, intrigant, schmeichlerisch, kriechend, aufgeblasen, je nach Umständen alles«. Und auf der anderen Seite sind die Herrschenden, die Edlen, die Freien. Nietzsche nennt die beiden Kasten auch Sklaven und Müßige – »oder mit stärkerem Ausdruck: die Kaste der Zwangs-Arbeit und die Kaste der Frei-Arbeit«. Gelegentlich meint er das leicht ironisch, zum Beispiel wenn er definiert: »wer von seinem Tage nicht zwei Drittel für sich hat, ist ein Sklave, er sei übrigens wer er wolle: Staatsmann, Kaufmann, Beamter, Gelehrter«. Nietzsche hat für Arbeit als Broterwerb immer nur tiefste Verachtung empfunden und gelegentlich so getan, als sei zum Beispiel Industriearbeit etwas, zu dem die Arbeiter aus Dummheit kommen, als könne man sich für oder gegen Erwerbsarbeit frei entscheiden.

Er selbst hat bis zu seiner Basler Professur seiner Mutter auf der Tasche gelegen, hat Glück genug gehabt, in Basel anständig bezahlt zu werden und nach seiner frühen Pensionierung eine ebenso anständige Rente zu bekommen. So war er zwar nicht wohlhabend, hatte aber genügend Geld, um jahrelang unterwegs sein und den Druck seiner Schriften teilweise selbst finanzieren zu können. Nietzsche hat nie in Saus und Braus gelebt, sondern mit dem Geld ordentlich hausgehalten. Aber er war auch nie in finanzieller Not. Da läßt es sich dann leicht über die Segnungen des Müßiggangs reden. »Wenn Müßiggang wirklich der *Anfang* aller Laster ist, so befindet er sich also wenigstens in der nächsten Nähe aller Tugenden; der müßige Mensch ist immer noch ein besserer Mensch als der tätige.«

Gelegentlich wird aber auch dieser Dünkel leicht relativiert. So erklärt er, daß auch »Freigesinnte, der Erkenntnis allein lebende Menschen«, sich in Gesellschaft und Staat so einrichten können, daß sie ihr Auskommen haben. Mit einem kleinen Amt »oder einem Vermögen, das gerade zum Leben ausreicht« (das natürlich noch lieber). Auch der kennt dann »die Wochentage der Unfreiheit, der Abhängigkeit, der Dienstbarkeit« (also Erwerbsarbeit). »Aber von Zeit zu Zeit muß ihm ein Sonntag der Freiheit kommen, sonst wird er das Leben nicht aushalten.« Ob Nietzsche geahnt hat, daß er hier auch das Leben des kleinen Angestellten beschreibt?

Sklavenhaltergesellschaft

Im Prinzip aber ist völlig klar, welche Gesellschaftsordnung Nietzsche für die einzig mögliche hält: »In einer besseren Ordnung der Gesellschaft wird die schwere Arbeit und Not des Lebens dem zuzumessen sein, welcher am wenigsten durch sie leidet, also dem Stumpfsten, und so schrittweise aufwärts bis zu dem, welcher für die höchsten sublimiertesten Gattungen des Leidens am empfindlichsten ist und deshalb selbst noch bei der größten Erleichterung des Lebens leidet.« Nietzsches Ideal ist tatsächlich eine Sklavenhaltergesellschaft, auch hier sind die Griechen sein Vorbild. In einem früheren Text über den »Staat der Griechen« hatte er dargelegt, daß das eigentliche Ziel des Staates – »die olympische Existenz und immer erneute Zeugung und Vorbereitung des Genius« – nur möglich ist, wenn die große Mehrzahl der Menschen im Dienste einer kleinen Minderzahl steht. »Demgemäß müssen wir uns dazu verstehen, als grausam klingende Wahrheit hinzustellen, daß zum Wesen einer Kultur das Sklaventum gehöre.« Das gilt auch für die Gegenwart und erst recht für die von Nietzsche gemeinte Zukunft einer »höheren Kultur«.

An einer Stelle allerdings kommt er zu der Einsicht, daß der Wert der Arbeit doch noch anders einzuschätzen sei. Denn wenn man der Meinung ist, daß sich die Masse der Arbeitenden für die wenigen Müßigen abrackern muß, dann ist es klug, »auch das Wohl der Arbeiters, seine leibliche und seelische Zufriedenheit ins Auge zu fassen«. Und zwar, das sagt Nietzsche ganz unmißverständlich, »*damit* er und seine Nachkommen gut auch für unsere Nachkommen arbeiten«. Insofern ist die Ausbeutung des Arbeiters »eine Dummheit, ein Raub-Bau auf Kosten der Zukunft, eine Gefährdung der Gesellschaft«. Denn mit seinem Material hat man gefälligst vorsichtig und pfleglich umzugehen.

In diesem zynisch-instrumentellen Sinne ist Nietzsche also durchaus ein Freund der Arbeiterbewegung. Insgesamt aber sind ihm die politischen Bewegungen seiner Zeit ein Greuel. Nietzsche hat nie ein Hehl daraus gemacht, daß er jede Art von Demokratie für blanken Unsinn hält. Schon die Forderung, daß jeder lesen und schreiben könne, erst recht das Motto »Bildung für alle« sind für ihn eine Torheit. »Daß jedermann lesen lernen darf, verdirbt auf die Dauer nicht allein das Schreiben, sondern auch das Denken«, heißt es später im »Zarathustra«. Kommunismus und Sozialismus, selbst den Liberalismus kann er nur als erstens grenzenlos dumm und zweitens äußerst gefährlich wahrnehmen. »Der Sozialismus ist der phantastische jüngere Bruder des fast abgelebten Despotismus, den er beerben will; seine Bestrebungen sind also im tiefsten Verstande reaktionär.« Worauf sich dieser Satz bezieht, ist nicht ganz klar, wie überhaupt weitgehend im dunkeln bleibt, was Nietzsche über Sozialismus weiß.

Gelegentlich setzt er ihn mit Demokratie gleich, auch der Begriff Kommunismus kommt vor, aber es gibt keine Anzeichen dafür, daß er die Klassiker des Sozialismus gelesen hat. Er kennt wohl Autoren des Frühsozialismus, vielleicht aber auch nur vom Hörensagen, er setzt sich mehrfach mit Eugen Dühring auseinander, einem Marx-Kritiker, gegen den Friedrich Engels eine berühmt gewordene Streitschrift (»Anti-Dühring«) geschrieben hat. Aber Marx und Engels selbst hat Nietzsche mit ziemlicher Sicherheit nicht gelesen. Möglicherweise bezieht er sein Wissen eher aus Zeitungen und Broschüren. Die Schlagworte, mit denen er operiert, lassen diesen Schluß zu.

Die eben zitierte Stelle ist häufig interpretiert worden als hellsichtige Vorwegnahme des staatssozialistischen Despotismus. Vielleicht kannte Nietzsche ja den Begriff »Diktatur des Proletariats« und hat dessen Mißverstand und Mißbrauch vorausgeahnt. Aber es spricht eigentlich nichts wirklich dafür. An der zitierten Stelle argumentiert Nietzsche so: »Der« Sozialismus (es bleibt unklar, welcher) strebt die »förmliche Vernichtung des Individuums« an, er begehrt die höchstmögliche »Fülle der Staatsgewalt« und wünscht »den cäsarischen Gewaltstaat«, den er allerdings nur »durch den äußersten Terrorismus« erreichen kann. Wohlgemerkt: Hier fließen sein grundsätzliches Ressentiment gegen Demokratie, sein Haß auf die Französische Revolution und seine Furcht vor der Auslöschung des Individuums ineinander. Eine tatsächliche Auseinandersetzung mit sozialistischen Gesellschafts- und Staatstheorien gibt es nicht, von dem Begriff »freie Assoziation«, der ihn doch hätte interessieren können, hat Nietzsche offenbar nie etwas gehört.

Ihn interessiert an »Demokratie« und »Sozialismus« die Tatsache, daß hier das Wohlergehen für möglichst viele Menschen angestrebt wird. Das ist schon mal schlecht, weil Nietzsche die »Vielen« grundsätzlich für beschränkt hält. Er befürchtet aber, daß in einer Gesellschaft, in der es vielen gutgeht, keine starken Energien mehr für den »großen Intellekt« und das »mächtige Individuum« vorhanden sind – was immer das heißt. Der Staat mag eine kluge Veranstaltung zum Schutz der Individuen gegeneinander sein. Aber wenn man »seine Veredelung« übertreibt, würde das Individuum geschwächt oder gar aufgelöst, und damit wäre der ursprüngliche Zweck des Staates vereitelt. »Müßte man somit nicht wünschen, daß das Leben seinen gewaltsamen Charakter behalte und daß immer von neuem wieder wilde Kräfte und Energien hervorgerufen werden?«

Aber immerhin: An einer Stelle deutet Nietzsche an, daß man die Demokraten genausogut gewähren lassen könne, solange die Möglichkeit besteht, sich selbst aus der Politik herauszuhalten. Wenn denn die »Vielen« glücklich damit werden, daß sie in ihrer »Beschränktheit« ihr politisches Schicksal selbst in die Hand nehmen, dann soll es so sein. Aber es muß erlaubt sein, sich für das Glück der vielen nicht zu interessieren, anderes für wichtig zu halten. Nur von Zeit zu Zeit treten die wenigen aus ihrer Vereinsamung heraus: »dann rufen sie nämlich einander zu wie Verirrte in einem Walde, um sich einander zu erkennen zu geben und zu ermutigen; wobei freilich mancherlei laut wird, was den Ohren, für welche es nicht bestimmt ist, übel klingt. – Nun, bald darauf wird es wieder still im Walde, so stille, daß man das Schwirren und Summen und Flattern der zahllosen Insekten, welche in, über und unter ihm leben, wieder deutlich vernimmt.«

Die guten Europäer

Im zweiten Band von »Menschliches, Allzumenschliches«, der 1879 erscheint, finden sich allerdings andere, differenziertere Überlegungen zum Thema Demokratie und Sozialismus, auch manches Kuriose darunter. In dieser Zeit spricht sich Nietzsche häufig gegen Nationalstaaten und jede Form von Nationalismus aus, er setzt seine Hoffnungen in einen europäischen Völkerbund. Er meint sogar, daß den »guten Europäern« dereinst die Aufgabe zufallen werde, »die Leitung und Überwachung der gesamten Erdkultur« zu übernehmen.

»Die Demokratisierung Europas ist unaufhaltsam«, sagt Nietzsche, und hier ist Demokratie plötzlich positiv besetzt. Denn sie will Unabhängigkeit der Meinungen, der Lebensart und des Erwerbs schaffen – damit ist Nietzsche jetzt einverstanden. »Ich rede von der Demokratie als von etwas Kommendem. Das, was jetzt schon so heißt, unterscheidet sich von den älteren Regierungsformen allein dadurch, daß es mit *neuen Pferden* fährt: die Straßen sind noch die alten, und die Räder sind auch noch die alten.« Mit der Demokratisierung Europas nun wird einer von vielen Schritten in eine neue Zeit getan, »mit denen wir uns gegen das Mittelalter abheben«. Und er fordert »Steindämme und Schutzmauern gegen Barbaren, gegen Seuchen, gegen *leibliche und geistige Verknechtung*«. Das hätte so auch Ferdinand Lassalle schreiben können. Die Gegner der Demokratisierung sind für ihn jetzt die »Umsturzgeister«, gegen die muß man sich wappnen.

Allerdings entwickelt er eine merkwürdige Vorstellung von allgemeinem Wahlrecht. Wenn nicht wirklich alle an Wahlen teilnehmen, dann ist das ein Votum gegen das allgemeine Wahlrecht. Wenn schon die Mehrheit über die Minderheit bestimmen will, was er ja kurz vorher noch strikt abgelehnt hat, dann muß auch Einstimmigkeit herrschen. Er hat aber auch noch einen anderen Vorschlag für das Stimmrecht: Die Besitzlosen und die Reichen sollen nicht wählen dürfen. Denn das sind in der Demokratie die »zwei unerlaubten Menschenklassen, an deren Beseitigung sie stetig arbeiten muß«. Nietzsche hat hier also sein Herz für die Mittelschicht entdeckt. Das Volk, so meint er, werde mit seinen Parlamentsmehrheiten eine Progressivsteuer durchsetzen und damit »dem Kapitalisten-, Kaufmanns- und Börsenfürstentum an den Leib gehen und in der Tat langsam einen Mittelstand schaffen, der den Sozialismus wie eine überstandene Krankheit *vergessen* darf«.

Auch Kaiser- und Königtum werden dann abgeschafft, allerdings allmählich und ohne Gewalt, nur durch gesetzmäßigen

Druck. Schon vorher hatte Nietzsche davor gewarnt, allzu schnell zu demokratisieren – wenn überhaupt. Denn die Überlieferung sagt: Regierung ist das verehrungswürdige Oben, Volk das bescheidene Unten. Wenn nun die Regierung ein Organ des Volkes sein soll, dann ist das zwar logischer, aber auch gefährlich: »denn das Verhältnis zwischen Volk und Regierung ist das stärkste vorbildliche Verhältnis, nach dessen Muster sich unwillkürlich der Verkehr zwischen Lehrer und Schüler, Hausherrn und Dienerschaft, Vater und Familie, Heerführer und Soldat, Meister und Lehrling bildet«. Und das wird sich alles umkehren, »wenn jener allerneuste Begriff überall sich der Köpfe bemeistert hat«. Also Vorsicht, nicht so schnell, das braucht noch ein Jahrhundert. Am Ende wird man das Monarchische nur noch als Dekoration übrigbehalten. »Das Kaiser- und Königtum bliebe ein prachtvoller Zierrat an der schlichten und zweckmäßigen Gewandung der Demokratie, das schöne Überflüssige, welches sie sich gönnt, der Rest alles historisch ehrwürdigen Urväterzierrates, ja das Symbol der Historie selber.«

Reaktionen

Nur wenigen gefiel, wie Nietzsche in diesen beiden Büchern die Ideale »aufs Eis« legte. Sein Freund Paul Rée war begeistert: »Wenn die Deutschen nun nicht Psychologenfreunde werden, wandere ich nach Frankreich aus.« Andere Freunde reagierten sehr reserviert, die Wagners waren konsterniert, denn sie wußten, daß gerade auch sie gemeint waren. »Der Titel sagt, wo *ihr* ideale Dinge seht, sehe *ich* Menschliches, ach nur Allzumenschliches!« – das ist eben gerade auch auf Wagners Erlöser-Romantik gemünzt. Cosima und Richard Wagner freilich versicherten, sie hätten das Buch nur durchgeblättert, nicht wirklich gelesen – um der Freundschaft zu Nietzsche willen. Aber sie wußten auch ohne Lektüre, daß es ein ganz schreckliches Machwerk sei, »pervers«, wie Cosima notierte.

Wagner ließ es sich nicht nehmen, in den »Bayreuther Blättern« eine böse Polemik gegen Nietzsche und sein neues Buch zu veröffentlichen, ohne Autor und Buch zu nennen. Aber jeder wußte, wer und was gemeint war. Für Cosima ist der alte Nietzsche tot, sie bleibt dem »verstorbenen« Nietzsche treu, sagt sie einem gemeinsamen Freund. Fast zur gleichen Zeit, da Nietzsche sein »Menschliches, Allzumenschliches« an Wagner schickt, erhält er Wagners »Parsifal« mit der Widmung: »Richard Wagner, Ober-Kirchenrat«. Jahre später, in »Ecce homo«, schreibt Nietzsche: »Diese Kreuzung der zwei Bücher – mir war's, als ob ich einen ominösen Ton dabei hörte. Klang es nicht, als ob sich Degen kreuzten?«

1886 beschreibt Nietzsche seine damalige Situation rückblickend so: »Einsam nunmehr und schlimm mißtrauisch *gegen* mich, nahm ich, nicht ohne Ingrimm, dergestalt Partei *gegen* mich und *für* Alles, was gerade *mir* wehe tat und hart fiel: – so fand ich den Weg zu jenem tapferen Pessimismus wieder, der der Gegensatz aller romantischen Verlogenheit ist, und auch, wie mir heute scheinen will, den Weg zu ›mir‹ selbst, zu *meiner* Aufgabe.«

Er ist der Wanderer, der allein auf der Suche nach der Wahrheit ist – nicht ganz allein, denn sein Schatten begleitet ihn. »Der Wanderer und sein Schatten« lautet ein Nachtrag zu »Menschliches, Allzumenschliches«, der zusammen mit der Sammlung »Vermischte Meinungen und Sprüche« 1879 als zweiter Band von »Menschliches« herauskam. In dem Jahr, als Nietzsche als heimatloser Philosoph seine Wanderung durch das letzte Lebensjahrzehnt begann.

5. Kapitel
Morgenröte und Fröhliche Wissenschaft

Auch »Menschliches, Allzumenschliches« wird kein Erfolg. Ostern 1879 sind gerade mal 120 von 1000 Exemplaren der ersten Auflage verkauft. Gleichzeitig verschlimmert sich Nietzsches Zustand so sehr, daß er es in Basel nicht mehr aushält. »*Mein* Zustand ist eine Tierquälerei und Vorhölle, ich kann's nicht leugnen. *Wahrscheinlich* hört es mit meiner akademischen Tätigkeit auf, *vielleicht* mit der Tätigkeit überhaupt, *möglicherweise* mit – – usw.« Das schreibt Nietzsche im April 1879 an Paul Rée. Kurz vorher hatte er notiert: »Ach das schändliche schädliche Basel, wo ich meine Gesundheit verloren habe und mein Leben verlieren werde.« Anfang Mai bittet er um Entlassung vom Professorenamt, vor allem weil sich sein Augenleiden so verschlimmert hat, daß er »kaum noch zwanzig Minuten ohne Schmerzen« lesen und schreiben kann. Die Universität entspricht dem Gesuch und zahlt als Pension zwei Drittel seines Gehalts, das sind 3000 Franken im Jahr. Damit läßt es sich einigermaßen leben.

Nietzsche ist nun endgültig heimatlos, staatenlos war er ja schon seit seinem Umzug nach Basel. Von nun an wird er buchstäblich umherwandern – zwischen Graubünden und Nizza, dem Engadin und Turin, Genua und Genf, Venedig, Berlin, Naumburg, Basel. Zunächst geht es in die Nähe von Davos, dann nach St. Moritz, im Herbst trotz des trüben Wetters noch einmal zu Mutter und Schwester nach Naumburg, dann im Februar 1880 an den Gardasee. Hier beginnen die Aufzeichnungen zu dem nächsten Buch »Die Morgenröte«. Sein Freund Heinrich Köselitz ist von Venedig gekommen, um sich den Text diktieren zu lassen oder die Kritzeleien Nietzsches zu entziffern – weil er kaum noch sehen kann, ist seine Schrift nahezu unleserlich geworden.

Anfang 1881 ist das Manuskript druckfertig, das Buch, ebenfalls eine Aphorismensammlung, soll »Pflugschar« heißen. Es erscheint dann im Juli unter dem Titel »Morgenröte. Gedanken über die moralischen Vorurteile«. An seinen Verleger schreibt er: »Dies Buch ist das, was man ›einen entscheidenden Schritt‹ nennt – ein Schicksal mehr als ein Buch.« An den Freund Overbeck: »Dies ist das Buch, welches wahrscheinlich an meinem Namen hängenbleiben wird.« Und Mutter und Schwester bekommen das Buch mit der Anmerkung: »So sieht das Wesen aus, das unsern nicht zu schönen Namen *unsterblich* machen wird.« Nietzsche neigt zwar zu solchen Übertreibungen und Selbststilisierungen, aber diese Sätze sind doch verwunderlich: Denn schließlich ist das ja immer noch nicht sein Werk. Noch muß er Schutt wegräumen, muß das Gift seiner Zeit ausschwitzen, muß gegen den großen Unsinn ankämpfen, den andere aufgehäuft haben.

Moralische Vorurteile

Die »Morgenröte« setzt, wie der Untertitel zeigt, die Arbeit an einem Thema fort, das Nietzsche immer wichtiger wird: die Geschichte der moralischen Vorstellungen und Vorurteile. Auch hier geht es um Aufklärung, um die Fortführung der Aufklärung, die nach seiner Meinung gerade in Deutschland verzögert und verhindert worden ist. Vor allem weil man glaubte, die Revolution der Gesellschaft sei eine Folge der Aufklärung. Und wieder: Wahrheit muß weh tun. »Solange sich uns die Wahrheiten nicht mit Messern ins Fleisch schneiden, haben wir in uns einen geheimen Vorbehalt der Geringschätzung gegen sie.«

Hier beschäftigt sich Nietzsche auch zum ersten Mal explizit mit Methodenfragen. Seine Antwort: Es gibt keine allgemeingültige Methode, wir müssen ausprobieren, experimentieren, »versuchsweise mit den Dingen verfahren«. – »Wir haben den guten Mut zum Irren, Versuchen, Vorläufignehmen wieder erobert – es ist alles nicht so wichtig! – und gerade deshalb können Individuen und Geschlechter jetzt Aufgaben von einer Großartigkeit ins Auge fassen, welche früheren Zeiten als Wahnsinn und Spiel mit Himmel und Hölle erschienen sein würden. Wir dürfen mit uns selber experimentieren! Ja die Menschheit darf es mit sich!«

Also stellt Nietzsche noch einmal die Frage: Woher kommen moralische Vorstellungen? Die vorläufige Antwort: Sittlichkeit ist Gehorsam gegenüber Sitten, ohne nach deren Begründung zu fragen. Sitten sind die herkömmliche Art zu handeln. Herkommen ist eine höhere Autorität, der man gehorcht, weil sie befiehlt. Wo kein Herkommen befiehlt, herrscht Freiheit. »Der freie Mensch ist unsittlich, weil er in allem von sich und nicht von einem Herkommen abhängen *will*: in allen ursprünglichen Zuständen der Menschheit bedeutet ›böse‹ so viel wie ›individuell‹, ›frei‹, ›willkürlich‹, ›ungewohnt‹, ›unvorhergesehen‹ ›unberechenbar‹.« Diese Aussage kollidiert natürlich mit seiner These, daß es gar keinen Willen gibt, erst recht keinen freien. Wie soll der »freie« Mensch nun etwas »wollen« können? Vermutlich meint Nietzsche, daß es in ursprünglichen, also »vormoralischen« Zeiten doch so etwas wie freien Willen gegeben haben muß, zumindest eine Imagination davon. Denn er hatte ja vorher schon angedeutet, daß die Metaphysik des freien Willens eine »Erfindung« der herrschenden Stände sein könnte.

Ein Beispiel für die Entstehung moralischer Begriffe: die Aufopferung. Wie kommt es dazu? Die Grausamkeit, sagt Nietzsche, gehört zu den ältesten Festfreuden der Menschheit. Und so meint man, auch die Götter müßten Freude an der Grausamkeit haben. Deshalb bringt man ihnen Opfer, »und so schleicht sich die Vorstellung in die Welt, daß das *freiwillige Leiden*, die selbsterwählte Marter einen guten Sinn und Wert habe«. Es gibt auch Menschen, die diese merkwürdige Sitte nicht so einfach akzeptieren, die auf neuen Bahnen gehen wollen. Die werden aber von argen Ängsten und Gewissensbissen geplagt, und »um so grausamer wüteten sie gegen das eigene Fleisch, das eigene Gelüste und die eigene Gesundheit«. Und wir heutigen Menschen sollen nur nicht glauben, wir seien darüber erhaben, wir hätten uns von dieser »Logik des Gefühls« befreit. »Jeder kleinste Schritt auf dem Felde des freien Denkens, des persönlich gestalteten Lebens ist von jeher mit geistigen und körperlichen Martern erstritten worden: nicht nur das Vorwärts-Schreiten, nein! vor allem das Schreiten, die Bewegung, die Veränderung hat ihre unzähligen Märtyrer nötig gehabt, durch die langen pfadsuchenden und grundlegenden Jahrtausende hindurch«. Also gibt es dieses Vorwärts-Schreiten in Richtung freies Denken doch – das hatte vorher etwas anders geklungen.

Aber Nietzsche wird nicht müde, darauf hinzuweisen, wie teuer das »Wenige von menschlicher Vernunft und vom Gefühle der Freiheit« erkauft wurde, wie sehr wir eben unser evolutionsgeschichtliches Erbe in uns tragen. Die *»wirkliche und entscheidende Hauptgeschichte, welche den Charakter der Menschheit festgestellt* hat«, die liegt der uns bekannten Menschheits- und Weltgeschichte voraus – an dieser These hält Nietzsche fest. »Ihr meint, es habe sich alles dies geändert, und die Menschheit müsse somit ihren Charakter vertauscht haben? O, ihr Menschenkenner, lernt euch besser kennen!«

Tierisches Erbe

Ein weiteres Beispiel: Wie entsteht »anständiges« Verhalten in der Gesellschaft? Man soll nicht auffallen, sich nicht lächerlich machen, nicht anmaßend sein, sich einordnen etc. Das ist unser tierisches Erbe: »man will seinen Verfolgern entgehen und im Aufsuchen seiner Beute begünstigt sein«.

Gerechtigkeit, Klugheit, Mäßigung, Tapferkeit, »kurz alles, was wir mit dem Namen der *sokratischen Tugenden* bezeichnen, ist *tierhaft*: eine Folge jener Triebe, welche lehren, nach Nahrung zu suchen und den Feinden zu entgehen«. Diese Beispiele mögen konstruiert erscheinen, manche auch kurios: wie die These, daß Lob und Auszeichnung nicht die wahren Antriebe für moralisches Handeln sein können. Denn, so sagt Nietzsche, wer über alle Maßen demütig ist, will damit seine Mitmenschen quälen. Der Tierliebende läßt eben durch diese Liebe seine Grausamkeit an den Mitmenschen aus. Der große Künstler labt sich am Neid seiner Konkurrenten. Weit hergeholt, wird man sagen, an den Haaren herbeigezogen. Denn man könnte auch genau andersherum argumentieren.

Aber das kann Nietzsche nicht beeindrucken. Er versucht's ja nur, er experimentiert mit Erklärungen, und im Kern steht seine These, daß der Mensch nichts über sich weiß. Wir wissen nicht, was das »Subjekt« sei, was das »Ich« sei. Und über unser Handeln wissen wir sowieso schon mal gar nichts.

»Die Handlungen sind *niemals* das, als was sie uns erscheinen! Wir haben so viel Mühe gehabt, zu lernen, daß die äußeren Dinge nicht so sind, wie sie uns erscheinen, – nun wohlan! mit der inneren Welt steht es ebenso! Die moralischen Handlungen sind in Wahrheit ›etwas anderes‹ – mehr können wir nicht sagen: und alle Handlungen sind wesentlich unbekannt.«

Das ist ein klassischer Zirkel: Nietzsche behauptet zu wissen, daß die moralischen Handlungen nie das sind, als das sie erscheinen, sondern »etwas anderes«. Dieses »Andere« aber läßt sich nicht benennen, weil unsere Sinne uns ständig betrügen, weil dieser Selbstbetrug Grundlage unserer Urteile und »Erkenntnisse« ist – »es gibt durchaus kein Entrinnen, keine Schlupf- und Schleichwege in die *wirkliche Welt*! Wir sind in unserem Netze, wir Spinnen, und was wir auch darin fangen, wir können gar nichts fangen, als was sich eben in *unserem* Netze fangen läßt.« Genau das gilt aber auch für Nietzsche selbst. Auch er kann keinen Weg in die wirkliche Welt zeigen, er kann nur darauf hinweisen, daß es keinen gibt.

Entscheidend für ihn ist ohnehin etwas anderes. Er will aus der radikalen Einsicht in unsere prinzipielle Erkenntnisunfähigkeit die radikale Konsequenz ziehen, daß die traditionelle »Moral«

keine Geltung mehr haben könne. Natürlich muß man viele Handlungen, die als unsittlich gelten, bekämpfen, und viele, die als sittlich gelten, fördern. »Aber ich meine: das eine wie das andere *aus anderen Gründen als bisher*. Wir haben *umzulernen*, – um endlich, vielleicht sehr spät, noch mehr zu erreichen: *umzufühlen*.«

Und das Umlernen stellt er sich durchaus als einen Akt gesellschaftlicher Praxis vor: »Es sollen zahlreiche neue Versuche des Lebens und der Gemeinschaft gemacht werden; es soll eine ungeheure Last von schlechtem Gewissen aus der Welt geschafft werden« – darauf kommt es ihm an. Und damit ist er wieder im Zentrum seiner Moralkritik, also bei der Kritik des Christentums.

Das Christentum hat es geschafft, den menschlichen Leidenschaften etwas Böses zu unterschieben, zum Beispiel den Eros zu verteufeln »durch die Martern, welche es in dem Gewissen der Gläubigen bei allen geschlechtlichen Erregungen entstehen ließ«. Dabei ist es doch Kennzeichen der geschlechtlichen Beziehung, »daß hier der eine Mensch durch sein Vergnügen einem anderen Menschen wohltut, – man trifft derartige wohlwollende Veranstaltungen nicht zu häufig in der Natur!«. Das Christentum, so Nietzsche, überzieht die ganze Welt mit der Furcht vor der Marter, ständig wird mit Höllenqualen gedroht, durch die Allgegenwart des Kruzifixes wird die Erde zu dem Symbolort, »wo der Gerechte zu Tode *gemartert* wird!«. Das Christentum ist eine strafende Religion. Im Altertum gab es noch Unglück, »reines, unschuldiges Unglück. Erst im Christentum wird alles Strafe, wohlverdiente Strafe: es macht die Phantasie des Leidenden auch noch leidend, so daß er bei allem Übelergehen sich moralisch verwerflich fühlt.«

Gegen das Mitleid

Nietzsche sieht sich »am Sterbebette des Christentums«, obwohl eine Folge der »Christlichkeit in der Moral« nach seiner Meinung noch arg wütet in der Welt und schlimmen Schaden anrichtet: die Selbstlosigkeit, die Menschenliebe, das Mitleid. Der uneigennützige Mensch, der nur noch an andere denkt, der sich in den Dienst der Gemeinschaft stellt – der ist nach Nietzsches Darstellung zum Idealbild des Menschen seiner Zeit geworden. Und damit passiert das Schrecklichste, das er sich vorstellen kann: »Man will nichts Geringeres [...] als eine gründliche Umbildung, ja Schwächung und Aufhebung des *Individuums.*«

Am schlimmsten tobt diese Sucht zur Ent-Individualisierung im Kult um das Mitleid. Das Thema beschäftigt Nietzsche schon länger, er hat es früher aber nur kurz gestreift – solange er noch unter dem Einfluß von Schopenhauers Philosophie stand, bei dem die Mitleidsethik eine große Rolle spielt. Schopenhauer kennt drei grundlegende Antriebe menschlichen Handelns: den Egoismus, der auf das eigene Wohl zielt; die Bosheit, die anderen Böses will, und zwar um des Bösen willen; das Mitleid, das auf das fremde Wohl zielt, und zwar um des fremden Wohls willen. Und nur dieses Handeln aus Mitleid hat für Schopenhauer moralischen Wert.

Jetzt vollzieht Nietzsche den Bruch mit Schopenhauer. Er sieht im Mitleid eine »Verdoppelung des Ichs«. Tatsächlich hatte Schopenhauer in der Richtung argumentiert: Wenn ich das Wohl eines anderen erreichen will, muß ich mich mit ihm identifizieren, also auch mit ihm leiden, wenn er leidet. Das kann Nietzsche nicht nachvollziehen. Mitleiden gemäß der Forderung, so an dem Übel zu leiden, wie der andere leidet, führt dazu, daß der Ich-Gesichtspunkt auch noch der Gesichtspunkt des anderen werden müßte: »so daß wir an unserem Ich und am Ich des andern zugleich zu leiden hätten und uns derart freiwillig mit einer doppelten Unvernunft beschwerten, anstatt die Last der eigenen so gering wie möglich zu machen«.

Einen interessanten Hinweis auf die mögliche Herkunft dieses Rigorismus finden wir in einem Brief Nietzsches an seinen Freund Overbeck aus dem Jahr 1884. Da geht es um

Nietzsches Vater und dessen »außerordentliche Natur«, aber auch ums Mitleid: Er sei durch die schlimmen Erfahrungen, die er »mit dem Mitleiden gemacht habe, zu einer theoretisch sehr interessanten Veränderung in der Wertschätzung des Mitleidens angeregt worden«.

Noch schlimmer findet Nietzsche, wenn man zum Objekt von Mitleid wird: Mitleidgewähren heißt für ihn nämlich soviel wie Verachten. »Unter Wilden denkt man mit moralischem Schauder ans Bemitleidetwerden: da ist man aller Tugenden bar.« Einen ebenbürtigen Feind will man leiden sehen, Mitleid empfindet man bloß für verächtliche Wesen. Am schlimmsten aber ist die Lust am geheuchelten Mitleid, und die illustriert Nietzsche mit besonderem Genuß: »Er ist im Unglück, und nun kommen die ›Mitleidigen‹ und malen ihm sein Unglück aus – endlich gehen sie befriedigt und erhoben fort: sie haben sich an dem Entsetzen des Unglücklichen wie an dem eignen Entsetzen geweidet und sich einen guten Nachmittag gemacht.«

Das alles hält Nietzsche für völlig verfehlt. Er klagt das Recht ein, sich über den anderen hinwegzusetzen. Warum sollen wir unsere Zwecke nicht auch durch das Leid des Nächsten befördern? Wenn wir uns selbst Leid zufügen, warum nicht auch den anderen? Im Staat ist es doch auch üblich, den einen Bürger dem anderen zum Opfer zu bringen. Und das wird mit allgemeinen Interessen begründet. »Aber auch wir haben allgemeine und vielleicht allgemeinere Interessen: warum sollten den kommenden Geschlechtern nicht einige Individuen der gegenwärtigen Geschlechter zum Opfer gebracht werden dürfen?« Die Antwort könnte Nietzsche sich selbst geben: weil die Vernichtung des Individuums für ihn das Schrecklichste überhaupt ist. Aber offenbar kommt es auch bei ihm darauf an, welchen Maßstab man dabei anwendet.

Entscheidend ist aber, daß der Wert der egoistischen Handlungen wiederhergestellt werden soll – *»wir rauben diesen das* *böse Gewissen*!«. Das wäre dann auch ein Fortschritt für alle: »Wenn der Mensch sich nicht mehr für böse hält, hört er auf, es zu sein!« Was für ein Fortschrittsoptimismus.

Krankheit und Leiden

Ob Nietzsche selbst als ständig Kranker am falschen oder echten Mitleid anderer gelitten hat, ist nicht ganz sicher. Es gibt keine direkten Hinweise darauf, daß er sich darüber beklagt hätte. Jedenfalls hat er – auch und gerade in seinen schlimmen Krankheitsphasen – die Einsamkeit gesucht. Und hier im Buch »Morgenröte« hat er zum ersten Mal darüber nachgedacht, daß das Leiden auch etwas Positives bewirken könnte. Denn wer ganz lange und furchtbar von Schmerzen gepeinigt wird, der bekommt einen freien und nüchternen Blick auf die Dinge, er »sieht aus seinem Zustande mit einer entsetzlichen Kälte *hinaus* auf die Dinge: alle jene kleinen lügnerischen Zaubereien, in denen für gewöhnlich die Dinge schwimmen, wenn das Auge des Gesunden auf sie blickt, sind ihm verschwunden: ja er selber liegt vor sich da ohne Flaum und Farbe. Gesetzt, daß er bisher in irgendeiner gefährlichen Phantasterei lebte: diese höchste Ernüchterung durch Schmerzen ist das Mittel ihn herauszureißen: und vielleicht das einzige Mittel.« Und dann fügt Nietzsche die Überlegung an, daß auch der Gekreuzigte sich möglicherweise in all seinem Schmerz über den »Wahn seines Lebens« bewußt wurde. Eine interessante Parallele.

Die fröhliche Wissenschaft

Den Frühling 1881 hat Nietzsche in dem Gebirgsbad Recoaro in den Tiroler Alpen verbracht und dort mit Heinrich Köselitz die Korrekturfahnen der »Morgenröte« durchgearbeitet. Es geht ihm besser, die Arbeit ist nach zwei Wochen beendet,

Nietzsche bleibt insgesamt zwei Monate in Recoaro. Aber dann verschlechtert sich sein Zustand wieder rapide, schwere Anfälle »von der übelsten Basler Manier« suchen ihn heim. Er zieht wieder ins Engadin und entdeckt durch einen Zufall das Dorf Sils-Maria in einem Hochgebirgstal im Oberengadin. Zweitausend Meter hoch, umgeben von zwei Seen und großartigen Gebirgsketten – Nietzsche ist begeistert.

Schon im zweiten Band von »Menschliches, Allzumenschliches« hatte er eine derartige Landschaft beschrieben. »In mancher Natur-Gegend entdecken wir uns selber wieder, mit angenehmem Grausen; es ist die schönste Doppelgängerei. – Wie glücklich muß der sein können, welcher jene Empfindung gerade hier hat, in dieser beständigen sonnigen Oktoberluft, in diesem schalkhaft glücklichen Spielen des Windzuges von früh bis abend, in dieser reinsten Helle und mäßigsten Kühle, in dem gesamten anmutig ernsten Hügel-, Seen- und Wald-Charakter dieser Hochebene, welche sich ohne Furcht neben die Schrecknisse des ewigen Schnees hingelagert hat, hier, wo Italien und Finnland zum Bunde zusammengekommen sind und die Heimat aller silbernen Farbentöne der Natur zu sein scheint: – wie glücklich der, welcher sagen kann: ›es gibt gewiß viel Größeres und Schöneres in der Natur, dies aber ist mir innig und vertraut, blutsverwandt, ja noch mehr‹.«

Diesen Natur-Doppelgänger hat Nietzsche jetzt endlich gefunden. »So still hab ich's nie gehabt, und alle 50 Bedingungen meines armen Lebens scheinen hier erfüllt zu sein. Ich nehme diesen Fund hin als ein ebenso unerwartetes wie unverdientes Geschenk.«

Er ist euphorisch, fühlt sich stark und gesund wie nie, ist voller Schaffenskraft und in Hochstimmung. Die »Morgenröte« bezeichnet er jetzt als »eines der mutigsten und erhabensten und besonnensten Bücher [...], welche jemals aus menschlichem Gehirne und Herzen geboren sind. Selbst wenn ich mir in Recoaro das Leben genommen hätte, so wäre einer der ungebeugtesten und überlegtesten Menschen gestorben, nicht ein

Verzweifelnder.« Ausgezeichnete Voraussetzungen für das nächste Werk, das ursprünglich eine Fortsetzung der »Morgenröte« sein sollte, nun aber ein eigenes wird. Der Titel drückt die neue Hochstimmung aus: »Die fröhliche Wissenschaft«. Im August 1882 erscheint es. Damit auch jeder merkt, was gemeint ist, nimmt Nietzsche die italienische Übersetzung als Untertitel: »la gaya scienza«.

Das Motto des Buches (»Über meiner Haustür«) lautet: »Ich wohne in meinem eignen Haus, / Hab niemandem nie nichts nachgemacht / Und – lachte noch jeden Meister aus, / Der nicht sich selber ausgelacht.« Mediterrane Heiterkeit soll in die Wissenschaft einziehen. »Es gibt vielleicht auch für das Lachen noch eine Zukunft.«

Dabei liest sich die »Fröhliche Wissenschaft« zunächst in der Tat als Fortsetzung der »Morgenröte«, als philosophische Selbstvergewisserung. Nietzsche wälzt seine Hauptthemen immer wieder um, manchmal mit denselben Formulierungen, manchmal mit neuen Zugängen, mit Tiefenbohrungen, Zuspitzungen, aber auch Relativierungen, Verfeinerungen. Sein Grundsatz: »unverzagt sich jederzeit *gegen* seine bisherige Meinung zu erklären und überhaupt in bezug auf alles, was in uns *fest* werden will, mißtrauisch zu sein«. Redlichkeit des Denkens hatte er in der »Morgenröte« noch gefordert: »Nie etwas zurückhalten oder dir verschweigen, was gegen deinen Gedanken gedacht werden kann! Gelobe es dir! Es gehört zur ersten Redlichkeit des Denkens. Du mußt jeden Tag auch deinen Feldzug gegen dich selber führen.«

Immer klarer kristallisiert sich dabei eine zentrale These heraus: Was auch immer die Menschen tun, es dient der Gattungserhaltung, »weil nichts in ihnen älter, stärker, unerbittlicher, unüberwindlicher ist als jener Instinkt – weil dieser Instinkt eben *das Wesen* unserer Art und Herde ist«.

Es gibt also doch ein »Wesen«, nur liegt das nicht hinter, über oder unter allem organischen Sein, sondern es *ist* das Organische. Und die Erhaltung und die Steigerung des Organischen ist der einzige Maßstab für die Beurteilung von Handlungen, die einzig mögliche »Moral«.

Schon in »Menschliches« hatte Nietzsche angedeutet: Sogenannte »böse« Handlungen sind »unschuldig«, sie sind motiviert durch den Erhaltungstrieb. Das führt er jetzt aus. Es gibt kein Gut und Böse, kein Nützlich oder Schädlich. Auch der schädlichste Mensch ist zur Erhaltung der Art vielleicht der nützlichste. »Der Haß, die Schadenfreude, die Raub- und Herrschsucht und was alles sonst böse genannt wird: es gehört zu der erstaunlichen Ökonomie der Arterhaltung, freilich zu einer kostspieligen, verschwenderischen und im ganzen höchst törichten Ökonomie – welche aber *bewiesenermaßen* unser Geschlecht bisher erhalten hat.« Dieses »bewiesenermaßen« ist für Nietzsche von zentraler Bedeutung: Denn damit hat er einen nicht mehr hinterfragbaren und jeder Kritik enthobenen Maßstab für menschliches Handeln gefunden. Wer diesen Maßstab anzweifelt, zweifelt »das Leben« an.

Das Leben ist eine Komödie

Was ist nun das »Fröhliche« an dieser Wissenschaft? Nietzsches Antwort: Das Leben ist eine Komödie. Was immer der Mensch tut, Gutes oder Schlechtes, in allem ist er »wahrscheinlich immer noch irgendwie der Förderer und Wohltäter der Menschheit«. Das klingt weniger apodiktisch als vorher, es ist nur noch »wahrscheinlich« und »irgendwie«. Aber wichtig ist: Das ist die »Komödie des Daseins«, die sich ihrer selbst noch nicht bewußt geworden ist. Wäre sie es, dann gäbe es vielleicht nur noch »fröhliche Wissenschaft«. Nicht mehr Tragödie und dionysisches Dunkel stehen also jetzt im Mittelpunkt, sondern Komödie und mediterrane Helligkeit.

Was nicht bedeutet, daß Nietzsche das Dionysische aus seinem Denken verabschiedet hätte. Es handelt sich um eine Akzentverschiebung, die er so erklärt: Kunst und Philosophie kann man als Heil- und Hilfsmittel »im Dienste des wachsenden, kämpfenden Lebens« verstehen, sie setzen Leiden und Leidende voraus. Nun kann man auf zweierlei Art leiden: an der Überfülle des Lebens und an der Verarmung des Lebens. Wer an der Überfülle leidet, der will eine dionysische Kunst und eine »tragische« Philosophie.

Wer an der Verarmung des Lebens leidet, der will von Kunst und Philosophie entweder Ruhe, Stille, Erlösung oder Rausch, Betäubung, Wahnsinn. Diesem Doppel-Bedürfnis entspricht »alle Romantik in Künsten und Erkenntnissen, ihnen entsprach (und entspricht) ebenso Schopenhauer als Richard Wagner«. Und als Nietzsche den philosophischen Pessimismus Schopenhauers und die Musik Richard Wagners als Ausdruck »einer dionysischen Mächtigkeit« interpretierte, da hat er sie – wie er jetzt einräumt – gründlich mißverstanden. Was aber Ruhe, Stille, Erlösung für die an der Verarmung des Lebens Leidenden anbetrifft, da bekommt für Nietzsche der griechische Philosoph Epikur, der »Gegensatz eines dionysischen Pessimisten«, eine immer zentralere Bedeutung.

Epikur steht für eine strikt diesseitige Lebenseinstellung, für Sinnenlust, für Genuß an und Bejahung der Wirklichkeit. Zu dieser Wirklichkeit gehören Schmerz und Leiden und Vergänglichkeit, aber diese können dem Menschen nichts anhaben, vor allem der Tod nicht. Denn solange der Mensch lebt, muß er den Tod nicht fürchten. Und wenn er tot ist, gibt es kein Empfinden, also auch keine Furcht mehr. Ataraxia, also heitere Seelenruhe und Unerschütterlichkeit, ist das Ideal dieser Philosophie. Nietzsche faßt seine Epikur-Interpretation in diesen Aphorismus: »Ich sehe sein Auge auf ein weites, weißliches Meer blicken, über Uferfelsen hin, auf denen die Sonne liegt, während großes und kleines Getier in ihrem Lichte spielt, sicher und ruhig wie dies Licht und jenes Auge selber. Solch ein Glück hat nur ein fortwährend Leidender erfinden können, das Glück eines Auges, vor dem das Meer des Daseins stille geworden ist, und das nun an seiner Oberfläche und an dieser bunten, zarten, schaudernden Meeres-Haut sich nicht mehr sattsehen kann: es gab nie zuvor eine solche Bescheidenheit der Wollust.«

Die stille Oberfläche – das ist die Wirklichkeit des Lebens, die gilt es zu bejahen, und in dieser Bejahung liegt die »Fröhlichkeit« der Wissenschaft. Was hindert aber die Menschen daran, nur noch »fröhliche Wissenschaft« zu betreiben? Es ist ein gewisser Hang, stets nach »Sinn« und »Zweck« des Lebens zu suchen: »der Mensch *muß* von Zeit zu Zeit glauben, zu wissen, *warum* er existiert, seine Gattung kann nicht gedeihen ohne ein periodisches Zutrauen zu dem Leben! Ohne Glauben an die *Vernunft im Leben*!«. Mit anderen Worten: Den meisten Menschen ist ihr Intellekt im Weg. »Der Intellekt ist bei den allermeisten eine schwerfällige, finstere und knarrende Maschine, welche übel in Gang zu bringen ist: sie nennen es ›die Sache *ernst nehmen*‹, wenn sie mit dieser Maschine arbeiten und gut denken wollen.« Lachen und Fröhlichkeit passen nicht zum Denken, so lautet das Vorurteil. »Wohlan! Zeigen wir, daß es ein Vorurteil ist!«

»Fröhlichkeit« heißt von daher also, das Leben insgesamt zu bejahen, auch in seiner Härte und Grausamkeit. In seinem Aufsatz über den griechischen Staat hatte Nietzsche formuliert: »Jeder Augenblick frißt den vorhergehenden, jede Geburt ist der Tod unzähliger Wesen, Zeugen, Leben und Morden ist eins.« Jetzt heißt die Forderung: Das Böse, das Starke, das Harte als das bejahen, als das akzeptieren, was die Menschheit am weitesten nach vorn bringt. In der »Morgenröte« hatte Nietzsche noch bei der Kritik am »Mitleiden« gefragt, wieso es nicht möglich und akzeptabel sein sollte, für sein Vorwärtskommen andere zu opfern. Im »Vorspiel in deutschen Reimen« in der »Fröhlichen Wissenschaft« heißt ein Gedicht »Meine Härte«: »Ich muß weg über hundert Stufen, / Ich muß empor und hör euch rufen: / ›Hart bist du! sind wir denn von Stein?‹ – / Ich muß weg über hundert Stufen, / Und niemand möchte Stufe sein.« Das ist eindeutig.

Der »Epikureismus« Nietzsches ist also keineswegs ein Plädoyer für Stille im Sinne von Friedhofsruhe, für Behaglichkeit, für Biedermeier – er ist das genaue Gegenteil. Bejahung des Lebens ist nicht Flucht in die Idylle, sondern auch Bejahung des Häßlichen. Schon in der »Morgenröte« hatte Nietzsche gesagt, »daß die Erkenntnis auch der häßlichsten Wirklichkeit schön ist«, weil nämlich Erkennen selbst schön ist. »Das Glück der Erkennenden mehrt die Schönheit der Welt und macht alles, was da ist, sonniger; die Erkenntnis legt ihre Schönheit nicht nur um die Dinge, sondern, auf die Dauer, in die Dinge.« Die große Gefahr dabei ist allerdings, zum »Lobredner der Dinge« zu werden.

Die Schönheit in die Dinge legen – an diesen Gedanken schließt Nietzsche hier an: »Ich will immer mehr lernen, das Notwendige an den Dingen als das Schöne sehen – so werde ich einer von denen sein, welche die Dinge schön machen. *Amor fati*: das sei von nun an meine Liebe.« Ein merkwürdiger Gedanke: Die Liebe zum Schicksal, das klaglose Hinnehmen des Gegebenen also, Epikurs Daseins-Genuß, die Wirklichkeit schön zu finden, so, wie sie ist – das *macht* die Dinge schön. Und das führt nicht etwa zur beschaulichen Untätigkeit, sondern geht einher mit der Aufforderung zum gefährlichen Leben! »Das Geheimnis, um die größte Fruchtbarkeit und den größten Genuß vom Dasein einzuernten, heißt: *gefährlich leben*! Baut eure Städte an den Vesuv! Schickt eure Schiffe in unerforschte Meere! Lebt im Kriege mit euresgleichen und mit euch selber! Seid Räuber und Eroberer, solange ihr nicht Herrscher und Besitzer sein könnt, ihr Erkennenden!«

Die Schiffsmetapher spielt eine zentrale Rolle bei Nietzsche. An einer Stelle heißt es: »Es gibt noch eine andere Welt zu entdecken – und mehr als eine! Auf die Schiffe, ihr Philosophen!« Und ein Gedicht aus den »Liedern des Prinzen Vogelfrei« im Anhang zur »Fröhlichen Wissenschaft« lautet: »Dorthin – will ich; und ich traue / Mir fortan und meinem Griff. / Offen liegt das Meer, ins Blaue / Treibt mein Genueser Schiff. / Alles glänzt mir neu und neuer, / Mittag schläft auf Raum und Zeit –: / Nur dein Auge – ungeheuer / Blickt michs an, Unendlichkeit!«

Gott ist tot

Auch die Auseinandersetzung mit Religion und Christentum wird in der »Fröhlichen Wissenschaft« weitergeführt, hier taucht auch zum ersten Mal der berühmte Satz auf: »Gott ist tot.« Und zwar zunächst an einer nicht weiter aufregenden Stelle, gleichsam im Vorübergehen, nämlich im Zusammenhang mit Buddha. Noch jahrhundertelang nach seinem Tode, sagt Nietzsche, zeigte man Buddhas Schatten in einer Höhle. »Gott ist tot: aber so wie die Art der Menschen ist, wie es vielleicht noch jahrtausendelang Höhlen geben wird, in denen man seinen Schatten zeigt. – Und wir – wir müssen auch noch seinen Schatten besiegen!«

Seinen zentralen Ausdruck bekommt der Satz »Gott ist tot« dann in der Parabel vom »tollen Menschen«. Der tolle Mensch sucht Gott mit einer Laterne am hellen Vormittag auf dem Marktplatz. Das lehnt sich an die Geschichte des Diogenes von Sinope an, besser bekannt als Diogenes in der Tonne. Der soll mittags auf dem Markt von Athen mit der Laterne nach Menschen gesucht haben. Und alle lachten ihn aus, weil er am hellen Tag mit einer Laterne herumfuchtelte. Dieses Bild benutzt Nietzsche für seine Parabel. Die Leute lachen über den Gottsucher. »Ist er denn verlorengegangen? Sagte der eine. Hat er sich verlaufen wie ein Kind? Sagte der andere. Oder hält er sich versteckt? Fürchtet er sich vor uns? Ist er zu Schiff gegangen? Ausgewandert? – so schrien und lachten sie durcheinander.« Der tolle Mensch aber weiß, was los ist: Gott ist tot. »*Wir haben ihn getötet* – ihr und ich! Wir alle sind seine Mörder!« Und das ist ein ungeheures Ereignis, weil es über alles hinausgeht, was wir jemals haben denken und uns vorstellen können. Der tolle

Mensch ruft: »Gott ist tot! Gott bleibt tot! Und wir haben ihn getötet! Wie trösten wir uns, die Mörder aller Mörder? Das Heiligste und Mächtigste, was die Welt bisher besaß, es ist unter unsern Messern verblutet – wer wischt dieses Blut von uns ab?« – Aber die Menschen schauen nur befremdet und ratlos, sie wissen nicht, was sie getan haben und was das bedeuten soll. Da erkennt der tolle Mensch: »Ich komme zu früh, ich bin noch nicht an der Zeit. Dies ungeheure Ereignis ist noch unterwegs und wandert – es ist noch nicht bis zu den Ohren der Menschen gedrungen.«

Wir haben es hier mit einem Schlüsseltext der Philosophie Nietzsches zu tun. Daß Gott tot ist, daß alle Religion und die auf ihr gründende Moral nichtig sind, daß vor allem das Christentum als verbindliche Grundlage des europäischen »Abendlandes« seinen Geltungsanspruch verloren hat – das ist ja bekannt. Diese Entwicklung fängt in der Renaissance an, wird in der Aufklärung fortgeführt, wird gerade in Nietzsches 19. Jahrhundert ernst genommen von Philosophen wie David Friedrich Strauß, Ludwig Feuerbach, Karl Marx und allen Materialisten – Nietzsche steht mit seiner Religionskritik in einer langen Ahnenreihe des Atheismus. Und die Nachricht, daß Gott tot ist, könnte als Sieg der Aufklärung gegen eine dumpfe Überlieferung gefeiert werden.

Was soll also jetzt auf einmal so aufregend sein an der Nachricht, daß Gott tot ist? Wir haben es hier mit einer Wende in Nietzsches Atheismus zu tun. Der Tod Gottes ist für ihn deshalb ein so »ungeheures Ereignis«, weil »alles, nachdem dieser Glaube untergraben ist, nunmehr einfallen muß, weil es auf ihm gebaut, an ihn angelehnt, in ihn hineingewachsen war: zum Beispiel unsre ganze europäische Moral«. Damit ereignet sich eine »Verdüsterung und Sonnenfinsternis, derengleichen es wahrscheinlich noch nicht auf Erden gegeben hat«. Deshalb sucht der tolle Mensch Gott am hellen Tage mit einer Laterne.

Wenn für die christliche Zeitrechnung der Eintritt Gottes in die Geschichte ein epochales Ereignis war, dann ist der Tod

Gottes ein mindestens ebenso epochales Ereignis. Das ist es, was Nietzsche zu denken versucht. Und er will denken, was gedacht werden muß, wenn Gott tot ist, wenn es ihn als Grund von Sein und Wahrheit nicht mehr gibt. Müssen die Menschen nicht die Rolle Gottes übernehmen? Das hatte der tolle Mensch angesprochen. »Ist nicht die Größe dieser Tat zu groß für uns? Müssen wir nicht selber zu Göttern werden, um nur ihrer würdig zu erscheinen? Es gab nie eine größere Tat – und wer nur immer nach uns geboren wird, gehört um dieser Tat willen in eine höhere Geschichte, als alle Geschichte bisher war!«

Diese Geschichte nach aller bisherigen Geschichte, die höhere Geschichte, will Nietzsche denken. Und insofern ist das ungeheure Ereignis, daß Gott tot ist, natürlich auch eine Befreiung – nämlich für die freien Geister. Die haben allen Grund zur Heiterkeit, die fühlen sich bei dieser Nachricht »wie von einer neuen Morgenröte angestrahlt«. Und wieder begegnet uns die Schiffsmetapher. »Endlich erscheint uns der Horizont wieder frei, […] endlich dürfen unsre Schiffe wieder auslaufen, auf jede Gefahr hin auslaufen, jedes Wagnis des Erkennenden ist wieder erlaubt, das Meer, *unser* Meer liegt wieder offen da, vielleicht gab es noch niemals ein so ›offnes Meer‹.«

Allerdings ist die Fahrt aufs »offne Meer« strengen Regeln unterworfen. Wenn Gott (und mit ihm alle anderen Geister, Götzen, Ideale) als Grund allen Seins ausgeschieden ist, dann bleibt nur noch das Dasein selbst, die Welt, das Leben, die Natur. Das hatten wir gesehen. Und noch einmal: Darin gibt es keine Gesetzmäßigkeiten. Die Natur, das All strebt auch nicht danach, menschlich zu sein. »Es hat auch keinen Selbsterhaltungstrieb und überhaupt keine Triebe; es kennt auch keine Gesetze. Hüten wir uns, zu sagen, daß es Gesetze in der Natur gebe. Es gibt nur Notwendigkeiten: da ist keiner, der befiehlt, keiner, der gehorcht, keiner, der übertritt.« Es gibt keine Substanz, keine Materie, das sind genauso Irrtümer wie die Götter. »Wann werden wir die Natur ganz entgöttlicht haben! Wann werden wir anfangen dürfen, uns Menschen mit der reinen, neu gefundenen, neu erlösten Natur zu *vernatürlichen*!« Also gibt es noch viel Arbeit zu tun.

Welche Rolle haben Wissenschaft und Philosophie dabei zu spielen? Nietzsche bleibt dabei: Wir wissen nichts, wir erkennen nichts »objektiv«, alles ist nur unsere Perspektive. »Wir können nicht um unsre Ecke sehn: es ist eine hoffnungslose Neugierde, wissen zu wollen, was es noch für andre Arten Intellekt und Perspektive geben *könnte.*« Das heißt auch: Wir können beschreiben, aber nichts erklären. Wissenschaft ist die möglichst genaue »Anmenschlichung« der Dinge, wir müssen alles erst zum Bilde machen, zu unserem Bilde, wir beschreiben die Dinge und ihr Nacheinander. »Ursache und Wirkung: eine solche Zweiheit gibt es wahrscheinlich nie – in Wahrheit steht ein Kontinuum vor uns, von dem wir ein paar Stücke isolieren; so wie wir eine Bewegung immer nur als isolierte Punkte wahrnehmen, also eigentlich nicht sehen, sondern erschließen.«

Sowenig wir uns also auf unser Wissen über die »Dinge« verlassen können, sowenig auch auf unser Wissen über uns selbst, auf das Bewußtsein. Die meisten Menschen sind so unbändig stolz auf diese »Errungenschaft«, als repräsentiere sie den ganzen Menschen, die »Einheit des Organismus«. Aber das Bewußtsein – als letzte und späteste Entwicklung des Organischen – ist noch unfertig, nicht kräftig genug, es macht Fehler. Es würde noch häufiger »Fehlgriffe« tun, wenn ihm nicht der viel ältere »Verband der Instinkte« als »Regulator« zu Hilfe käme. Die Arbeit des Bewußtseins, nämlich *»das Wissen sich einzuverleiben* und instinktiv zu machen«, die liegt noch vor uns. Bislang haben wir uns nur unsere Irrtümer einverleibt.

»Der Mensch ist durch seine Irrtümer erzogen worden: er sah sich erstens immer nur unvollständig, zweitens legte er sich erdichtete Eigenschaften bei, drittens fühlte er sich in einer falschen Rangordnung zu Tier und Natur, viertens erfand er immer neue Gütertafeln und nahm sie eine Zeitlang als ewig und unbedingt, so daß bald dieser bald jener menschliche Trieb und

Zustand an der ersten Stelle stand und infolge dieser Schätzung veredelt wurde. Rechnet man die Wirkung dieser vier Irrtümer weg, so hat man auch Humanität, Menschlichkeit und ›Menschenwürde‹ hinweggerechnet.«

Diese »Wahrheiten« sind so bitter, daß Nietzsche glaubt, sie immer und immer wiederholen zu müssen. Aber er ist davon überzeugt, daß auch dies – die Bitterkeit dieser Wahrheiten – zur »Komödie des Daseins« gehört.

Zarathustra geht vorbei

Am Schluß des vierten Buches der »Fröhlichen Wissenschaft« – ursprünglich der Schluß des ganzen Werkes – scheint auch die Komödie unversehens ein Ende zu haben. Unter der Überschrift »Incipit tragoedia« wird plötzlich die Geschichte des Zarathustra erzählt. Als er dreißig Jahre alt ist, verläßt er seine Heimat und den See Urmi und geht ins Gebirge. Da bleibt er zehn Jahre als Einsiedler. Dann überlegt er's sich anders und spricht zur Sonne: »›Ich muß, gleich dir, *untergehen*, wie die Menschen es nennen, zu denen ich hinab will.‹« Und er will zu den Menschen, weil er zum Überfließen voll ist. »›Siehe! Dieser Becher will wieder leer werden, und Zarathustra will wieder Mensch werden.‹ – Also begann Zarathustras Untergang.«

Die Einführung dieser Figur wird nicht weiter begründet. Was hat ein altpersischer Priester und Prophet, der vermutlich zwischen 1000 und 500 vor Christus im Osten Persiens gelebt hat und bei den Griechen Zoroaster hieß, in der »Fröhlichen Wissenschaft« zu suchen? Der Name taucht noch zweimal auf, das erste Mal eher beiläufig im fünften Buch, das für eine Neuauflage der »Fröhlichen Wissenschaft« 1887 hinzugefügt worden war. Da war »Also sprach Zarathustra« schon erschienen. Das zweite Mal im ebenfalls 1887 beigefügten Anhang »Lieder des Prinzen Vogelfrei«, in einem Gedicht, das bezeichnenderweise »Sils-Maria« überschrieben ist. »Hier saß ich, wartend,

wartend, – doch auf nichts, / Jenseits von Gut und Böse, bald des Lichts / Genießend, bald des Schattens, ganz nur Spiel, / Ganz See, ganz Mittag, ganz Zeit ohne Ziel. / Da, plötzlich, Freundin! wurde eins zu zwei – / – Und Zarathustra ging an mir vorbei ...«

6. Kapitel
Also sprach Zarathustra

Nietzsche lebt inzwischen abwechselnd in Sils-Maria und in Genua. Gesundheitlich geht es ihm wie immer: »ein fürchterlicher Wechsel von Zuständen«. Den Januar 1882 freilich nennt er den schönsten seines Lebens und widmet ihm in der »Fröhlichen Wissenschaft« ein hymnisches Gedicht:

Der du mit dem Flammenspeere
Meiner Seele Eis zerteilt,
Daß sie brausend nun zum Meere
Ihrer höchsten Hoffnung eilt:
Heller stets und stets gesunder,
Frei im liebevollsten Muß: –
Also preist sie deine Wunder,
Schönster Januarius!

Das entscheidende Erlebnis dieses so begeistert begrüßten Jahres ist die Bekanntschaft mit einer Frau. Ein Erlebnis, das Nietzsche fast um den Verstand bringt und für eine Weile aus der Bahn wirft. Das ist auch deshalb bemerkenswert, weil Nietzsche sich in seinen Schriften ganz dezidiert als Weiberhasser gibt – *dieses* Schopenhauersche Erbe hat er nicht abgelegt. Was Nietzsche über Frauen sagt, gehört zum Peinlichsten und Plattesten, was es auf diesem Gebiet gibt, da kann Nietzsche es mit jedem Stammtisch aufnehmen.

Frauen sind für ihn auf der einen Seite dumm, hinterlistig, minderwertig. »Wenn das Weib männliche Tugenden hat, so ist es zum Davonlaufen; und wenn es keine männlichen Tugenden hat, so läuft es selbst davon.« Oder: »Man hält das Weib für tief – warum? weil man nie bei ihm auf den Grund kommt. Das

Weib ist noch nicht einmal flach.« Kurz: »Der Mann hat im Hintergrunde aller seiner Empfindungen für ein Weib immer noch die Verachtung für das weibliche Geschlecht.« Das auch deshalb, weil Frauen immer nur darauf aus sind, »ihren Geschlechtstrieb zu befriedigen«, über den Nietzsche sonst so hymnisch redet. Das ist genau die Bigotterie des pastoralen Kleinbürgertums, aus dem Nietzsche kommt und das er doch so gerne überwunden hätte. Zarathustra sagt: »Ist es nicht besser, in die Hände eines Mörders zu geraten, als in die Träume eines brünstigen Weibes?« So redet einer, der nur allzu gerne mal in die Träume, lieber noch in die Hände eines »brünstigen« Weibes geraten wäre – mindestens in die Hände.

Auf der anderen Seite hätte Nietzsche doch zu gerne ein »Feenweibchen« gehabt, das ihn aus seiner Einsamkeit befreit. Vor allem aber hat seine Umgebung – Familie, Freunde, Bekannte – immer darauf gedrungen, daß er heiraten solle. Mit der Schwester ist er in Naumburg auf Brautschau gegangen, in Genf hat er einer Frau einen Heiratsantrag gemacht, die er gerade kennengelernt hatte. Richard und Cosima Wagner drängten ihn zur Ehe, seine mütterliche Freundin Malwida von Meysenbug hat mehrmals versucht, ihn zu verkuppeln. Er war sich nie ganz sicher, ob er nun wollte oder nicht. »Das Glück des Mannes heißt: ich will. Das Glück des Weibes heißt: er will.« So steht es im »Zarathustra«.

Natürlich wollte er ein Weib. Aber eher keine Ehe. Denn er wußte, »daß ein Mann von Zeit zu Zeit ein Weib nötig hat, wie er von Zeit zu Zeit eine rechtschaffne Mahlzeit nötig hat«, und meinte auch: »Wenn man ein Weib braucht, wird man schon ein Weib finden, ohne darum Ehen zu brechen und Ehen zu gründen.« Es gibt mehrere Hinweise darauf, daß Nietzsche gelegentlich zu Prostituierten ging, und er hat auch dies überlegt: »als Gegenmittel gegen die Prostitution (oder als deren Veredelung) Ehen auf Frist, legalisiert (auf Jahre, auf Monate), mit Garantie für die Kinder.«

Lou von Salomé

Anfang 1882 ist eine junge, hübsche Baltin bei Malwida von Meysenbug in Rom zu Gast. Paul Rée lernt sie kennen und verliebt sich sofort in sie. Er berichtet Nietzsche nach Genua ganz begeistert von ihr, der ist höchst angetan. Und redet Rée gegenüber gleich von einer Bindung mit der Unbekannten. Aber: »Ich könnte mich höchstens zu einer zweijährigen Ehe verstehen, und auch dies nur in Anbetracht dessen, was ich in den nächsten zehn Jahren zu tun habe.« Sie sehen sich erst im April, nachdem Nietzsche von einer Sizilien-Reise zurückgekehrt ist. Treffpunkt: Rom, Petersdom. »Von welchen Sternen sind wir hier einander zugefallen?« sagt Nietzsche, als er Lou sieht.

Er ist entflammt, bittet – ausgerechnet – Freund Rée, um die Hand von Lou anzuhalten. Sie lehnt ab, er versucht es selbst noch einmal und bekommt wieder einen Korb. Gleichwohl entwickelt sich ein enges Freundschaftsverhältnis. Lou, Paul und Friedrich gründen in Rom einen Bund, die »Dreieinigkeit«, man hat große Pläne, will gemeinsam in Wien oder Paris studieren. Im Mai 1882 reisen die drei nach Luzern, Lous Mutter ist als Anstandsdame dabei. Nietzsche führt auf ausgedehnten Wanderungen ausgedehnte Gespräch mit Lou, sie ist klug, gewitzt, er ist begeistert – zum ersten Mal hat er jemanden, der seine Philosophie so richtig versteht. Eine Frau! Er glaubt eine kongeniale Lebensgefährtin gefunden zu haben. »Ich wünsche, in ihr eine Schülerin zu bekommen, eine Erbin und Fortdenkerin.«

Schwester Elisabeth hat inzwischen Wind von der Sache bekommen, sie ist eifersüchtig, sie intrigiert, macht Lou bei Nietzsche schlecht, die Mutter hilft kräftig mit. Die »Naumburger Tugend«, wie Nietzsche seine Frauen-Familie nennt, schlägt erbarmungslos zu. Es kommt zu heftigen Szenen, auch zu Streit zwischen Lou und Nietzsche mit gehässigen gegenseitigen Vorwürfen. Am Ende steht ein nicht mehr zu heilendes Zerwürfnis aller mit allen. Ende des Jahres bricht er den brieflichen Kontakt mit der Mutter ab und will auch von seiner

Schwester nichts mehr wissen: »Zwischen einer rachsüchtigen antisemitischen Gans und mir gibt es keine Versöhnung.« Allerdings hält Nietzsche das nicht durch. Er lenkt später gegenüber Schwester und Mutter ein.

Auch die Freundschaft mit Paul Rée und Lou von Salomé geht auseinander. Sie treffen sich zwar im Oktober 1882 noch einmal in Leipzig, aber die gegenseitig zugefügten Verletzungen sind zu tief. Lou und Rée gehen später zusammen nach Berlin, Nietzsche bleibt einsam in Italien zurück. Er stürzt in eine tiefe Depression. Am 20. Dezember entwirft er einen Brief an die beiden, in dem heißt es: »Die Affekte fressen mich auf. Ein gräßliches Mitleid, eine gräßliche Enttäuschung, ein gräßliches Gefühl verletzten Stolzes – wie halte ich's noch aus? [...] Heute abend werde ich so viel Opium nehmen, daß ich die Vernunft verliere. [...] Beunruhigen Sie sich nicht zu sehr über die Ausbrüche meines Größenwahns oder meiner verletzten Eitelkeit: und wenn ich selbst aus den genannten Affekten mir zufällig einmal das Leben nehmen sollte, so würde auch dann gar nicht viel zu betrauern sein.«

Das Weib und die Peitsche

So beendet Nietzsche das Jahr 1882, das so glänzend und fröhlich begonnen hatte, als »ein kopfleidender Halb-Irrenhäusler [...], den die Einsamkeit vollends verwirrt hat«. Am Ende steht der Satz: »Sylvester 1882 (mich schaudert bei dieser Jahreszahl)«. In dieser Stimmung, völlig verzweifelt, dem Wahnsinn nahe, mit Selbstmordgedanken, entsetzlich an seiner Einsamkeit leidend, schreibt Nietzsche im Januar 1883 in Rapallo seinen »Zarathustra« – eine Sache von zehn Tagen, wie er behauptet. »Seine Entstehung war eine Art *Aderlaß*, ich verdanke ihm, daß ich nicht erstickt bin.« Und hier schreibt Nietzsche auch den berühmten Satz vom Weib und der Peitsche.

Der in einer Fassung berühmt geworden ist, die es im »Zarathustra« so gar nicht gibt: »Wenn du zum Weibe gehst, vergiß die Peitsche nicht.« Tatsächlich geht es gegen Ende des ersten Buchs um ein Gespräch zwischen Zarathustra und einem »alten Weiblein«, das anmerkt, daß Zarathustra die Frauen zwar kaum kennt, aber doch Richtiges über sie sagt. Und das Weiblein bietet ihm zum Dank eine »kleine Wahrheit« über die Frauen an: »Du gehst zu Frauen? Vergiß die Peitsche nicht!« Nun kann man an solchen Zitaten so lange herumoperieren, bis herauskommt, daß hier auf keinen Fall Nietzsche selber spricht. Das ist in diesem Fall und in anderen Fällen auch ausgiebig geschehen. Dagegen muß festgehalten werden: Nietzsche äußert sich in allen seinen Büchern so ausgiebig abfällig über Frauen, daß man das Peitschen-Zitat gar nicht braucht. Dieser feinsinnige Beobachter ist beim Thema Frauen bis obenhin abgefüllt mit Ressentiments.

Ressentiment ist ein Begriff, den Nietzsche in seiner Morallehre ständig verwendet. Damit sind nicht nur allgemein Voreingenommenheit gemeint, Neid, Mißgunst, auch Rachegefühl, sondern konkret Haß auf das, was man nicht *haben* oder nicht *sein* kann. Wie der Fuchs die Trauben für zu sauer erklärt, an die er nicht herankann, so reden die Menschen verächtlich und herabsetzend über das, was sie nicht bekommen können. Nietzsches Reden über die »Weiber« dürfte ein Musterbeispiel für Ressentiment in diesem Sinne sein. Er hat keine Frau bekommen können, jedenfalls nicht zu seinen Bedingungen. Und er ist von den »Weibern« nicht losgekommen. Mutter und Schwester machen ihm das Leben schwer, und doch kann er sich von seiner Frauen-Familie nicht befreien. Cosima Wagner durfte er nicht lieben, nur »verehren«. Als er den Verstand verloren hatte, sprach er von seiner »Geliebten« und »Frau« Cosima. Und als er einmal beinahe bedingungslos in eine Frau vernarrt war, in Lou von Salomé, da wollte sie ihn nicht – oder das »Schicksal« wollte nicht.

Aber Nietzsches Weiberhaß könnte noch einen anderen Hintergrund haben. Es gibt viele Hinweise darauf, daß Nietzsche homosexuell oder bisexuell war – letzteres hat zum Beispiel Lou von Salomé angenommen – und diese Neigung entweder verdrängte oder allenfalls heimlich auslebte. Also könnte das haßerfüllte und verächtliche Reden über Frauen auch bedeuten, daß er nicht nur schlechtredet, was er nicht *haben* durfte, sondern vor allem, was er nicht *sein* durfte: Frauenhaß als Ausfluß schmerzlich unterdrückter Weiblichkeit.

Für alle und keinen

»Ein Buch für alle und keinen« lautet der Untertitel von »Also sprach Zarathustra«. Was heißt das? Einen Hinweis könnte Zarathustra selbst geben: »Als ich zum ersten Male zu den Menschen kam, da tat ich die Einsiedler-Torheit, die große Torheit: ich stellte mich auf den Markt. Und als ich zu allen redete, redete ich zu keinem.« Nietzsche selbst hat widersprüchliche Aussagen zu diesem Werk gemacht, das vielfach als sein »Hauptwerk« bezeichnet wird. Was es eindeutig nicht ist, wenn man damit »philosophisches« Hauptwerk meint. Es ist das wohl meistgelesene, auf jeden Fall meistgekaufte Buch Nietzsches, auch das meistzitierte. Und viele halten den »Zarathustra« für große Dichtung. Er ist ohne Zweifel ein Sonderling unter den Werken Nietzsches.

Der Einstieg ist nahezu identisch mit dem letzten Kapitel der »Fröhlichen Wissenschaft«: dem Bericht von Zarathustras Beschluß, nach zehnjährigem Einsiedlertum zu den Menschen zu gehen. Er kommt in ein Dorf, dessen Einwohner auf den Auftritt eines Seiltänzers warten. Ihnen erzählt er vom »Übermenschen«, doch die Menge lacht ihn aus und verhöhnt ihn. Also beschließt Zarathustra, nicht mehr zum Volk zu sprechen, sondern zu Auserwählten.

Er setzt seine Reise fort, hält Reden, predigt, singt, besteigt Berge, fährt zur See, trifft weise und weniger weise Menschen, schart Jünger um sich, die allmählich seine Lehren verbreiten. Am Ende entschließt er sich, doch wieder in seine Einsiedelei zurückzukehren und mit seinen Tieren alleine zu sein. Da begegnen ihm in und vor seiner Höhle »höhere Menschen«, die um die Verworfenheit der Welt wissen, aber nicht die Kraft haben, sie zu überwinden. Sie bitten Zarathustra, Mitleid zu haben mit ihnen, mit den höheren Menschen. Der schwankt, kämpft gegen die Versuchung und weist die Bittsteller schließlich ab. Der letzte Schritt zur Vollendung des Übermenschen ist getan. »›Zarathustra ward reif, meine Stunde kam: – Dies ist mein Morgen, mein Tag hebt an: herauf nun, herauf, du großer Mittag!‹ – – Also sprach Zarathustra und verließ seine Höhle, glühend und stark, wie eine Morgensonne, die aus dunklen Bergen kommt.«

Der Übermensch

Das ist im wesentlichen die »Handlung«, in sie eingebettet sind die »Lehren« des Zarathustra. Zunächst die Lehre vom Übermenschen. Gott ist tot, das ist der Ausgangspunkt. Welche Konsequenzen sind aus diesem ungeheuren Ereignis zu ziehen? Soll der Mensch an die Stelle Gottes treten? In der Tat meint Zarathustra etwas in der Richtung. »Seit er im Grabe liegt, seid ihr erst wieder auferstanden. Nun erst kommt der große Mittag, nun erst wird der höhere Mensch – Herr!« Früher habt ihr von Gott gesprochen, sagt Zarathustra. Aber es gibt keine Götter. Hier macht Nietzsche einen ironischen Schlenker, der wohl zu den schönsten Stellen dieses Werkes gehört. Er ist – in parodistischer Verkehrung sogenannter »Gottesbeweise« in der Philosophie – eine Art negativer Beweis der Nicht-Existenz der Götter. Zarathustra sagt: »*Wenn* es Götter gäbe, wie hielte ich's aus, kein Gott zu sein! *Also* gibt es keine Götter.«

Also was ist Gott? »Gott ist eine Mutmaßung: aber ich will, daß euer Mutmaßen begrenzt sei in der Denkbarkeit.« Vor allem aber kommt es darauf an, was man schaffen kann. »Könntet ihr einen Gott *schaffen*? – So schweigt mir doch von allen Göttern! Wohl aber könntet ihr den Übermenschen schaffen.« Oder zumindest könnten sich die Menschen zu Vätern und Vorfahren des Übermenschen machen. »›*Tot sind alle Götter: nun wollen wir, daß der Übermensch lebe*‹ – dies sei einst am großen Mittage unser letzter Wille!« Der große Mittag, eins der zentralen Symbolwörter Nietzsches, das ist die kurze Zeit, in der die Sonne im Zenit steht. Und es ist auch die Zeit, »da der Mensch auf der Mitte seiner Bahn steht zwischen Tier und Übermensch«.

Was ist nun gemeint mit diesem Übermenschen? Zunächst nicht mehr als eine Weiterentwicklung des Menschen über seinen erreichten Entwicklungsstatus hinaus. Alle Wesen, sagt Zarathustra, haben etwas über sich hinaus geschaffen, also sollt ihr Menschen das auch tun. »Was ist der Affe für den Menschen? Ein Gelächter oder eine schmerzliche Scham. Und ebendas soll der Mensch für den Übermenschen sein: ein Gelächter oder eine schmerzliche Scham.« Der Übermensch ist also zunächst so etwas wie eine evolutionsgeschichtliche Notwendigkeit.

Aber es geht auch um Wertigkeiten. »Über« heißt nicht nur »weiter«, sondern auch »höherwertig«. Die Gegenwart ist eine Zeit des Pöbels. »Heute nämlich werden die kleinen Leute Herr: die predigen alle Ergebung und Bescheidung und Klugheit und Fleiß und Rücksicht und das lange Und-so-weiter der kleinen Tugenden. Was von Weibsart ist, was von Knechtsart stammt und sonderlich der Pöbel-Mischmasch: *Das* will nun Herr werden alles Menschen-Schicksals – o Ekel! Ekel! Ekel!«

Dieser Ekel an der Welt muß überwunden werden, denn dieser Welt-Ekel war Charakteristikum des philosophischen Pessimismus und des Christentums. Radikale Bejahung dieser Welt, darum geht es. Und wenn der Weltekel eine Sache des Pöbels ist, dann bedarf es eines neuen Adels, der »auf neue Tafeln neu das Wort schreibt ›edel‹. Vieler Edlen nämlich bedarf es und vielerlei Edlen, *daß es Adel gebe*! Oder, wie ich einst im Gleichnis sprach: ›Das eben ist Göttlichkeit, daß es Götter, aber keinen Gott gibt!‹«

Wille zur Macht

Die zweite »Lehre« Zarathustras: der Wille zur Macht. Damit ist zunächst einmal nicht Herrschaft im politischen Sinne gemeint. Sie gehört zwar letztlich auch dazu, aber hier geht es

Nietzsche um ein Prinzip des Lebendigen überhaupt. »Wo ich Lebendiges fand, da fand ich Willen zur Macht«, sagt Zarathustra, und: »Nur, wo Leben ist, da ist auch Wille: aber nicht Wille zum Leben, sondern – so lehre ich's dich – Wille zur Macht!« Gemeint ist damit das Prinzip der Selbst-Überwindung, das Leben ist das, was sich immer selbst überwinden muß. In jeder Zelle, in jedem Organismus, in jeder weiteren Organisationsform des Lebens findet ein Kampf ums Leben statt, um Ausbreitung, um Selbstbehauptung.

Leben heißt Werden und Vergehen, sagt Zarathustra, heißt Selbstüberwindung zur Selbstbehauptung, also Vergehen um des Werdens willen, um der Macht willen. Das Leben spricht: »Lieber noch gehe ich unter, als daß ich diesem Einen absagte; und wahrlich, wo es Untergang gibt und Blätterfallen, siehe, da opfert sich Leben – um Macht!« Das ist Nietzsches Aufhebung der Metaphysik als des Begründungszusammenhangs von »Wahrheit«, gefaßt in *eine* Formel: Es gibt diesen Begründungszusammenhang nicht, es gibt nur die Realität des Lebens, und ein Name für diese Realität, so formuliert Nietzsche an anderer Stelle, wäre »Wille zur Macht«. Ein weiteres Fragen nach einem Grund gibt es nicht. Zarathustra sagt: »Du fragst warum? Ich gehöre nicht zu denen, welche man nach ihrem Warum fragen darf.« Das ist nicht nur die dünkelhafte Auskunft eines Beinahe-Übermenschen, der hoch über den Erdenwürmern steht (das ist es freilich auch!), sondern auch die Antwort auf die Frage nach der Unmöglichkeit von Metaphysik.

Ewige Wiederkunft

Der Kern des »Zarathustra« ist freilich seine Lehre von der ewigen Wiederkunft. Diese Idee, sagt Nietzsche, ist ihm im Sommer 1881 in Sils-Maria gekommen, auf einem Spaziergang »6000 Fuß jenseits von Mensch und Zeit«. Darauf verweist das Sils-Maria-Gedicht mit den Schluß-Versen: »Da, plötzlich,

Freundin! wurde eins zu zwei – / – Und Zarathustra ging an mir vorbei.« Die Lehre von der ewigen Wiederkehr des Immer-Gleichen ist nun beileibe nichts Neues und vor allem nichts derart Umwerfendes, daß Nietzsche so euphorisch darauf hätte reagieren müssen. Die Geschichte der europäischen Philosophie kennt diesen Gedanken spätestens seit Platon, in der außereuropäischen Philosophie ist er weit verbreitet. Es gibt also keinen Anlaß, diesen Gedanken so hervorzuheben. Vor allem mystifiziert Nietzsche sein Erlebnis auf merkwürdige Weise.

An seinen Freund und Gehilfen Heinrich Köselitz schreibt er im August 1881: »An meinem Horizonte sind Gedanken aufgestiegen, dergleichen ich noch nicht gesehen habe, – davon will ich nichts verlauten lassen, und mich selber in einer unerschütterlichen Ruhe erhalten. Ich werde wohl einige Jahre noch leben müssen! [...] Die Intensitäten meines Gefühls machen mich schaudern und lachen, – schon ein paarmal konnte ich das Zimmer nicht verlassen, aus dem lächerlichen Grunde, daß meine Augen entzündet waren – wodurch? Ich hatte jedesmal den Tag vorher auf meinen Wanderungen zuviel geweint, und zwar nicht sentimentale Tränen, sondern Tränen des Jauchzens; wobei ich sang und Unsinn redete, erfüllt von einem neuen Blick, den ich vor allen Menschen voraus habe.« Vor Freunden und Bekannten hat er immer nur im Flüsterton über dieses Erlebnis geredet, er war noch lange danach höchst ergriffen davon.

Sieben Jahre später, in »Ecce homo«, beschreibt Nietzsche noch einmal diese Inspiration als Offenbarung, die über ihn gekommen sei. »Etwas, das Einen im Tiefsten erschüttert und umwirft, beschreibt einfach den Tatbestand. Man hört, man sucht nicht; man nimmt, man fragt nicht, wer da gibt; wie ein Blitz leuchtet ein Gedanke auf, mit Notwendigkeit, in der Form ohne Zögern, – ich habe nie eine Wahl gehabt. Eine Entzückung, deren ungeheure Spannung sich mitunter in einen Tränenstrom auflöst.« In Nietzsches Notizen aus dieser Zeit taucht die Blitz-Metapher wieder auf: »Wenn nur ein Augenblick der Welt wiederkehrte – sagte der Blitz –, so müßten alle wiederkehren.«

Hat Nietzsche hier eine Art Déjà-vu-Erlebnis gehabt, hat er an diesem Felsen in Sils-Maria etwas gesehen, dessen genaues Bild er im Kopf oder in der Seele hatte? Nicht auszuschließen, daß er im Opium-Rausch ein halluzinatorisches Erlebnis hatte. Mit Opium war Nietzsche vertraut, er hat es regelmäßig gegen die schlimmsten Schmerzen genommen. Auch sein Zarathustra sagt: »Ein wenig Gift ab und zu, das macht angenehme Träume.« Um fortzufahren: »Und viel Gift zuletzt, zu einem angenehmen Sterben.«

Was derart als Vision, als mystische Eingebung erlebt wird, entzieht sich selbstredend der rationalen Überprüfung. Es kann auch nicht wirklich als »Lehre« dargelegt, es muß verkündet, gepredigt werden. So geschieht es dann auch im »Zarathustra«, der genau in dem Predigerton geschrieben ist, der Nietzsche veranlaßt hat, dies Buch das »Fünfte Evangelium« zu nennen, hin und wieder bezeichnet er es auch als »Sinfonie«.

In der »Fröhlichen Wissenschaft«, also offenbar schon unter dem Eindruck des Sils-Maria-Erlebnisses, hatte Nietzsche die Überlegung angestellt, was wohl passieren würde, wenn ein Dämon ihm zuflüsterte: »Dieses Leben, wie du es jetzt lebst und gelebt hast, wirst du noch einmal und noch unzählige Male leben müssen; und es wird nichts Neues daran sein, sondern jeder Schmerz und jede Lust und jeder Gedanke und Seufzer und alles unsäglich Kleine und Große deines Lebens muß dir wiederkommen, und alles in derselben Reihe und Folge – und ebenso diese Spinne und dieses Mondlicht zwischen den Bäumen, und ebenso dieser Augenblick und ich selber. Die ewige Sanduhr des Daseins wird immer wieder umgedreht – und du mit ihr, Stäubchen vom Staube!« Was würde er diesem Dämon sagen? Damals war er noch unschlüssig, jetzt ist die Antwort klar: Er ist begeistert.

Denn die ewige Wiederkunft ist die höchstmögliche Radikalisierung und Steigerung der Bejahung des Lebens. Es gibt keinen Anfang und kein Ende, weder ein göttliches Alpha und Omega noch eine evolutionsgeschichtliche Linie mit einem

Ziel, noch eine kosmologische Gerade vom »Urknall« bis ins Unendliche oder in einen galaktischen Absturz. Die Linie des Lebens krümmt sich in sich selbst zusammen, die lineare Zeit wird zur Ewigkeit, also eingebogen in einen ewigen Kreislauf, wird zur zirkulären und damit aufgehobenen Zeit. Alles ist schon einmal dagewesen und kehrt ewig wieder, und zwar genauso wie immer.

Und so will auch Zarathustra dahin, wo er schon einmal war, »hinaus in ferne Zukünfte, die kein Traum noch sah, in heißere Süden, als je sich Bildner träumten: dorthin, wo Götter tanzend sich aller Kleider schämen«. Genau dort, bei diesen tanzenden göttlichen Nacktheiten, war es auch, wo Zarathustra »das Wort ›Übermensch‹ vom Wege auflas«. Das Ja zur ewigen Wiederkehr ist schließlich das Höchste an Liebe und Lust. »Sagtet ihr jemals Ja zu einer Lust? O, meine Freunde, so sagtet ihr Ja auch zu *allem* Wehe. […] Alles von neuem, Alles ewig, Alles verkettet, verfädelt, verliebt, oh so *liebtet* ihr die Welt, – ihr Ewigen, liebt sie ewig und allezeit: und auch zum Weh sprecht ihr: vergeh, aber komm zurück! *Denn alle Lust will – Ewigkeit!*« So singt Zarathustra das »Trunkne Lied«. Und in »Zarathustras Rundgesang« bringt Nietzsche diese Mystik von Zeit und Ewigkeit in eine lyrische Form, die dieses Gedicht weit über den »Zarathustra«-Text hinaus berühmt gemacht hat:

O Mensch! Gib acht!
Was spricht die tiefe Mitternacht?
»Ich schlief, ich schlief –,
Aus tiefem Traum bin ich erwacht: –
Die Welt ist tief,
Und tiefer als der Tag gedacht.
Tief ist ihr Weh –,
Lust – tiefer noch als Herzeleid:
Weh spricht: Vergeh!
Doch alle Lust will Ewigkeit –,
– will tiefe, tiefe Ewigkeit!«

7. Kapitel

Jenseits von Gut und Böse

»Ich bilde mir ein, mit diesem Zarathustra die deutsche Sprache zu ihrer Vollendung gebracht zu haben«, schreibt Nietzsche im Februar 1884 an Erwin Rohde. »Es war, nach Luther und Goethe, noch ein dritter Schritt zu tun.« Das Publikum hat das zunächst anders gesehen. Selbst die engeren Freunde reagieren reserviert bis ablehnend. »Zarathustra« findet so gut wie keine Leser, die meisten Bücher seit »Menschliches, Allzumenschliches« liegen unverkauft. Auch die »Morgenröte« (1881) und die »Fröhliche Wissenschaft« (1882) bleiben weitgehend unbeachtet. Nietzsche geht es wie immer: meistens schlecht. Seiner Philosophie geht es wie immer: Kaum jemand will sie zur Kenntnis nehmen.

Nietzsches Verleger Schweitzer hat kein Interesse mehr an den »Ladenhütern«, er möchte sie loswerden. Er bietet Nietzsche sogar an, alles zurückzukaufen – für 12500 Mark! Einen neuen Verleger findet Nietzsche nicht, sein nächstes Buch bringt er im August 1886 auf eigene Kosten bei C. G. Naumann in Leipzig heraus. Mit dem »Zarathustra« hatte er einen neuen Ton angeschlagen, den hymnischen Ton der »Verkündung«. Auch das fruchtet nicht. Man will ihn nicht hören. Nun fängt Nietzsche an, seine Philosophie auseinanderzulegen. »Jenseits von Gut und Böse« ist das erste im engeren Sinne zusammenhängende »philosophische« Buch Nietzsches.

Die Themen freilich sind nicht neu. Er greift auf Notizbücher der vergangenen fünf Jahre zurück, die ältesten Bestandteile stammen also aus der Entstehungszeit des »Zarathustra« um 1881. Als Erläuterung zum »Zarathustra« will Nietzsche dieses Buch denn auch verstanden wissen, wie er überhaupt die folgenden Bücher jeweils als Interpretationen der vorhergehenden ansieht. Dementsprechend entfaltet Nietzsche auch hier wieder den bekannten Themenfächer. Ohnehin weist der Titel »Jenseits von Gut und Böse« auf einen Gedanken zurück, den Nietzsche schon in der »Fröhlichen Wissenschaft« formuliert hatte: Erörterungen über moralische Vorurteile setzen eine Position außerhalb der Moral voraus, »irgendein Jenseits von Gut und Böse, zu dem man steigen, klettern, fliegen muß«, und auch im Zarathustra-Gedicht in der »Fröhlichen Wissenschaft« kommt diese Formulierung vor: »Hier saß ich, wartend, wartend, – doch auf nichts, / Jenseits von Gut und Böse.«

So finden wir also auch hier wieder Erläuterungen, Präzisierungen, Vertiefungen, Weiterführungen, Zuspitzungen, manchmal auch neue Verrätselungen der Gedanken, die wir kennen. Immer wieder setzt Nietzsche neu an, tastet vorwärts, will sicherer werden auf einem Terrain, das ihm selbst immer wieder unsicher vorkommt, formuliert neu, um sich immer klarer auch über das zu werden, was er großspurig schon längst als Gewißheit »verkauft« hat. »Gewißheit« – was für ein Wort, was für ein Anspruch. Schon der Satz »Ich denke« führt zu unbegründbaren Behauptungen, zum Beispiel der, daß »ich« es bin, der denkt, daß es überhaupt ein Ich gibt. Ist das, was ich »Denken« nenne, nicht vielleicht »Wollen« oder »Fühlen«?

Wir können höchstens sagen: »*Es* denkt: aber daß dies ›es‹ gerade jenes alte berühmte ›Ich‹ sei, ist, milde geredet, nur eine Annahme, eine Behauptung, vor allem keine ›unmittelbare Gewißheit‹.« Und selbst das »Es« ist noch zu viel gesagt, Ergebnis der üblichen Verführung durch die Sprache, die uns suggeriert: Denken ist eine Tätigkeit, und zu jeder Tätigkeit gehört einer, der tätig ist. In der »Morgenröte« hatte Nietzsche formuliert: »*Du wirst getan!* In jedem Augenblicke! Die Menschheit hat zu allen Zeiten das Aktivum und das Passivum verwechselt, es ist ihr ewiger grammatikalischer Schnitzer.« Und das gilt für das Denken genauso wie für jedes Handeln, es ist im wesentlichen instinktgeleitet: »man muß noch den größten Teil des bewußten

Denkens unter die Instinkt-Tätigkeiten rechnen, und sogar im Falle des philosophischen Denkens«.

Wo es keine Gewißheit gibt, wird es auch sinnlos, von Wahrheit zu reden. Wozu soll die Unterscheidung von wahr und falsch dienen? »Genügt es nicht, Stufen der Scheinbarkeit anzunehmen und gleichsam hellere und dunklere Schatten und Gesamttöne des Scheins?« Und schließlich: »Warum dürfte die Welt, *die uns etwas angeht* – nicht eine Fiktion sein?« Daß Wahrheit mehr ist als Schein, ist ein moralisches Vorurteil, »es ist sogar die schlechtest bewiesene Annahme, die es in der Welt gibt«.

Der allgemeinen Wertschätzung der Wahrheit setzt Nietzsche die Überlegung entgegen, daß dem Schein, der Täuschung ein für das Leben viel höherer Wert zukommen könnte. »Die Unwahrheit als Lebensbedingung zugestehn: das heißt freilich auf eine gefährliche Weise den gewohnten Wertgefühlen Widerstand leisten; und eine Philosophie, die das wagt, stellt sich damit allein schon jenseits von Gut und Böse.«

Wille zur Macht, nicht Wille zum Leben

Was heißt »Wille zur Macht«? Diese Frage rückt allmählich ins Zentrum von Nietzsches Überlegungen. Das gesamte Triebleben, also die »Natur« des Menschen, versteht er als »Ausgestaltung und Verzweigung *einer* Grundform des Willens«, nämlich des Willens zur Macht. Der ist nicht identisch mit dem Willen zum Leben, also dem Selbsterhaltungstrieb, sondern ist eine der Folgen des Willens zur Macht. Das hört sich nach einer speziellen Form des Darwinismus an, der den Kampf ums Dasein als eine der Grundbedingungen der Evolution behauptet. Natürlich hat Nietzsche Darwins Lehre gekannt, die grundlegenden evolutionsbiologischen Erkenntnisse gehören zu den Voraussetzungen seiner Philosophie. Aber Nietzsche macht einen großen Unterschied: Der Kampf ums Dasein als »Wille zum Leben« kann für ihn nur eine Sonderform des Willens zur

Macht sein. »Leben selbst ist Wille zur Macht«, das ist Nietzsches These.

Schon in der »Fröhlichen Wissenschaft« hatte er gegen den Darwinismus mit seiner »unbegreiflich einseitigen« Lehre vom »Kampf ums Dasein« polemisiert. »Um den ganzen englischen Darwinismus herum haucht etwas wie englische Überbevölkerungs-Stickluft, wie Kleiner-Leute-Geruch von Not und Enge.« Dagegen Nietzsche: In der Natur herrscht keine Not, sondern Reichtum und Überfluß. Der Kampf ums Dasein, ums Überleben ist also die Ausnahme, der eigentliche Kampf ist der um Wachstum und Ausbreitung, »um Macht, gemäß dem Willen zur Macht, der eben der Wille des Lebens ist«.

Von daher, sagt Nietzsche, muß die Psychologie die Herrin der Wissenschaften werden, sie ist der Weg zu den Grundproblemen, und zwar gedacht als »Morphologie und *Entwicklungslehre des Willens zur Macht*«. Das würde heißen: Haß, Neid, Habsucht, Herrschsucht sollen zumindest hypothetisch gedacht werden können »als lebensbedingende Affekte, als etwas, das im Gesamt-Haushalte des Lebens grundsätzlich und grundwesentlich vorhanden sein muß, folglich noch gesteigert werden muß, falls das Leben noch gesteigert werden soll«.

Nietzsche versucht ständig, sich darüber klarzuwerden, was er da eigentlich denkt, was er meint, was das bedeuten könnte. Und er macht auch immer wieder Einwände gegen sich selbst. Denn woher weiß er das, was er da behauptet? Er weiß es ja nicht. Er will nur den Geltungsanspruch von etwas betonen, das seiner Meinung nach bislang vernachlässigt, unterbetont worden ist, »daß alles Böse, Furchtbare, Tyrannische, Raubtier- und Schlangenhafte am Menschen so gut zur Erhöhung der Spezies ›Mensch‹ dient, als sein Gegensatz«. Immerhin: Den Gegensatz läßt er gelten, er beansprucht nur das Recht auf seine Mutmaßung, daß die Gattung durch ebendieses »Furchtbare« und »Raubtierhafte« entscheidend nach vorn gebracht worden ist. »Gesetzt, daß auch dies nur Interpretation ist [...] – nun, um so besser.«

Unterderhand gerät ihm diese abwägende Argumentation aber immer mehr zur Behauptung. Eine der »Lehren« des Zarathustra war die vom Übermenschen, wie wir gesehen haben. Es geht also um eine Weiterentwicklung des Menschen, über die Nietzsche mit großer Emphase redet, was angesichts der Lehre von der »ewigen Wiederkunft« doch recht seltsam anmutet. Denn beide Lehren kollidieren. In »Jenseits von Gut und Böse« plädiert Nietzsche noch einmal höchst beeindruckend für diese Wiederkunfts-Lehre, »für das Ideal des übermütigsten, lebendigsten und weltbejahendsten Menschen, der sich nicht nur mit dem, was war und ist, abgefunden und vertragen gelernt hat, sondern es, *so wie es war und ist*, wiederhaben will, in alle Ewigkeit hinaus, unersättlich *da capo* rufend, nicht nur zu sich, sondern zum ganzen Stücke und Schauspiele«. Wer alles so, wie es war und ist, nicht nur haben, sondern in alle Ewigkeit wiederhaben will – was will der denn noch weiterentwickeln und wozu? Nietzsche scheint sich diese Frage gar nicht zu stellen, merkwürdig für einen, der sich selbst intellektuelle Redlichkeit versprochen hat, auch wenn sie weh tut, ja gerade wenn sie weh tut.

Die vornehmen Bestien

Wie auch immer: Es geht um die Weiterentwicklung der Menschheit, und um die zu befördern, muß man das Prinzip der bisherigen Entwicklung verstanden haben, um es weiterzutreiben. »Fast alles, was wir ›höhere Kultur‹ nennen, beruht auf der Vergeistigung und Vertiefung der *Grausamkeit* – dies ist mein Satz; jenes ›wilde Tier‹ ist gar nicht abgetötet worden, es lebt, es blüht, es hat sich nur – vergöttlicht.«

Entscheidende Träger einer Weiterentwicklung der Menschheit sind nun die »vornehmen« Menschen, ist die Aristokratie, ohne die wird es keine »Erhöhung« des Typus Mensch geben. Man soll sich aber bloß keine humanitären Illusionen über die Entstehung der Aristokratie machen. Das waren Barbaren,

Raubmenschen, die andere unterdrückten, vernichteten, es waren »Bestien«. Und das muß so bleiben: Wesentlich an einer gesunden Aristokratie ist, daß sie mit gutem Gewissen das Opfer unzähliger Menschen hinnimmt. Die müssen unterdrückt, versklavt werden, damit es die Aristokratie geben kann. Wir sehen also: Nietzsche hat seine Theorie von der Notwendigkeit der Sklaverei nicht vergessen, es gibt in seiner Lehre keinen Rabatt für »Humanität«.

Warum aber ist das alles so notwendig? Nietzsches schlichte Antwort: Weil das Leben so ist! Hier gibt es keinen Zweifel, keine Einschränkung mehr, das ist apodiktisch, das ist Dogma. »Leben selbst ist *wesentlich* Aneignung, Verletzung, Unterdrückung, Härte, Aufzwängung eigner Formen, Einverleibung und mindestens, mildestens Ausbeutung.« Der entscheidende Begriff ist hier »wesentlich«. Überwältigung und Vernichtung ist nicht etwas, was »auch« zum Leben gehört, zu einer unvollkommenen, primitiven oder verderbten Stufe der Entwickung, sondern das alles macht das Leben aus, »als organische Grundfunktion«, als »Folge des eigentlichen Willens zur Macht, der eben der Wille des Lebens ist«. Als Theorie mag das neu sein, sagt Nietzsche, »als Realität ist das das *Ur-Faktum* aller Geschichte: man sei doch so weit gegen sich ehrlich«!

Was Nietzsche nicht aufzufallen scheint: Er unterliegt hier einem klassischen Zirkelschluß. Er sagt: Das Leben ist Wille zur Macht, weil das Leben Wille zur Macht ist. Er macht hier etwas, was er unermüdlich und unter Einsatz aller rhetorischen und satirischen Fähigkeiten an anderen Philosophen, ja fast an jeder bisherigen Philosophie kritisiert: Daß sie sich selbst und ihren uneingestandenen Voraussetzungen auf den Leim geht.

Was ist aber nun Aristokratie, was ist vornehm? Das Vornehme definiert sich durch den Instinkt für das Vornehme, für den Rang, den es anderen gegenüber einnimmt. Das Vornehme ist das Gebietende, das Gesetzgebende, das Wertschaffende, das Egoistische: »der Egoismus gehört zum Wesen der vornehmen Seele, ich meine jenen unverrückbaren Glauben, daß einem

Wesen, wie ›wir sind‹, andre Wesen von Natur untertan sein müssen und sich ihm zu opfern haben«.

An dieser Stelle bekommt nun Nietzsches Kritik an der Moral einen neuen Dreh. Moral ist Tyrannei gegen die Natur, also insofern verächtlich. Das Merkwürdige ist aber, daß alles Freie, Feine, Kühne, Sichere auf Erden sich erst aufgrund der »Tyrannei der Willkür« hat entwickeln können. Die lange Unfreiheit des Geistes, Zwang und Zucht haben sich als Mittel herausgestellt, »durch welches dem europäischen Geiste seine Stärke, seine rücksichtslose Neugierde und feine Beweglichkeit angezüchtet wurde«. Zwar ist in diesem Prozeß auch viel zerstört, unterdrückt, erstickt worden, aber: »Diese Tyrannei, diese Willkür, diese strenge und grandiose Dummheit hat den Geist *erzogen*; die Sklaverei ist, wie es scheint, im gröberen und feineren Verstande das unentbehrliche Mittel auch der geistigen Zucht und Züchtung.« Der »moralische Imperativ« lautet also: »Du sollst gehorchen, irgendwem, und auf lange: *sonst* gehst du zugrunde und verlierst die letzte Achtung vor dir selbst.«

Vor diesem Hintergrund erscheint auch die Religion, auch das Christentum in einem neuen Licht. Zwar bleibt es dabei, daß die Moral, vor allem die christliche, als Verhätschelung des Mißratenen und Kranken und Verhöhnung alles Stolzen und Freien kritisiert wird, auch als »Selbst-Verhöhnung« und »Selbst-Verstümmelung«. Aber für den Freien Geist, dessen Aufgabe die »Gesamt-Entwicklung des Menschen« ist, könnte die Religion Mittel »zu seinem Züchtungs- und Erziehungswerke« sein. Denn Religionen haben eine auslesende und züchtende Wirkung dadurch, daß die »Starken, Unabhängigen, zum Befehlen Vorbereiteten und Vorbestimmten, in denen die Vernunft und Kunst einer regierenden Rasse leibhaft wird«, sich an der Religion abarbeiten müssen und so lernen, Widerstände zu überwinden, um herrschen zu können. Während die gewöhnlichen Menschen, »welche zum Dienen und zum allgemeinen Nutzen da sind und nur insofern dasein *dürfen*«, durch die Religion ruhiggestellt werden.

Wenn die Freien Geister durch diesen Prozeß hindurch sind, dann kann endlich »Geschichte« gemacht werden, dann ist Schluß mit der »schauerlichen Herrschaft des Unsinns und Zufalls, der bisher ›Geschichte‹ hieß«. Und dazu braucht man dann neue Befehlshaber, und die werden Philosophen sein. »Die Zeit für kleine Politik ist vorbei: schon das nächste Jahrhundert bringt den Kampf um die Erd-Herrschaft – den *Zwang* zur großen Politik.« Die Philosophen weisen den Weg, sie sagen, wohin und wozu und warum, »und alles, was ist und war, wird ihnen dabei zum Mittel, zum Werkzeug, zum Hammer. Ihr ›Erkennen‹ ist *Schaffen*, ihr Schaffen ist eine Gesetzgebung, ihr Wille zur Wahrheit ist *Wille zur Macht*«.

Hier wird die Frage noch drängender, wie sich diese Wendung mit dem »amor fati« verträgt, mit der begeisterten Lebensbejahung, die das, was ist, so hinnimmt, wie es ist, weil es so, wie es ist, gut ist. Wo bleibt also in diesen Passagen die Lehre von der »ewigen Wiederkunft«, die doch angeblich das große, alles entscheidende Erlebnis Nietzsches war? Zumindest kann derjenige, der das alles schwer verständlich findet, von Nietzsche getröstet werden: »Ich tue [...] alles, um selbst schwer verstanden zu werden!« Vor allem guten Freunden soll man einen »Spielraum und Tummelplatz des Mißverständnisses« zugestehen – »so hat man noch zu lachen«. Und an anderer Stelle: »Unsere höchsten Einsichten müssen – und sollen! – wie Torheiten, unter Umständen wie Verbrechen klingen, wenn sie unerlaubterweise denen zu Ohren kommen, welche nicht dafür geartet und vorbestimmt sind.« Denn auf keinen Fall will Nietzsche Allerwelts-Bücher schreiben: »Allerwelts-Bücher sind immer übelriechende Bücher: der Kleine-Leute-Geruch klebt daran. Wo das Volk ißt und trinkt, selbst wo es verehrt, da pflegt es zu stinken.«

8. Kapitel

Genealogie der Moral

»Jenseits von Gut und Böse«, das »Vorspiel einer Philosophie der Zukunft«, erscheint im August 1886. Nietzsche freilich wartet noch immer auf den Erfolg seines »Zarathustra«, das ist für ihn das wichtigste Buch überhaupt. Auch dieser Erfolg bleibt aus. Bis zum Herbst 1887 sind von »Zarathustra« nur rund 100 Exemplare verkauft. Nietzsche ist erschüttert. »Nach einem solchen Anrufe, wie mein Zarathustra es war, aus der innersten Seele heraus, nicht einen Laut von Antwort zu hören, nichts, nichts, immer nur die lautlose, nunmehr vertausendfachte Einsamkeit – das hat etwas über alle Begriffe Furchtbares, daran kann der Stärkste zu Grunde gehen – ach, und ich bin nicht ›der Stärkste‹! Mir ist seitdem zu Mute als sei ich tödlich verwundet, es setzt mich in Erstaunen, daß ich noch lebe.« Das schreibt Nietzsche im Juni 1887 an Franz Overbeck. Schon zwei Jahre vorher hatte er an Carl von Gersdorff geschrieben: »Ich habe bis zu meinem vierzigsten Jahre, tatsächlich mit meinen vielen Schriften noch keinen Groschen ›verdient‹ –: was der Humor (und wenn du willst, der *Stolz*) der ganzen Sache ist.«

Auch »Jenseits von Gut und Böse« verkauft sich so gut wie gar nicht, wieder muß er das nächste Buch selbst finanzieren. An Heinrich Köselitz schreibt er: »Denken Sie, ich habe ca. 500 Taler Druckkosten in den letzten 3 Jahren gehabt – kein Honorar, wie es sich von selbst versteht – und dies in meinem 43ten Jahre.« Er meint, nachlegen, erklären, interpretieren zu müssen. Deshalb schreibt er im Sommer 1887 ein neues Buch: »Zur Genealogie der Moral«. Untertitel: »Dem letztveröffentlichten *›Jenseits von Gut und Böse‹* zur Ergänzung und Verdeutlichung beigegeben«.

Er notiert: »Vielleicht bringt es diese kleine Streitschrift zu Wege, dass man ein paar Exemplare meiner *älteren* Schriften kauft.« Darauf weist er auch in der Vorrede unverblümt hin: »Wenn diese Schrift irgend jemandem unverständlich ist [...], so liegt die Schuld [...] nicht notwendig an mir.« Sie sei leicht zu verstehen, wenn man seine früheren Schriften gelesen und es sich mit denen nicht leichtgemacht habe: Die seien nämlich »nicht leicht zugänglich«. Ein hübscher logischer Lapsus: Ein Buch, das das Verständnis vorheriger Bücher erleichtern soll, ist nur leicht zu verstehen, wenn man sich mit den schwer zu verstehenden einige Mühe gegeben – also sie verstanden – hat. Nicht einmal als Verkaufsargument ist das logisch. Und der Hinweis auf den »Zarathustra« ist gewollt abschreckend: »Was zum Beispiel meinen ›Zarathustra‹ anbetrifft, so lasse ich niemanden als dessen Kenner gelten, den nicht jedes seiner Worte irgendwann einmal tief verwundet und irgendwann einmal tief entzückt hat.«

Für andere frühere Werke räumt Nietzsche ein, daß die aphoristische Form wohl Schwierigkeiten machen kann. Was daran liegt, daß man den Aphorismus nicht ernst genug nimmt. »Ein Aphorismus, rechtschaffen geprägt und ausgegossen, ist damit, daß er abgelesen ist, noch nicht ›entziffert‹; vielmehr hat nun erst dessen *Auslegung* zu beginnen, zu der es einer Kunst der Auslegung bedarf.« Aber um so lesen zu können, braucht man etwas, »zu dem man beinahe Kuh und jedenfalls *nicht* ›moderner Mensch‹ sein muß: *das Wiederkäuen*«. In anderem Zusammenhang schreibt er: »Der Aphorismus, die Sentenz, in denen ich als der erste unter Deutschen Meister bin, sind die Formen der ›Ewigkeit‹; mein Ehrgeiz ist, in zehn Sätzen zu sagen, was jeder andre in einem Buche sagt – was jeder andre in einem Buche *nicht* sagt.«

Nußknacker der Seele

Das Thema dieser »Streitschrift« ist nicht neu. Wieder werden bekannte Probleme durchgeknetet, alte Fragen gestellt, neue Antworten gesucht, manchmal empfindet Nietzsche das selbst als quälend: »Wir vergewaltigen uns jetzt selbst, es ist kein Zweifel, wir Nußknacker der Seele, wir Fragenden und Fragwürdigen, wie als ob Leben nichts andres sei, als Nüsseknacken; ebendamit müssen wir notwendig täglich immer noch fragwürdiger, *würdiger* zu fragen werden, ebendamit vielleicht auch würdiger – zu leben?« Die Herkunft moralischer Vorurteile: In seiner Vorrede weist Nietzsche selbst darauf hin, daß er in »Menschliches, Allzumenschliches« und vor allem in der »Morgenröte« einiges darüber geschrieben hat. »Die Gedanken selbst sind älter.« Dem Ursprung des Bösen habe er schon mit dreizehn Jahren sein »erstes literarisches Kinderspiel«, seine »erste philosophische Schreibübung« gewidmet. Wir erinnern uns: Eine der ersten Abhandlungen des jungen Nietzsche hieß »Vom Bösen«. Damals war für ihn selbstverständlich Gott Vater des Bösen, denn Gott hat die Welt erschaffen, also auch alles, was darinnen ist. Aber schon bald stellte sich das Thema anders: »Unter welchen Bedingungen erfand sich der Mensch jene Werturteile gut und böse?« Und dieser Frage will Nietzsche jetzt noch einmal vertiefend nachgehen.

In der ersten Abhandlung seiner Schrift erklärt Nietzsche den Unterschied der Begriffspaare »gut und böse« und »gut und schlecht«. Er nimmt dafür den Faden wieder auf, den er in »Jenseits von Gut und Böse« gesponnen hatte: Er spricht vom Adel, von den Vornehmen. Denn er war in seinen Erörterungen über Gut und Böse ja an den Punkt gekommen, wo er erklären muß, wieso Moralvorstellungen nicht immer Selbstbetrug sind, sondern nur für eine bestimmte Klasse von Menschen, für die Masse, für die Viel-zu-Vielen, für den Pöbel. Dafür muß er auch die Entstehung des Adels in die unvordenklichen Zeiten verlegen, in denen Moralvorstellungen entstanden sind.

Und so fragt er: Aufgrund wessen halten sich die Vornehmen für vornehm? Aufgrund ihrer Überlegenheit (sie nennen sich die Mächtigen, die Herren, die Gebietenden), des sichtbaren Zeichens dieser Überlegenheit (die Reichen, die Besitzenden) – aber auch aufgrund eines Charakterzugs (die Wahrhaftigen). Der Vornehme ist der Wahre, der gemeine Mann ist der Lügenhafte. Was ist der Maßstab für vornehm und nicht vornehm? Offensichtlich das, was die als vornehm bezeichnen, die sich für vornehm halten. Nietzsche merkt, daß er sich hier wieder in einem logischen Zirkel befindet, also rekurriert er auf die »sichtbaren Zeichen«, die er etymologisch zu unterfüttern sucht. Und daraus wird dann eine Theorie der arischen Rasse.

Das lateinische »malus«, sagt Nietzsche, könnte dunkel, vor allem dunkelhaarig bedeuten als Bezeichnung für die Bewohner des italischen Raumes vor der »blonden, nämlich arischen Eroberer-Rasse«. Auch im Gälischen will er ein entsprechendes Wort gefunden haben, das ursprünglich den Blondschopf bezeichnet und später zum Begriff des Guten, Edlen, Reinen wird »im Gegensatz zu den dunklen schwarzhaarigen Ureinwohnern«. Diese unterworfene Rasse mit dunklen Haaren und kurzen Schädeln gewinnt in Europa aber wieder die Oberhand, und Nietzsche fürchtet, daß »die Eroberer- und *Herren-Rasse*, die der Arier, auch physiologisch im Unterliegen ist«.

Was sind nun die äußeren Kennzeichen der Vornehmen? »Eine mächtige Leiblichkeit, eine blühende, reiche, selbst überschäumende Gesundheit, samt dem, was deren Erhaltung bedingt, Krieg, Abenteuer, Jagd, Tanz, Kampfspiele und alles überhaupt, was starkes, freies, frohgemutes Handeln in sich schließt.« Irgendwann setzt nun eine Umwertung dieser Werte ein, und schuld daran ist das Judentum. Nietzsche hat das in früheren Schriften, vor allem in »Jenseits von Gut und Böse«, schon mal angesprochen, hier findet seine Charakterisierung des Judentums nun einen systematischen Ort. Im Judentum wird die »aristokratische Wertgleichung (gut = vornehm = mächtig = schön = glücklich = gottgeliebt)« umgekehrt. Die

Elenden, die Armen, die Ohnmächtigen, die Niedrigen werden allein als die Guten bezeichnet, die Vornehmen und Gewaltigen als die Bösen. Die Christen haben das Erbe dieser Umwertung angetreten, mit den Juden aber beginnt der »Sklavenaufstand« in der Moral.

Es gibt also mindestens zwei Moraltypen: Sklaven-Moral und Herren-Moral. Die Herren-Moral sagt freudig und stolz ja zu sich selbst, die Sklaven-Moral sagt nein zu einem anderen als zu einem Nicht-Selbst. Der Blick geht also nach außen statt auf sich selbst, die Sklaven-Moral braucht immer dieses Außen; der Vornehme ist sich selbst genug, der Sklave nicht. Allein dadurch ist er Sklave. »Seine Seele *schielt*; sein Geist liebt Schlupfwinkel, Schleichwege und Hintertüren, alles Versteckte mutet ihn an als *seine* Welt, *seine* Sicherheit, *sein* Labsal«.

Was ist nun das Gute am Vornehmen, wie ist es definiert, was ist der Maßstab? Es kann nach dem bisher Gesagten keinen Maßstab geben. Der vornehme Mensch, sagt Nietzsche, ist gut aus sich heraus, von vornherein und überhaupt. Die Gegenbegriffe »niedrig«, »gemein«, »schlecht« sind nur abgeleitet, blasse Kontrastbilder, denn der Vornehme kennt diese Gegenwelt gar nicht. Selbst der Feind des Vornehmen ist nichts Schlechtes, denn er braucht ja einen ehrenwerten Feind als seine Auszeichnung. Aber der Mensch des Ressentiments, der das haßt, was er nicht sein kann: Dessen Feind ist böse, ist *das* Böse, und von dem aus konstruiert er ein Gegenstück, nämlich den Guten – das ist er selbst. Also statt »gut« und »schlecht« haben wir nun »gut« und »böse«. Der Begriff »schlecht« ist vornehmen Ursprungs, der Begriff »böse« stammt »aus dem Braukessel des ungesättigten Hasses – das erste eine Nachschöpfung, ein Nebenher, eine Komplementärfarbe, das zweite dagegen das Original, der Anfang, die eigentliche *Tat* in der Konzeption einer Sklaven-Moral«.

Es ist natürlich unmöglich, hier mit Nietzsche zu argumentieren. Das sind alles Setzungen, keine Herleitungen, er sagt nicht, wovon er redet. Da ist mal von Römern, von Kelten die

Rede, mal vom Judentum – aber von welchen gattungsgeschichtlichen oder gar evolutionsgeschichtlichen Perioden er spricht, wenn er von den »Vornehmen« und den »Sklaven« spricht, das bleibt im dunkeln. Einmal versucht Nietzsche eine Differenzierung seines Geschichtsbegriffes. Er spricht von einer Urzeit, ohne sie näher zu bestimmen, und von einer »mittleren« Zeit, in der die vornehmen Geschlechter sich herausbilden. Wie das historisch zu verorten ist, wie diese »Herausbildung« vorzustellen ist, sagt er nicht. Aber er rückt von der Vorstellung ab, daß »Vornehmheit« eine urzuständliche Qualität sei. Ohne allerdings die Konsequenz aus dieser Einsicht für seine Theorie zu ziehen.

Rom gegen Judäa

Über die Römer schreibt er weiter: »Die Römer waren ja die Starken und Vornehmen, wie sie stärker und vornehmer bisher auf Erden nie dagewesen.« Um dann zu beklagen, daß die jüdische Sklavenmoral den Kampf gegen die Römer gewonnen hat. Das ist das große weltgeschichtliche Ereignis. Der Kampf »gut und schlecht« gegen »gut und böse« ist der Kampf Rom gegen Judäa – »es gab bisher kein größeres Ereignis als *diesen* Kampf, *diese* Fragestellung, *diesen* todfeindlichen Widerspruch«. Und diesen Kampf hat Judäa gewonnen, sagt Nietzsche. Schaut doch nach Rom, vor wem man sich beugt: vor drei Juden (Jesus, Petrus, Paulus) und einer Jüdin (Maria). In der Renaissance schien es ein Wiedererwachen des Römisch-Vornehmen zu geben, aber sofort triumphierte wieder Judäa in Form der Reformation Luthers und, noch schlimmer, in Form der Französischen Revolution. Die uns dann allerdings einen spätgeborenen Römer bescherte: Napoleon.

Das heißt: An der Stelle, wo Nietzsche besonders konkret sein will, ist er am abstraktesten. An keiner Stelle beantwortet er die Frage, wie die Chiffre »Rom« zu der Bedeutung gekommen ist, die er ihr gibt. Er stellt sich diese Frage nicht einmal, sondern konstruiert so etwas wie anthropologische Konstanten, was seiner Methodik und seinem ganzen Denken eigentlich strikt zuwiderläuft. Es gibt ja kein »Wesen«, auf das man alles zurückführen könnte. Er ist aber ständig dabei, seiner eigenen Philosophie so etwas unterzuschieben. Und wenn die dazu nötigen Begriffe einmal gesetzt sind, dann entwickeln sie eine Eigendynamik, die die weitere Erzählung durchaus plausibel erscheinen läßt. Aber es bleibt eine Erzählung.

Sie geht so weiter: Für die Sklavenmoral, die verdrückte, schiefe, schielende, ist der eigentlich (»von Natur aus«) Gute der Böse. Was an sich verständlich ist, sagt Nietzsche. Denn der originär Gute ist gut und edel und vornehm nur bei und zu seinesgleichen. Nach außen sind die Vornehmen »nicht viel besser als losgelassene Raubtiere. Sie genießen da die Freiheit von allem sozialen Zwang, sie halten sich in der Wildnis schadlos für die Spannung, welche eine lange Einschließung und Einfriedigung in den Frieden der Gemeinschaft gibt, sie treten in die Unschuld des Raubtier-Gewissens *zurück*, als frohlockende Ungeheuer, welche vielleicht von einer scheußlichen Abfolge von Mord, Niederbrennung, Schändung, Folterung mit einem Übermute und seelischen Gleichgewichte davongehen, wie als ob nur ein Studentenstreich vollbracht sei, überzeugt davon, daß die Dichter für lange nun wieder etwas zu singen und zu rühmen haben. Auf dem Grunde aller dieser vornehmen Rassen ist das Raubtier, die prachtvolle nach Beute und Sieg lüstern schweifende *blonde Bestie* nicht zu verkennen; es bedarf für diesen verborgenen Grund von Zeit zu Zeit der Entladung, das Tier muß wieder heraus, muß wieder in die Wildnis zurück – römischer, arabischer, germanischer, japanesischer Adel, homerische Helden, skandinavische Wikinger – in diesem Bedürfnis sind sie alle gleich.« Wer unter der Befriedigung dieses Bedürfnisses zu leiden hat, der nennt die Vornehmen dann verständnislos »Barbaren« oder »böse Feinde«.

Auch das sind Setzungen, sie bleiben unbefragt, unreflektiert.

Denn ob die These von der biologischen Ursprünglichkeit der blonden Bestie historisch zu halten wäre, wenn man zum Beispiel die Raubzüge von Hunnen und Slawen betrachtet, ist fraglich. Und wenn Nietzsche dann von dem »Wüten der blonden germanischen Bestie« redet, der »Europa« jahrhundertelang zugesehen habe, bleibt erst recht unklar, von welchen Jahrhunderten er redet, von welchen Stämmen und welchen ihrer Kriegs- und Raubzüge, von welchem zusehenden »Europa«.

Aber weiter in der Erzählung: Die Furcht vor der blonden Bestie mag ja verständlich sein. »Aber wer möchte nicht hundertmal lieber sich fürchten, wenn er zugleich bewundern darf, als sich *nicht* fürchten, aber dabei den ekelhaften Anblick des Mißratenen, Verkleinerten, Verkümmerten, Vergifteten nicht mehr loswerden können?« Das ist das große Drama: Es gibt nichts mehr zu fürchten, nur noch Mittelmaß, Gewürm, der Anblick des Menschen macht müde, »wir sind *des Menschen* müde«. Und deshalb die Vorstellung des Übermenschen als eines Vollkommenen, Geglückten, eines Menschen, »der *den* Menschen rechtfertigt«, wie Nietzsche an dieser Stelle sagt.

Hier ist er wieder: Der Pessimismus, der Ekel an der Welt, der Nihilismus, der doch überwunden werden sollte. Überwunden durch die radikale Bejahung des Daseins, so wie es ist und immer wieder genau so sein wird. Offenbar wird diese höchstmögliche Bejahung immer wieder beurlaubt, sie darf nicht gelten, noch nicht gelten, zuerst muß die Welt, muß der Mensch so eingerichtet werden, daß das radikalste Ja überhaupt möglich wird.

Andererseits: Man mag die Starken fürchten, aber man kann von ihnen nicht verlangen, daß sie ihre Stärke verleugnen. Stärke muß sich als Stärke äußern, das ist ihre Natur, sie kann nicht anders. Das ist das Unschuldige am Überwältigen, am Niederwerfen, am Herrschen, denn hinter dem Starken steht kein Subjekt, kein Substrat, kein »Sein«, kein Wille, dem es freistünde, Stärke zu äußern oder auch nicht. Es ist alles Treiben, Wollen, Wirken. Die Schwachen haben das Subjekt zum Tun hinzugelogen. Sie sagen: Wir sind anders als die Bösen, nämlich gut. Und sie tun damit so, als stünde es ihnen frei, so oder so zu sein. Es steht ihnen aber nicht frei, sie sind schwach und können nicht stark sein. Das ist keine Tat, kein Verdienst, kein Gewolltes, sondern ihr »Sein«.

Das zeigt: Nietzsche kann oder vielmehr will nicht in sozialen Kategorien denken, nur in naturalen. Für ihn gibt es nur Natur. Weil man aber auf die Idee kommen könnte, daß vor und in der Natur alle gleich sind, muß er eine hierarchisierte Natur denken. Es gibt eine Herren-Natur und eine Sklaven-Natur. Aus dieser Unterscheidung ergibt sich seine »Genealogie« der Moral.

Das schlechte Gewissen

In der zweiten Abhandlung kommt Nietzsche noch einmal auf die Entstehung von Schuld und Gewissen und die Rolle der Religion zurück. Zunächst fragt er: Wie kommt es zum Gewissen, vor allem zum schlechten Gewissen? Nietzsche versucht das an der Metapher von Versprechen und Verantwortung deutlich zu machen. Der Mensch ist das Tier, das versprechen darf, sagt Nietzsche. Das ist deshalb bedeutsam, weil das Versprechen gegen die Vergeßlichkeit arbeitet, die dem Menschen ansonsten das Leben ungemein erleichtert. Die Vergeßlichkeit ist die »Türwärterin«, die »Aufrechterhalterin der seelischen Ordnung, der Ruhe, der Etikette«. Ohne Vergeßlichkeit könnte es »kein Glück, keine Heiterkeit, keine Hoffnung, keinen Stolz, keine *Gegenwart* geben«.

Dieses vergeßliche Tier namens Mensch hat sich nun ein »Gegenvermögen angezüchtet, ein Gedächtnis, mit Hilfe dessen für gewisse Fälle die Vergeßlichkeit ausgehängt wird«. Und zwar für den Fall, daß etwas versprochen werden soll. Dazu muß der Mensch berechenbar, regelmäßig, einförmig gemacht werden – ein langer Prozeß, eine ungeheure Arbeit, es ist die Geschichte der Herkunft der Verantwortlichkeit. Am Ende dieses langen, schweren Arbeitsprozesses steht das souveräne Individuum, der Mensch des eigenen, unabhängigen Willens, der versprechen darf.

Was ist da errungen worden? Zum einen ein Freiheits-Bewußtsein, ein Vollendungs-Gefühl, zum anderen ein Gefühl der Überlegenheit über andere, die die Fähigkeit zu versprechen nicht haben. Und dieses Überlegenheits-Gefühl führt gleichsam automatisch – Nietzsche sagt »notwendig«– zur Macht über diese anderen, die auch genauso notwendig gewaltsam (»Fußtritte«, »Zuchtrute«) ausgeübt wird. Dieses stolze Wissen um das außerordentliche Privileg der Verantwortlichkeit heißt »Gewissen«. Es ist, und das ist das Bemerkenswerte an dieser »Herleitung«, ein Bewußtsein, das zum Instinkt wird!

Mit dem Gewissen entsteht auch das schlechte Gewissen, eine »tiefe Erkrankung«, die den Menschen erfaßte, »als er sich endgültig in den Bann der Gesellschaft und des Friedens eingeschlossen fand«. Den Vorgang stellt sich Nietzsche hochdramatisch vor: Das wilde Instinktwesen Mensch muß »mit einem Male« (!) auf seine Instinkte verzichten. Wie das Wassertier, das gezwungen wird, Landtier zu werden oder zugrunde zu gehen, so soll auch der Mensch plötzlich auf eigenen Füßen gehen. Wassertier wie Mensch sind in eine neue, unbekannte Welt hineingestoßen, in der ihre alten Führer – »die regulierenden unbewußt-sicherführenden Triebe« – nicht mehr gelten. »Ich glaube, daß niemals auf Erden ein solches Elends-Gefühl, ein solches bleiernes Mißbehagen dagewesen ist.«

Nun gibt es evolutionsgeschichtlich diesen Fall nicht, daß das Wassertier gezwungen wird, Landtier zu werden oder unterzugehen. Die Evolution probiert aus, verwirft, probiert wieder aus, aber der notwendige Untergang einer Form ist keine Bedingung des Fortschreitens der Evolution. Es gibt heute noch Wassertiere. Die Parallele Wassertiere – Menschen kann also nicht funktionieren. Nietzsche weiß, daß hier ein Problem liegt, und muß deshalb postulieren, daß es evolutionsgeschichtlich keine langsame Veränderung vom Instinkt- zum

Vernunftwesen gegeben hat, kein organisches Hineinwachsen in soziale Verhältnisse und Bedingungen stattfand, sondern »ein Bruch, ein Sprung, ein Zwang, ein unabweisbares Verhängnis, gegen das es keinen Kampf und nicht einmal ein Ressentiment gab«. Eine bisher ungestaltete »Bevölkerung« wird per Gewaltakt in eine Form gezwungen – den ältesten Staat, eine »furchtbare Tyrannei«, eine »zerdrückende und rücksichtslose Maschinerie«. Und wer betreibt diese Maschine, wer ist hier »Staat«? »Irgendein Rudel blonder Raubtiere, eine Eroberer- und Herren-Rasse, welche, kriegerisch organisiert und mit der Kraft, zu organisieren, unbedenklich ihre furchtbaren Tatzen auf eine der Zahl nach vielleicht ungeheuer überlegene, aber noch gestaltlose, noch schweifende Bevölkerung legt. Dergestalt beginnt ja der ›Staat‹ auf Erden: ich denke, jene Schwärmerei ist abgetan, welche ihn mit einem ›Vertrage‹ beginnen ließ. Wer befehlen kann, wer von Natur ›Herr‹ ist, wer gewalttätig in Werk und Gebärde auftritt – was hat der mit Verträgen zu schaffen!«

Nietzsche kommt offenbar nicht auf die Idee, daß sein Konstrukt des wilden, grausamen etc. Urmenschen auch nur *eine* evolutionäre Stufe gewesen sein könnte, daß die Herausentwicklung aus dieser Stufe sicherlich schwer und möglicherweise schmerzhaft, aber doch ohne Drama sich über Jahrtausende vollzogen haben könnte. Er setzt einen tatsächlichen Urzustand und damit einen per definitionem »richtigen«, »naturgemäßen«, »artgemäßen« Zustand des Menschen voraus. Alles weitere ist Dekadenz. Aber das ist Metaphysik, denn Nietzsche spricht damit von Substanz und Essenz – er tut also das, was er angeblich so vehement bekämpft. Was daran liegen mag, daß Nietzsche »Zivilisierung« nicht als evolutionären Prozeß verstehen kann oder mag, sondern immer nur als einen durch Religion und Moral verderbten.

Zurück zur Entwicklung des Menschen aus dem Instinkt- in den Gesellschaftszustand: Was passiert nun mit den Instinkten, die nicht mehr »gebraucht« werden? Sie wenden sich nach innen, die »Seele« entsteht. Die Entladung des Menschen nach außen wird gehemmt, die innere Welt bekommt Tiefe, Breite, Höhe. Und letztlich wenden sich »alle jene Instinkte des wilden freien schweifenden Menschen« gegen den Menschen selbst. »Die Feindschaft, die Grausamkeit, die Lust an der Verfolgung, am Überfall, am Wechsel, an der Zerstörung – alles das gegen die Inhaber solcher Instinkte sich wendend: *das* ist der Ursprung des ›schlechten Gewissens‹.« Und damit ist die unheimlichste Erkrankung des Menschen eingeleitet, das Leiden des Menschen am Menschen, an sich selbst.

Schuld und Unschuld

Damit das Gewissen zum schlechten Gewissen wird, muß ein Bewußtsein der Schuld dazukommen. Ausgangspunkt aller Moral, sagt Nietzsche, ist das Recht, das Verhältnis von Schuldner und Gläubiger. Schuld ist die persönliche Verpflichtung dem Gläubiger gegenüber. Dieses Verhältnis des Schuldners zu seinem Gläubiger wird, je mehr Gemeinschaft entsteht, projiziert auf das Verhältnis zwischen Individuum und Gemeinschaft. »Man lebt in einem Gemeinwesen, man genießt die Vorteile eines Gemeinwesens (oh was für Vorteile! wir unterschätzen es heute mitunter), man wohnt geschützt, geschont, im Frieden und Vertrauen, sorglos in Hinsicht auf gewisse Schädigungen und Feindseligkeiten, denen der Mensch außerhalb, der ›Friedlose‹, ausgesetzt ist.« Das Individuum schuldet der Gemeinschaft etwas dafür, daß es dieser Segnungen teilhaftig geworden ist. Jeder Verstoß ist nicht nur ein Verstoß gegen Regeln, denen alle unterworfen sind, sondern ein Vergehen gegen den Gläubiger selbst, gegen die Gemeinschaft. »Der Verbrecher ist ein Schuldner, der die ihm erwiesenen Vorteile und Vorschüsse nicht nur nicht zurückzahlt, sondern sich sogar an seinem Gläubiger vergreift: daher geht er von nun, wie billig, nicht nur aller dieser Güter und Vorteile verlustig, – er wird vielmehr jetzt daran erinnert, was es mit diesen Gütern auf sich hat.«

Das zuerst privatrechtliche Schuldverhältnis, projiziert auf Individuum und Gemeinschaft, wird nun noch einmal weiterprojiziert, »und zwar in einer historisch überaus merkwürdigen und bedenklichen Weise«, wie Nietzsche ausdrücklich anmerkt, nämlich auf das Verhältnis der Gegenwärtigen zu ihren Vorfahren. Dem liegt die Vorstellung zugrunde, daß jetzt lebende Menschen und ihre Gemeinschaft nur durch die Opfer und Leistungen der Vorfahren existieren, und das ist eine Schuld, die man durch Opfer und Leistungen zurückzuzahlen hat. Je erfolgreicher ein Volk, eine Gemeinschaft wird, um so mächtiger erscheinen die Vorfahren. Letztlich werden die Ahnherren zu imaginierten Göttern. Der christliche Gott als eine Art Maximal-Gott erreicht dann ein Maximum an Schuldgefühl.

Nun könnte man an solche Entwicklungen auch Hoffnung knüpfen: Wir leben in einem Zeitalter des unaufhaltsamen Niedergangs des Glaubens an den christlichen Gott, sagt Nietzsche, also ist ein Niedergang des menschlichen Schuldbewußtseins wahrscheinlich. Der endgültige Sieg des Atheismus könnte die Menschheit vom Schuldgefühl erlösen: »Atheismus und eine Art *zweiter Unschuld* gehören zueinander.« Aber diese Hoffnung trügt, denn tatsächlich verhält es sich anders. Mit der Moralisierung von Schuld und Pflicht wenden sich diese Begriffe gegen den Schuldner selbst, dessen schlechtes Gewissen sich polypenhaft ausbreitet; dann gegen die causa prima des Menschen – der alte Adam, die Erbsünde regiert; dann gegen Gott selbst: Das ist der »Geniestreich des Christentums«. Die Schuld ist so unermeßlich groß geworden, daß der Schuldner nichts mehr ausrichten kann, der Gläubiger (Gott selbst) muß sich für die Schuld des Menschen opfern – aus Liebe zu seinem Schuldner. »Sollte man's glauben«, seufzt Nietzsche.

Was passiert hier? Die alten Tier-Instinkte sind nach innen gekehrt, gegen den Menschen selbst, sie werden umgedeutet als Schuld gegen Gott (Auflehnung gegen den Herrn, den Vater).

»Dies ist eine Art Willens-Wahnsinn in der seelischen Grausamkeit, der schlechterdings nicht seinesgleichen hat: der *Wille* des Menschen, sich schuldig und verwerflich zu finden bis zur Unsühnbarkeit, sein *Wille*, sich bestraft zu denken, ohne daß die Strafe je der Schuld äquivalent werden könne [...]. O über diese wahnsinnige traurige Bestie Mensch!« Die daran gehindert wird, Bestie der Tat zu sein, und daher diese unglaubliche *»Bestialität der Idee«* entwickelt. Wie schlau haben es dagegen die Griechen angestellt mit ihren ach so menschlichen Göttern!

Die Möglichkeit, sich aus dieser Bestialität zu befreien, sieht Nietzsche nun genau in der beschriebenen »Genealogie« der Moral angelegt. Von seiner unheimlichen Erkrankung namens schlechtes Gewissen ist der Mensch bislang nicht genesen. Sie ist »Folge einer gewaltsamen Abtrennung von der tierischen Vergangenheit, eines Sprunges und Sturzes gleichsam in neue Lagen und Daseins-Bedingungen, einer Kriegserklärung gegen die alten Instinkte, auf denen bis dahin seine Kraft, Lust und Furchtbarkeit beruhte«. Das ist, wie wir gesehen haben, der Kern von Nietzsches »Psychologie«. Er weist damit auf Probleme hin, die seine Zeitgenossen bestenfalls geahnt haben, die nach ihm und nicht zuletzt durch ihn aber um so heftiger thematisiert wurden: Zwangsneurose, Verdrängung, Aggression. Aber Nietzsche bleibt nicht bei Problemaufrissen und Fragestellungen, bei der Benennung und Diagnose der Krankheit, sondern er will auch Therapeut sein. Den Ansatz zu einer Therapie sieht er, radikal immanent, wie er immer sein will, im Ursprung der Krankheit selbst. Denn »mit der Tatsache einer gegen sich selbst gekehrten, gegen sich selbst Partei nehmenden Tierseele« ist etwas derart Unerhörtes, Rätselhaftes, »Zukunftsvolles« geschehen, daß Nietzsche den Menschen von diesem Zeitpunkt an zu den großen »Glückswürfen« rechnet – »als ob mit ihm sich etwas ankündige, etwas vorbereite, als ob der Mensch kein Ziel, sondern nur ein Weg, ein Zwischenfall, eine Brücke, ein großes Versprechen sei«.

Das ist der Glaube des »Zarathustra« an eine »Übermensch«

genannte Existenzform über alles Tierhafte, über alle Bestialität hinaus. Um sich freilich aus dieser Bestialität zu befreien, dazu brauchte man andre Geister: »Geister, durch Kriege und Siege gekräftigt, denen die Eroberung, das Abenteuer, die Gefahr, der Schmerz sogar zum Bedürfnis geworden ist; es bedürfte dazu einer Art sublimer Bosheit selbst, eines letzten selbstgewissesten Mutwillens der Erkenntnis, welcher zur großen Gesundheit gehört, es bedürfte, kurz und schlimm genug, eben dieser *großen Gesundheit*!«

Hier ist wiederum zu fragen: Wie verträgt sich das mit Nietzsches Theorie des Organischen, das auf Bewußtsein und Erkenntnis nicht angewiesen ist, mit seinem Begriff von »Natur«, in der alles Werden und Vergehen sich gleichsam blind vollzieht? Aber ich rede nicht von der Zufälligkeit oder »mechanistischen Unsinnigkeit alles Geschehens«, sagt Nietzsche. Sondern eben von der »Theorie eines in allem Geschehen sich abspielenden *Macht-Willens*«. Dem muß sich alles unterordnen: Im Organischen zum Beispiel kann das Absterben von Zellen, von Organen durchaus dazu dienen, daß das Ganze kräftiger und vollkommener wird. Der Tod gehört also zu den Bedingungen des wirklichen Fortschritts, das gilt auch für die Menschheit insgesamt. »Die Größe eines ›Fortschritts‹ *bemißt* sich sogar nach der Masse dessen, was ihm alles geopfert werden mußte; die Menschheit als Masse dem Gedeihen einer einzelnen *stärkeren* Spezies Mensch geopfert – das *wäre* ein Fortschritt.«

Wer veranstaltet dieses Opfer? Oder vollzieht es sich, wie im Organischen, von selbst, eben »organisch«? An solchen Stellen ist Nietzsche immer wieder undeutlich. Eigentlich kann er einen »Eingriff« ins Organische nicht denken, letztlich aber konstruiert er so etwas wie einen Vollzug des »Willens« des Organischen – auch ein begriffliches Unding – durch einen oder mehrere »Erlöser« mit dem »selbstgewissen Mutwillen der Erkenntnis«. Wie konstruiert das auch klingen mag, es muß einfach so sein. Der Mensch der Zukunft, der uns vom Christentum erlöst und vom Nihilismus, der aus dem Christentum erwächst, »dieser Antichrist und Antinihilist, dieser Besieger Gottes und des Nichts – *er muß einst kommen*«. Aber an der Stelle befiehlt Nietzsche sich selbst zu schweigen. Denn darüber darf nur einer reden, ein Jüngerer, ein Stärkerer – Zarathustra, der Gottlose.

Das asketische Ideal

Die dritte Abhandlung der »Genealogie der Moral« fragt nach Sinn und Bedeutung asketischer Ideale. Warum diese Frage? Es geht immer noch um die Krankheit, die Nietzsche in den zwei vorigen Abhandlungen diagnostiziert hat. Eine Krankheit, die sich gegen den Menschen, gegen das Leben selbst wendet. Der Mensch ist krank, ist müde, er ist das Tier, das am meisten gewagt, am meisten mit sich experimentiert hat. Also ist es auch am meisten gefährdet, »das am längsten und tiefsten kranke unter allen kranken Tieren«. Gegen diese Schwäche und Müdigkeit kämpft das asketische Ideal an: *»das asketische Ideal entspringt dem Schutz- und Heil-Instinkte eines degenerierenden Lebens*, welches sich mit allen Mitteln zu halten sucht und um sein Dasein kämpft«. Die Verfechter der Askese, der Enthaltsamkeit in allen möglichen Formen, behaupten: Askese ist Stärke, ist Gesundheit. Nietzsche sagt: Askese ist Ausdruck von Krankheit.

»Wer nicht nur seine Nase zum Riechen hat, sondern auch seine Augen und Ohren, der spürt fast überall, wohin er heute auch nur tritt, etwas wie Irrenhaus-, wie Krankenhaus-Luft.« Es ist die Luft des Nihilismus, der Wille zum Nichts, der von denen kommt, die sich satt haben, die das Leben satt haben. Das ist Nietzsches immer wiederkehrendes Thema, es ist der Grundton seiner ganzen Philosophie: die große Gefahr des Nihilismus, die notwendige Überwindung des Nihilismus. Das Leben selbst ist ohne Sinn – an dieser schrecklichen Erkenntnis leiden die Menschen. Eine ungeheure Lücke »umsteht« den

Menschen, sagt Nietzsche, »er wußte sich selbst nicht zu rechtfertigen, zu erklären, zu bejahen, er *litt* am Problem seines Sinns«. Das Leiden selbst ist nicht das Schlimmste, nicht das Entscheidende, sondern die Sinnlosigkeit des Leidens ist der Fluch der Menschheit – und das asketische Ideal bietet einen Sinn, es fungiert als Sinngebung des Sinnlosen. Wenn der Mensch sich selbst martert durch Verzicht auf Leiblichkeit, durch Unterdrückung seiner Natürlichkeit und Kreatürlichkeit, dann glaubt er dem Leben wieder einen Sinn geben zu können.

Diese Sinngebung des Sinnlosen muß nun irgendwie organisiert werden. Wer kümmert sich um diese Kranken, die an einer »zur Epidemie gewordenen Müdigkeit und Schwere« leiden? Das kann nicht Aufgabe der Gesunden sein, sondern man braucht Ärzte, die selbst krank sind – das sind die asketischen Priester. Alle großen Religionen haben vor allem die Funktion, diese Art von Kranken zu behandeln, die Organisation der Kranken heißt »Kirche«. Wie geht nun der asketische Priester vor? Er gibt dem Kranken Gründe für sein Leiden: Die soll er in sich selbst aufsuchen, in seiner Schuld, er soll das Leiden als Strafe verstehen – er redet von Sünde.

Sobald das Leiden, in bewußtem Mißverstehen, in Schuld-, Furcht- und Strafgefühle umgedeutet ist, gibt es kein Entrinnen mehr: »überall die Geißel, das härene Hemd, der verhungernde Leib, die Zerknirschung; überall das Sich-selbst-Rädern des Sünders in dem grausamen Räderwerk eines unruhigen, krankhaft-lüsternen Gewissens; überall die stumme Qual, die äußerste Furcht, die Agonie des gemarterten Herzens, die Krämpfe eines unbekannten Glücks, der Schrei nach ›Erlösung‹«. Um dem Leiden einen Sinn zu geben, muß der Mensch noch mehr leiden – freiwillig. Das ist die Bedeutung des asketischen Ideals, das ist die Bedeutung von Religion, vor allem des Christentums.

Das Ergebnis dieser Priester-Tätigkeit allerdings ist fatal: Es wird alles noch schlimmer. Lähmungen, Dauer-Depressionen,

Hexen-Hysterie, todessüchtige Massen-Delirien: »Wir finden im Gefolge des Buß- und Erlösungstraining ungeheure epileptische Epidemien, die größten, von denen die Geschichte weiß, wie die der St. Veit- und St. Johann-Tänzer des Mittelalters.« Diese Passage ist deshalb besonders interessant, weil Nietzsche in der »Geburt der Tragödie« diese Veit- und Johann-Tänzer noch als ausgesprochen positives Beispiel für Ausdrucksformen des dionysischen Rausches gelobt hatte. Und auch eine der vielen kuriosen historischen »Beweisführungen« Nietzsches schließt sich an diese Überlegung an. Kaum etwas, so die These, hat der Gesundheit und »Rassen-Kräftigkeit« der Europäer so zugesetzt wie diese aus dem asketischen Ideal hervorgehende Krankheit. An zweiter Stelle steht die Alkoholvergiftung Europas durch die permanente Sauferei der Germanen (von der Nietzsche immer wieder spricht), an dritter Stelle die Syphilis.

Aber auch das geht jetzt zu Ende, wie alle großen Dinge durch sich selbst zugrunde gehen, »durch einen Akt der Selbstaufhebung: so will es das Gesetz des Lebens«. Das Christentum ging als Dogma an seiner eigenen Moral zugrunde, »dergestalt muß nun auch das Christentum *als Moral* noch zugrunde gehn – wir stehen an der Schwelle *dieses* Ereignisses«. Was bleibt dann aber? Der Mensch ohne Gott ist wieder zurückgeworfen auf das Leiden, auf die Frage nach dem Warum dieses Leidens. Der Kern des Atheismus ist die radikal wieder und neu gestellte Frage nach Wahrheit, genauer, nach dem »Willen zur Wahrheit«.

Die Alternative wäre, die Faktizität und Absurdität des Seins »gläubig« zu akzeptieren. Die Suche nach der Wahrheit, der Wille zur Wahrheit bedarf aber selbst der Rechtfertigung. Wieso ist das bislang so unklar geblieben, fragt Nietzsche. »Weil das asketische Ideal über alle Philosophie bisher *Herr* war, weil Wahrheit als Sein, als Gott, als oberste Instanz selbst gesetzt wurde, weil Wahrheit gar nicht Problem sein *durfte*.« Zumindest diese Sinnfrage ist wichtig, die nach dem Sinn dessen, was Philosophie tut, was Nietzsche tut. »Welchen Sinn hätte *unser* ganzes Sein, wenn nicht den, daß in uns jener Wille zur Wahrheit sich selbst *als Problem* zum Bewußtsein gekommen wäre?«

Wie so oft in seinen Büchern fragt Nietzsche auch hier, ob man ihn verstanden, ob man ihn überhaupt gehört habe. »Versteht man mich? … Hat man mich verstanden?« In »Genealogie der Moral« gibt er freundlicherweise selbst die Antwort: »›*Schlechterdings nicht! mein Herr!*‹« Und er erwidert: »Fangen wir also von vorne an.«

9. Kapitel

Wagner-Dämmerung, Götzen-Dämmerung

Anfang 1888: Nietzsche fühlt sich einsam wie nie zuvor, er ist krank, er fürchtet wahnsinnig zu werden. Und doch erlebt er in diesem Jahr noch einmal eine Phase höchster Produktivität, das heißt: Er ringt sie sich und seiner Krankheit ab. Im April reist er zum ersten Mal nach Turin – das ist *die* Entdeckung. Hier fühlt er sich wohl, das Klima bekommt ihm, die Menschen gefallen ihm. Er bleibt bis zum Juni, geht für den Sommer wieder nach Sils-Maria und kommt im September nach Turin zurück: »Ein wahrer Glücksfund für mich, dieses Turin!« Innerhalb weniger Monate entstehen zwei Bücher über sein Verhältnis zu Richard Wagner (»Der Fall Wagner«, »Nietzsche contra Wagner«), die »Götzen-Dämmerung«, seine Autobiographie »Ecce homo« und die letzte Auseinandersetzung mit dem Christentum: »Der Antichrist«. Und dazu immer wieder Entwürfe, Skizzen, Vorarbeiten zu dem großen Werk, das mal »Umwertung aller Werte«, mal »Wille zur Macht« heißen soll: »Ich habe der Menschheit das tiefste Buch gegeben, das sie besitzt, meinen *Zarathustra*: ich gebe ihr über kurzem das unabhängigste.«

Wagner-Dämmerung

Aber vorerst geht es bescheidener zu. »Ich mache mir eine kleine Erleichterung.« So beginnt die Abhandlung »Der Fall Wagner«, an der Nietzsche seit dem Frühjahr 1888 arbeitet. Am 20. April schreibt er an Köselitz: »Ich bin guter Laune, in Arbeit von früh bis Abend – ein kleines Pamphlet über Musik beschäftigt meine Finger.« Eine »Fingerübung« als Erleichterung der schweren Arbeit am großen Werk? Die Vorarbeiten zur »Götzen-Dämmerung« fallen auch in diese Zeit. Dort heißt es: »Auch diese Schrift [...] ist vor allem eine Erholung, ein Sonnenfleck, ein Seitensprung in den Müßiggang eines Psychologen. Vielleicht auch ein neuer Krieg?« Das scheint es zu treffen. Nietzsche führt Krieg, er tut das seit der »Genealogie der Moral«, er greift an, er streitet – auch »Der Fall Wagner« ist eine Streitschrift, ist eine »Götzen-Dämmerung« eigener Art.

Warum beschäftigt er sich wieder mit Wagner? Das Wichtigste für einen Philosophen ist, »zeitlos« zu werden, schreibt Nietzsche, die Zeit in sich zu überwinden. Er muß sich also mit dem am meisten abplagen, worin er Kind seiner Zeit ist. »Ich bin so gut wie Wagner das Kind dieser Zeit, will sagen ein *décadent*: nur daß ich das begriff, mich dagegen wehrte.« Diese Gegenwehr fällt ziemlich grobschlächtig aus. »Wie man mit dem Hammer philosophiert« wird der Untertitel der »Götzen-Dämmerung« heißen. Im »Fall Wagner« schwingt Nietzsche schon einmal probeweise den Hammer.

Dabei war Wagner doch eigentlich »erledigt«. In beiden Bänden von »Menschliches, Allzumenschliches«, in der »Fröhlichen Wissenschaft«, in »Jenseits von Gut und Böse«, zuletzt noch in der »Genealogie der Moral« – überall nicht nur Spuren der Abnabelung von Wagner, sondern eindeutige Distanzierungen. Zu Wagners »Parsifal« dichtet Nietzsche zum Beispiel in »Jenseits von Gut und Böse«:

> Ist das noch deutsch?
> Aus deutschem Herzen kam dies schwüle
> Kreischen?
> Und deutschen Leibs ist dies Sich-selbst-
> Zerfleischen?
> Deutsch ist dies Priester-Hände-Spreizen,
> Dies weihrauchdüftelnde Sinne-Reizen?
> Und deutsch dies Stürzen, Stocken, Taumeln,

Dies zuckersüße Bimbambaumeln?
Dies Nonnen-Äugeln, Ave-Glockenbimmeln,
Dies ganze falsch verzückte Himmel-Überhimmeln? …

Ist das noch deutsch?
Erwägt! Noch steht ihr an der Pforte …
Denn was ihr hört, ist *Rom – Roms Glauben ohne Worte*!

Das war doch eindeutig und grob genug. Wieso holt er Wagner jetzt noch einmal hervor, um ihn endgültig niederzumachen? Zum einen sicherlich, weil Nietzsche mit Wagner eben nicht »fertig« ist. Das war er nie. Wagner hat ihm viel bedeutet, er war ihm umschwärmtes Vorbild, leibhaftiger Ersatzvater, nicht zuletzt der Mann der über alles verehrten Cosima – die Abnabelung tut immer noch weh, der Schmerz hört nie auf. »Wagner den Rücken zu kehren, war für mich ein Schicksal.«

Zum anderen spielt Wagner auch philosophisch eine zentrale Rolle. Nietzsche erinnert daran, daß Wagner in einer Zeit jung war, als Hegel und Schelling die Deutschen dazu verführten, den Götzen »Idee« anzuhimmeln, also »etwas, das dunkel, ungewiß, ahnungsvoll ist«. Wagner begriff, »daß Klarheit unter Deutschen ein Einwand, Logik eine Widerlegung ist«. Wagner wurde der Hegel der Musik, »er erfand sich einen Stil, der ›Unendliches bedeutet‹, – er wurde der *Erbe Hegels* … Die Musik als ›Idee‹.«

Der Schluß daraus: Wagner gehört gar nicht in die Geschichte der Musik. Aber er spielt eine Rolle in dieser Geschichte: Wagners Musik steht exemplarisch für Romantik, und Romantik ist ein Irrweg, eine Krankheit wie das Christentum. Die Verbindung von Romantik und Christentum, die Wagner schließlich im »Parsifal« einging, war der Anlaß für den endgültigen Bruch. »Ich habe mich von Wagner entfernt, als er seinen Rückzug zum deutschen Gott, zur deutschen Kirche und zum deutschen Reich nahm«, schreibt Nietzsche in ein Notizheft.

Krankheit ist das Stichwort. Wagner ist eine »Krankheit«,

befindet Nietzsche kurz und bündig. Und zwar im doppelten Sinn. Zum einen ist bzw. war Wagner seine, Nietzsches, Krankheit, genau wie Schopenhauer. »Mein größtes Erlebnis war eine *Genesung*.« Und dann ist Wagner eine Krankheit an sich: »Er macht alles krank, woran er rührt – *er hat die Musik krank gemacht*.« Wagner ist eine Neurose: Er bringt lauter Hysteriker-Probleme auf die Bühne, er hat eine überreizte Sensibilität, ist konvulsivisch in seinen Affekten, er ist lauter Gebärde, Pathos, er ist eher Schauspieler als Musiker: »Er war auch als Musiker nur das, was er überhaupt war: er *wurde* Musiker, er *wurde* Dichter, weil der Tyrann in ihm, sein Schauspieler-Genie, ihn dazu zwang.« Und an den Wagnerianern läßt Nietzsche auch kein gutes Haar, obwohl er eingesteht, daß er »einer der korruptesten Wagnerianer« war, weil er ihn ernst genommen hat. Aber jetzt weiß er: »Wagner wirkt wie ein fortgesetzter Gebrauch von Alkohol. Er stumpft ab, er verschleimt den Magen. Spezifische Wirkung: Entartung des rhythmischen Gefühls.«

Aber sosehr Nietzsche auch höhnt und ätzt: Er wird nicht fertig mit Wagner. Zwei Nachschriften schickt er seinem Pamphlet hinterher, in der zweiten wehrt er sich gegen Mißverständnisse – natürlich hat mal wieder keiner verstanden, was er gesagt hat. Es ist das alte Lied: »Ich habe den Deutschen die tiefsten Bücher gegeben, die sie überhaupt besitzen – Grund genug, daß die Deutschen kein Wort davon verstehn.« Diesmal haben »die Deutschen« gemeint, Nietzsche wolle Wagner vernichten, um andere Musiker in den Himmel zu heben. Ganz falsch. »*Andre* Musiker kommen gegen Wagner nicht in Betracht.«

Da scheint Nietzsche vergessen zu haben, daß er gleich im ersten Kapitel seines Pamphlets Georges Bizet in den höchsten Tönen gelobt hatte: »Diese Musik scheint mir vollkommen. Sie kommt leicht, biegsam, mit Höflichkeit daher. Sie ist liebenswürdig, sie *schwitzt* nicht.« Er meint damit konkret Bizets Oper »Carmen«. Mit dieser Musik »nimmt man Abschied vom *feuch-*

ten Norden, von allem Wasserdampf des Wagnerschen Ideals«. Sie macht einen zu einem besseren Menschen. »Die Rückkehr zur Natur, Gesundheit, Heiterkeit, Jugend, *Tugend*!« Es ist eindeutig: Nietzsche setzt Bizet gegen Wagner. Oder doch nicht so eindeutig? Möglicherweise war das eine der vielen Masken, die Nietzsche sich immer wieder aufsetzte: »Das, was ich über Bizet sage, dürfen Sie nicht ernst nehmen«, schreibt er im Dezember 1888 an den Dirigenten Carl Fuchs. Bizet komme für ihn überhaupt nicht in Betracht, eigne sich aber fabelhaft als »ironische Antithese« gegen Wagner.

»Der Fall Wagner« erscheint im September, wieder als Privatdruck, und sorgt schon vorher für einige Aufregung. »Bloß auf die vorläufige Ankündigung im Buchhändler-Börsenblatt hin sind so viele Bestellungen eingelaufen, daß die Auflage von 1000 Ex. als erschöpft betrachtet werden kann«, schreibt Nietzsches Verleger Naumann. Das Pamphlet wird fleißig rezensiert, zweimal positiv von Carl Spitteler und von Heinrich Köselitz, sonst meist von Wagnerianern und durchweg ablehnend. Das hat Nietzsche nicht anders erwartet.

Zwei Dinge aber regen ihn mächtig auf. Zum einen ein Brief von Malwida von Meysenbug, die meint, man dürfe eine alte Liebe nicht so respektlos behandeln, wie Nietzsche Wagner behandelt. »Man beleidigt sich damit selbst.« Nietzsche ist wütend. Er schreibt zurück: »Das sind keine Dinge, worüber ich Widerspruch zulasse. Ich bin in Fragen der décadence die höchste Instanz, die es auf Erden gibt.« Ein paar Tage später legt er noch einmal nach: »Also Sie haben nichts von dem Ekel begriffen, mit dem ich, mit allen anständigen Naturen, vor 10 Jahren Wagnern den Rücken kehrte, als der *Schwindel* […] handgreiflich wurde? […] Sie haben nie ein Wort von mir verstanden, nie einen Schritt von mir verstanden: es hilft nichts; darüber müssen wir unter uns *Klarheit* schaffen, – auch in diesem Sinn ist der ›Fall Wagner‹ für mich noch ein *Glücksfall*.« Und er weist die »verehrte Freundin« darauf hin, daß er fast alle menschlichen Beziehungen »abgeschafft« hat »aus *Ekel* darüber, daß man mich für etwas Andres nimmt als ich bin. Jetzt sind Sie an der Reihe.«

Noch schlimmer für Nietzsche ist aber die Reaktion von Ferdinand Avenarius, dem Begründer und Herausgeber der einflußreichen Zeitschrift »Der Kunstwart«. Köselitz hatte seine Lobeshymne auf den »Fall Wagner« im »Kunstwart« veröffentlicht, und nun sah sich der Herausgeber, ein Stiefneffe Richard Wagners, genötigt, die Angelegenheit geradezurücken. Er bezeichnet die Schrift als unerfreulich, als Ausdruck des persönlichen Geschmacks von Herrn Nietzsche, als »Gabe eines überaus espritreichen Feuilletonisten, der mit großen Gedanken spielt«. Vor allem aber wundert er sich über die »Sinnesänderung eines der hervorragendsten, vielleicht schlechtweg des hervorragendsten der ›Wagnerianer‹.«

Nietzsche ist außer sich. Eigentlich hat er anderes zu tun: Er arbeitet an »Ecce homo«, die »Götzen-Dämmerung« liegt fertig zur Veröffentlichung, aber jetzt muß er in Sachen Wagner noch einmal nachlegen. Er will beweisen, daß er sich schon längst von Wagner verabschiedet hat, daß im »Fall Wagner« nichts steht, was er nicht schon vorher geschrieben hat. »Nietzsche contra Wagner. Aktenstücke aus Nietzsches Werken« soll die neue Schrift heißen. Die »Aktenstücke« sind Kapitel und Abschnitte über Wagner aus früheren Werken. Er bittet Carl Spitteler, die Schrift herauszugeben und dazu eine längere Vorrede zu schreiben – »eine wirkliche Kriegserklärung«. Aber schon tags darauf kommt ihm dieses Ansinnen seltsam vor, er nimmt seinen Vorschlag zurück und kümmert sich jetzt selbst darum. »Aktenstücke eines Psychologen« heißt nun der Untertitel, Nietzsche beeilt sich, die Schrift zu veröffentlichen, am 15. Dezember 1888 geht sie an die Druckerei. Aber schon einige Tage später kommen ihm Zweifel. Schließlich soll in »Ecce homo« das Entscheidende stehen, auch über Nietzsche und Wagner. Und wenn beide Bücher fast gleichzeitig herauskämen, würden sie einander Konkurrenz machen. Also läßt er den Druck stoppen, aber die Druckerei ignoriert Nietzsches Widerruf. So erscheint »Nietzsche contra Wagner« im Februar 1889, einen Monat nach der »Götzen-Dämmerung«, die schon im November 1888 fertig vorlag, wegen Unstimmigkeiten mit dem Verlag aber erst im Januar ausgeliefert wurde.

Götzen-Dämmerung

Die Anfänge dieses Buchs liegen im Sommer 1888. In Sils-Maria schreibt Nietzsche an einem Werk mit dem Titel »Müßiggang eines Psychologen«. Ein liebenswürdiger Titel für einen Inhalt vom »Aller Schlimmsten und Radikalsten«, wie er im September meint, eine Einführung in seine gesamte Philosophie. Freund Köselitz aber findet »Müßiggang« nun allzu brav: »Eines Riesen Gang, bei dem die Berge in den Urgründen erzittern, ist schon kein Müßiggang mehr.« Das hört Nietzsche gern, er muß nicht lange überredet werden. Der neue Titel heißt: »*Götzen-Dämmerung.* / Oder: Wie man mit dem Hammer philosophiert«.

Die Schrift soll eine große Kriegserklärung sein gegen alle Götzen, denn es gibt mehr Götzen als Realitäten in der Welt. »Hier einmal mit dem *Hammer* Fragen zu stellen und, vielleicht, als Antwort jenen berühmten hohlen Ton hören, der von geblähten Eingeweiden redet – welches Entzücken für einen, der Ohren noch hinter den Ohren hat – für mich alten Psychologen und Rattenfänger, dem gerade das, was still bleiben möchte, *laut werden muß.*« Die »Götzen« sind alte Bekannte. Es sind die Ideale, gegen die Nietzsche nun schon so lange ficht: die Begriffs-Götzen der Philosophie, die Moral-Götzen der Religion, die Gefühls-Götzen der Kunst.

Nietzsche geht zum ersten Mal nach langer Zeit wieder explizit zurück auf die »Geburt der Tragödie«. Da war ja Sokrates als der Vernichter der Tragödie bezeichnet worden. In späteren Werken hatte Nietzsche freundlicher über Sokrates gesprochen, hatte das Aufklärerische höher gewertet. Jetzt ist er wieder eindeutig. Sokrates und Platon sind für ihn Symptome eines verfallenden Griechentums. Was auch daran liegt, daß Sokrates nicht »vornehm« ist – wir wissen ja inzwischen, was Nietzsche sich unter dem Vornehmen vorstellt. Sokrates, so heißt es jetzt, war Pöbel, von niederer Herkunft, er war häßlich. Vielleicht war er gar kein Grieche, sondern eine Kreuzung, auf jeden Fall aber ein Zeichen einer niedergehenden Entwicklung.

Pöbel ist Sokrates auch als Dialektiker. Dialektik ist das Gegenteil von Vornehmheit. Denn die Vornehmheit befiehlt, der Dialektiker muß begründen, beweisen. Unter Vornehmen ist der Dialektiker ein Hanswurst. Sokrates brachte es fertig, daß ein Hanswurst ernst genommen wurde. Wie schaffte er das? Er war eine Art Seismograph einer anarchischen Entwicklung, des Niedergangs: »das alte Athen ging zu Ende«. Er propagierte die Vernunft, weil man die Instinkte, die Triebe beherrschen mußte. »Gegen die dunklen Begehrungen ein *Tageslicht* in Permanenz herstellen – das Tageslicht der Vernunft. Man muß klug, klar, hell um jeden Preis sein: jedes Nachgeben an die Instinkte, ans Unbewußte führt *hinab.*«

Damit wird die Vernunft zum Tyrannen über das Leben, das sich aber nicht wirklich tyrannisieren läßt. Die ganze Operation Vernunft ist ein Selbstbetrug. »Sokrates war ein Mißverständnis; *die ganze Besserungs-Moral, auch die christliche, war ein Mißverständnis.*« Diese Vernunft um jeden Preis, die Gleichsetzung von Vernunft und Tugend und Glück, ist selbst eine Krankheit, ist Niedergang, Dekadenz. »So lange das Leben *aufsteigt*, ist Glück gleich Instinkt.« Diese Begriffe werden nicht weiter erläutert, belegt: Was bedeutet es, wenn ich von »aufsteigendem« oder »absteigendem« Leben rede? Wie drücken sich »dunkle Begehrungen« lebenspraktisch so aus, daß Sokrates – gleichsam mit einem »gesellschaftlichen Auftrag« versehen – antrat, die Vernunft als Tyrannen einzusetzen? Welche konkreten Anhaltspunkte hat Nietzsche, die ihm erlauben, die griechische Geschichte als Existenzkampf von Instinkt und

Vernunft zu lesen? Die Fragen werden erst gar nicht gestellt. Mit dem Hammer philosophieren heißt eben auch, wuchtige Schläge zu setzen, sich mit Differenzierungen nicht aufzuhalten.

In dem Stil geht's weiter: Alle Philosophen, sagt Nietzsche, sind Begriffs-Götzen-Diener. Sie glauben ans Sein, ans Seiende – bis auf Heraklit, für den das Sein eine Fiktion ist. »Die ›scheinbare‹ Welt ist die einzige: die ›wahre Welt‹ ist nur *hinzugelogen.*« Aber auch Heraklit kommt nicht ganz ohne Kritik davon: Er hat unrecht, wenn er sagt, daß die Sinne lügen. »Was wir aus ihrem Zeugnis *machen*, das legt erst die Lüge hinein, zum Beispiel die Lüge der Einheit, die Lüge der Dinglichkeit, der Substanz, der Dauer.« Die »Vernunft« ist die Ursache dieser Fälschung. »Sofern die Sinne das Werden, das Vergehn, den Wechsel zeigen, lügen sie nicht.« Was wir an Wissenschaft haben, das verdanken wir den Sinnen, die müssen weiter geschärft werden. »Der Rest ist Mißgeburt und Noch-nicht-Wissenschaft: will sagen Metaphysik, Theologie, Psychologie, Erkenntnistheorie.«

Nietzsche rekapituliert hier noch einmal, was er schon in seinem frühen Aufsatz über »Wahrheit und Lüge im außermoralischen Sinne« umrissen hatte: Die Sprach-Metaphysik verleitet uns dazu, höchste Begriffe wie das Seiende, das Unbedingte, das Gute, das Wahre, das Vollkommene als gegeben zu nehmen. Und ein Ich als Sein, als Substanz anzunehmen. »Das Sein wird überall als Ursache hineingedacht, *untergeschoben*; aus der Konzeption ›Ich‹ folgt erst, als abgeleitet, der Begriff ›Sein‹.« Was wiederum mit dem Willens-Begriff zu tun hat, dem großen Irrtum, daß der Wille ein Vermögen ist, das etwas bewirkt. Aber der Wille ist bloß ein Wort. Und irgendwann glaubten die Philosophen, daß all diese Begriffe, die ja in der Welt waren, dieser Welt aber so fundamental widersprachen, vor uns dagewesen sein müssen, aus einer höheren Welt stammen, göttlich sind. »Ich fürchte, wir werden Gott nicht los, weil wir noch an die Grammatik glauben.«

Wie beeindruckend auch »Philosophieren mit dem Hammer«

sein kann, zeigt Nietzsche im Kapitel »Wie die ›wahre Welt‹ endlich zur Fabel wurde«. Das ist in aller Kürze eine Verfallsgeschichte der Metaphysik, sofern Metaphysik immer die »wahre Welt« hinter der wirklichen suchen will. In sechs Schritten legt er dar, wie er von Platon zu Zarathustra kommt – die höchstmögliche Verdichtung seiner Philosophie in einer zupackenden Sprache, ohne jedes Pathos, ohne Schwärmerei.

Geschichte eines Irrtums

1. Die wahre Welt, erreichbar für den Weisen, den Frommen, den Tugendhaften, – er lebt in ihr, *er ist sie*.
   (Älteste Form der Idee, relativ klug, simpel, überzeugend. Umschreibung des Satzes ›Ich, Plato, *bin* die Wahrheit‹.)
2. Die wahre Welt, unerreichbar für jetzt, aber versprochen für den Weisen, den Frommen, den Tugendhaften (›für den Sünder, der Buße tut‹).
   (Fortschritt der Idee: sie wird feiner, verfänglicher, unfaßlicher – *sie wird Weib*, sie wird christlich …)
3. Die wahre Welt, unerreichbar, unbeweisbar, unversprechbar, aber schon als gedacht ein Trost, eine Verpflichtung, ein Imperativ.
   (Die alte Sonne im Grunde, aber durch Nebel und Skepsis hindurch; die Idee sublim geworden, bleich, nordisch, königsbergisch.)
4. Die wahre Welt – unerreichbar? Jedenfalls unerreicht. Und als unerreicht auch *unbekannt*. Folglich auch nicht tröstend, erlösend, verpflichtend: wozu könnte uns etwas Unbekanntes verpflichten?
   (Grauer Morgen. Erstes Gähnen der Vernunft. Hahnenschrei des Positivismus.)
5. Die ›wahre Welt‹ – eine Idee, die zu nichts mehr nütz ist, nicht einmal mehr verpflichtend – eine unnütz, eine überflüssig gewordene Idee, *folglich* eine widerlegte Idee: schaffen wir sie ab!
   (Heller Tag; Frühstück; Rückkehr des bon sens und der

Heiterkeit; Schamröte Platos; Teufelslärm aller freien Geister.)

6. Die wahre Welt haben wir abgeschafft: welche Welt blieb übrig? die scheinbare vielleicht? ... Aber nein! *mit der wahren Welt haben wir auch die scheinbare abgeschafft!*
(Mittag; Augenblick des kürzesten Schattens; Ende des längsten Irrtums; Höhepunkt der Menschheit; INCIPIT ZARATHUSTRA.)

Die vier großen Irrtümer

Nach dieser »Erledigung« der Metaphysik führt uns Nietzsche noch einmal durch die wesentlichen Elemente seiner Philosophie: Er erklärt wiederum die christliche Moral zur »Widernatur«, und wir erfahren noch einmal, daß das Christentum die »Umwertung aller arischen Werte« bedeutet. Er klärt uns über die »vier großen Irrtümer auf«, darunter die Verwechslung von Ursache und Folge, die Imagination des freien Willens, mit beeindruckenden Formulierungen: »*Niemand* ist dafür verantwortlich, daß er überhaupt da ist, daß er so und so beschaffen ist, daß er unter diesen Umständen, in dieser Umgebung ist. Die Fatalität seines Wesens ist nicht herauszulösen aus der Fatalität alles dessen, was war und was sein wird.« Was dann auch bedeutet: »Man ist notwendig, man ist ein Stück Verhängnis.«

Schließlich ruft Nietzsche noch einmal seine »Unzeitgemäßen Betrachtungen« in Erinnerung, indem er allerlei zeitkritische Anmerkungen macht: über Verdummung und Alkohol, über höhere Schulen, über deutsche Philosophie – mit der bemerkenswert »hammermäßigen« Äußerung: »Daß die Deutschen ihre Philosophen auch nur ausgehalten haben, vor allem jenen verwachsensten Begriffs-Krüppel, den es je gegeben hat, den *großen* Kant, gibt einen kleinen Begriff von der deutschen Anmut.« Wir erfahren das Übliche zur »Arbeiterfrage«, wir hören, daß Freiheit vor allem eine Sache des Krieges ist, weil Krieg zur Freiheit erziehe. Denn Freiheit heißt Selbstverantwortlichkeit, und die zeigt sich in der Bereitschaft, seiner Sache Menschen zu opfern. Sich selbst und andere. »Der *freigewordne* Mensch, um wie viel mehr der freigewordne *Geist*, tritt mit Füßen auf die verächtliche Art von Wohlbefinden, von dem Krämer, Christen, Kühe, Weiber, Engländer und andere Demokraten träumen. Der freie Mensch ist *Krieger*.«

Wobei hier auffällt, daß Nietzsches Lieblingsbegriff »Stärke« um eine Nuance differenzierter daherkommt. Bisher hatte es geheißen: Stärke hat man. Die Vornehmen, die Wohlgeratenen, sind stark, und sie sind vornehm und wohlgeraten, weil sie stark sind. Das ist einer von Nietzsches logischen Zirkeln. Jetzt heißt es: Man kann stark *werden*, kann Stärke erwerben, Stärke wollen. Also ist Stärke nicht mehr Ausdruck und Definition eines »Urzustandes« der »Vornehmen«, sondern auch für andere erreichbar, sie wird prozeßhaft. Das hätte weitreichende Folgen für Nietzsches Theorie. Er hat sie nicht – nicht mehr – erörtert.

Nach dieser großen Tour durch die Begriffs- und Bilder- und Schlagwort-Welt seiner Philosophie kommt Nietzsche dann wieder an den Anfang zurück, den Anfang der »Götzen-Dämmerung« und den Anfang seiner Philosophie überhaupt: auf die Griechen, vor allem auf den Dionysos-Mythos. »Was ich den Alten verdanke«, das ist für ihn der Instinkt des Lebens in den dionysischen Mysterien, der Weg zum Leben, die Zukunft des Lebens. Was ist der Kern der dionysischen Mysterien, was verbürgt sich darin für die Hellenen? Es ist die Geschlechtlichkeit. »Das *ewige* Leben, die ewige Wiederkehr des Lebens; die Zukunft in der Vergangenheit verheißen und geweiht; das triumphierende Ja zum Leben über Tod und Wandel hinaus; das *wahre* Leben als das Gesamt-Fortleben durch die Zeugung, durch die Mysterien der Geschlechtlichkeit.« Das geschlechtliche Symbol ist das »ehrwürdige Symbol an sich«, der eigentliche Tiefsinn der antiken Frömmigkeit, die Zeugung als der *»heilige Weg«*. Und hier zeigt sich noch einmal, wie groß, wie übermächtig sein Haß auf das Christentum sein muß, denn er kann gar nicht anders, als selbst im Überschwang dieser Rede noch seinem Zorn Ausdruck zu geben: »Erst das Christentum, mit seinem Ressentiment *gegen* das Leben auf dem Grunde, hat aus der Geschlechtlichkeit etwas Unreines gemacht: es warf *Kot* auf den Anfang, auf die Voraussetzung unsres Lebens.«

Und so schließt Nietzsche seine »Götzen-Dämmerung« mit einem bewegenden Bekenntnis zu seinen Ursprüngen: »Das Jasagen zum Leben selbst noch in seinen fremdesten und härtesten Problemen, der Wille zum Leben, im *Opfer* seiner höchsten Typen der eignen Unerschöpflichkeit frohwerdend – *das* nannte ich dionysisch, *das* erriet ich als die Brücke zur Psychologie des tragischen Dichters.« Das war seine erste Umwertung aller Werte, »damit stelle ich mich wieder auf den Boden zurück, aus dem mein Wollen, mein *Können* wächst – ich, der letzte Jünger des Philosophen Dionysos – ich, der Lehrer der ewigen Wiederkunft …«.

10. Kapitel
Der Antichrist

»Wollen Sie einen neuen Namen für mich? Die Kirchensprache hat einen: ich bin der Antichrist.« Das schreibt Nietzsche im April 1883 an Malwida von Meysenbug. Fünf Jahre später schreibt er ein Buch mit dem Titel »Der Antichrist«, das zunächst als erster Teil der vierbändigen »Umwertung aller Werte« geplant war. Diesen Plan hat Nietzsche offenbar aufgegeben. Das druckfertige Manuskript hatte als Untertitel zu »Der Antichrist« noch »Umwertung aller Werte«, Nietzsche hat ihn eigenhändig durchgestrichen und »Fluch auf das Christentum« hingeschrieben.

»Dieses Buch gehört den wenigsten. Vielleicht lebt selbst noch keiner von ihnen. Es mögen die sein, welche meinen Zarathustra verstehn [...] – Erst das Übermorgen gehört mir. Einige werden posthum geboren.« So steht es im Vorwort zu dieser Schrift, die noch einmal weit ausholt, um Nietzsches Lebensthema »Christentum« systematisch und in einem Wurf darzustellen. Seit den Jugendaufsätzen »Fatum und Geschichte« und »Willensfreiheit und Fatum« (1862) hat er versucht, die christlichen Dogmen auseinanderzunehmen, Krieg zu führen gegen ein verlogenes System, das krank ist und krank macht. Er hat sich bei der Vorbereitung des geplanten Hauptwerks noch einmal tief in die Religionsgeschichte eingegraben, ausgedehnte Quellenstudien betrieben. Im Mai 1888 war er auf das altbrahmanische »Gesetzbuch des Manu« gestoßen, das ihm aus dem Herzen spricht: »Dies absolut arische Erzeugnis, ein Priesterkodex der Moral auf Grundlage der Veden, der Kasten-Vorstellung und uralten Herkommens [...] ergänzt meine Vorstellungen über Religion in der merkwürdigsten Weise.« Ein Kastensystem mit vier oberen Kasten, Nietzsche nennt sie ausdrücklich »Rassen«, die tyrannisch über die Masse der Sklaven, die Tschandala, herrschen.

Schon in der »Götzen-Dämmerung« hatte er ganz begeistert über diese Rassen-Zucht gesprochen. Die höheren Rassen müssen sich gegen das Tschandala-Gesindel wehren, sie müssen es unschädlich machen, indem sie es buchstäblich krank machen. Und zwar durch grausame Ernährungs- und Hygienevorschriften, durch brutale Unterdrückung und Ghettoisierung. In diesem Manu-Gesetz, sagt Nietzsche, »haben wir die arische Humanität, ganz rein, ganz ursprünglich«. Verständlich, daß diese Art von »Humanität« Protest hervorruft. »Das Christentum, aus jüdischer Wurzel und nur verständlich als Gewächs dieses Bodens, stellt die Gegenbewegung gegen jede Moral der Züchtung, der Rasse, des Privilegiums dar – es ist die antiarische Religion par excellence: das Christentum die Umwertung aller arischen Werte, der Sieg der Tschandala-Werte, das Evangelium den Armen, den Niedrigen gepredigt, der Gesamt-Aufstand alles Niedergetretenen, Elenden, Mißratenen, Schlechtweggekommenen gegen die ›Rasse‹ – die unsterbliche Tschandala-Rache als Religion der Liebe.«

Auf diese Weise zum endgültigen Kampf gegen das Christentum gerüstet, geht er zum Angriff über. »Was ist gut?« fragt er zu Beginn seiner Schrift. Die Antwort: »Alles, was das Gefühl der Macht, den Willen zur Macht, die Macht selbst im Menschen erhöht.« Und er fragt weiter: »Was ist schlecht? – Alles, was aus der Schwäche stammt.« Und da ist er beim Christentum, bei der Religion der Schwachen und Zukurzgekommenen. Das Mitleiden mit den Mißratenen und Schwachen, das ist schädlicher als jedes Laster. Sein Credo: »Die Schwachen und Mißratenen sollen zugrunde gehen: erster Satz *unsrer* Menschenliebe.« Und dann kommt der ungeheuerliche Satz, den so ähnlich schon Zarathustra gesprochen hatte: »Und man soll ihnen noch dazu helfen.«

Man sieht: Das Thema bleibt, der Ton wird schärfer, polemischer. Schon 1876, in »Menschliches, Allzumenschliches«, hatte Nietzsche erklärt: Mit dem Christentum »kann man sich, nach dem gegenwärtigen Stande der Erkenntnis, schlechterdings nicht mehr einlassen, ohne sein *intellektuelles Gewissen* heillos zu beschmutzen und vor sich und anderen preiszugeben«. Und Nietzsche wußte auch damals schon, daß die »Vernichtung aller christlichen Dogmen« längst geschehen ist. Aber daß sie sich so hartnäckig halten, daß das Christentum immer noch existiert, das verblüfft und empört ihn immer stärker, je länger er sich mit dem Thema befaßt.

Und er weist noch einmal darauf hin, wie er im krassen Gegensatz zum christlichen Menschenbild den Menschen definiert: »Wir leiten den Menschen nicht mehr vom ›Geist‹, von der ›Gottheit‹ ab, wir haben ihn unter die Tiere zurückgestellt. Er gilt uns als das stärkste Tier, weil er das listigste ist: eine Folge davon ist seine Geistigkeit.« Aber: »Er ist durchaus keine Krone der Schöpfung: jedes Wesen ist, neben ihm, auf einer gleichen Stufe der Vollkommenheit.« Auch das ist aber nicht ganz korrekt. Denn genaugenommen ist der Mensch das krankhafteste Tier, weil es von seinen Instinkten am allermeisten abgewichen ist. Allerdings macht ihn das auch besonders interessant.

Der menschliche *Geist* ist von daher so etwas wie eine Fehlentwicklung, ein Irrweg der Evolution, mehr oder weniger überflüssig. »Das Bewußtwerden, der ›Geist‹, gilt uns gerade als Symptom einer relativen Unvollkommenheit des Organismus, als ein Versuchen, Tasten, Fehlgreifen, als eine Mühsal, bei der unnötig viel Nervenkraft verbraucht wird, – wir leugnen, daß irgend etwas vollkommen gemacht werden kann, solange es noch bewußt gemacht wird.« Wenn man also die »Natur«, die Instinkte walten ließe, dann wäre auf dem Weg zur Vollkommenheit der Kreatur Mensch ein wichtiges Hindernis aus dem Weg geräumt.

Zurück zu den Quellen

Wie die Religionskritik des frühen 19. Jahrhunderts geht Nietzsche hier von der Textkritik aus, also von der schriftlichen Überlieferung, in den Evangelien des neuen Testaments. Schon den Evangelisten wirft er Verfälschung und Umbiegung dessen vor, worum es in den Schriften geht, die Nietzsche als Quellentexte liest und nicht als »Wort Gottes«, also nicht als Offenbarungen. Diese Quellentexte beschreiben das Leben Jesu und interpretieren es um als das Leben eines Weltverneiners, eines Oppositionellen gar. Der historische Jesus hatte überhaupt keinen Begriff vom Leben, keine »*Erfahrung* ›Leben‹«, wie Nietzsche formuliert. Jesus redet immer nur vom Innersten, die gesamte äußere Realität ist für ihn Gleichnis. »Das *Verneinen* ist eben das ihm ganz Unmögliche«, Christus ist im (griechischen) Wortsinne ein »Idiot«, also ein Privatmann, der sich der öffentlichen Dinge enthält, ein »Eigener«, der nur er selbst ist und kein zu Hause in dieser Welt, keine Berührung mit der Realität hat. Jesus, so Nietzsche, ist der reine Tor, für den es so etwas wie Welt und Realität nicht gibt.

Nur wer diese Realität kennt, kann auch ein Verneiner, ein Oppositioneller, ein Aufrührer sein. Wenn überhaupt, dann war der »Aufstand« des Jesus keiner gegen die böse, verderbte, korrupte Welt, sondern allenfalls gegen die jüdische Kirche, gegen deren Priesterkaste, gegen die Ordnung. Hier verankert Nietzsche noch einmal seine Kritik am Christentum als »Sklavenreligion«, als Rache der Schlechtweggekommenen gegen das Große, das Hervorragende. »Das Christentum ist ein Aufstand alles Am-Boden-Kriechenden gegen das, was *Höhe* hat: das Evangelium der ›Niedrigen‹ macht niedrig«, so daß am Ende sogar die Unsterblichkeit »jedem Petrus und Paulus zugestanden« werden kann.

Das freilich ist nach Nietzsche nicht Folge falscher Interpretation, sondern im Ursprung angelegt. Denn Jesus, so die Argumentation, rief »das niedere Volk, die Ausgestoßnen und ›Sünder‹, die *Tschandala* innerhalb des Judentums zum Widerspruch gegen die herrschende Ordnung auf«, und damit war er nichts weiter als ein »politischer Verbrecher, so weit eben politische Verbrecher in einer *absurd-unpolitischen* Gemeinschaft möglich waren«. Und, so fügt Nietzsche an, dieses politische Verbrechen, das Jesus ans Kreuz gebracht hat, würde ihn auch heute noch nach Sibirien bringen.

Die Verfälschung des Lebens Jesu ist aber nicht das Zentrum von Nietzsches Kritik. Sein eigentlicher Gegner ist der Apostel Paulus und dessen »hinterlistige« und »verlogene« Uminterpretation der »Lehre« Jesu. Paulus ist für ihn schon in früheren Schriften eine der entscheidenden Figuren für die Entstehung des Christentums gewesen, vor allem in der »Morgenröte« beschäftigte er sich ausführlicher mit ihr, hier wird sie zu *der* entscheidenden. Im »Antichrist« holt Nietzsche zum großen Schlag gegen die paulinische Theologie aus. »Weder die Moral noch die Religion berührt sich im Christentum mit irgend einem Punkte der Wirklichkeit«, das ist der Haupteinwand. Gott, Seele, Ich, Geist, freier Wille – lauter imaginäre Ursachen. Sünde, Erlösung, Gnade, Strafe, Vergebung – lauter imaginäre Wirkungen. Eine große Welt der Fiktion, die die Wirklichkeit »fälscht, entwertet, verneint«, die imaginären Welten verkehren miteinander, die wirkliche Welt kommt nicht vor. »Eine imaginäre Naturwissenschaft (anthropozentrisch); eine imaginäre Psychologie (lauter Selbst-Mißverständnisse, ›Gewissensbiß‹, ›Versuchung des Teufels‹); eine imaginäre Teleologie (›das ewige Leben‹).« Die Wurzel dieser Fiktions-Welt ist der Haß gegen das Natürliche, gegen die Wirklichkeit, »sie ist der Ausdruck eines tiefen Mißbehagens am Wirklichen«, und das ist wiederum – man glaubt Freud sprechen zu hören – der Ausdruck des Kranken. »Wer allein hat Gründe, sich wegzulügen aus der Wirklichkeit? Wer an ihr leidet. Aber an der Wirklichkeit leiden heißt eine verunglückte Wirklichkeit sein.«

Zur Verdeutlichung seiner Kritik am Christentum weist Nietzsche auf den Buddhismus hin. Der gehört für ihn zwar auch zu den nihilistischen Religionen, der bedeutende Unterschied aber ist: Der Buddhismus ist eine realistische Religion. Er hat den Gottesbegriff nicht mehr nötig, er hat die Selbst-Betrügerei der Moral hinter sich, er kennt den Kampf gegen die

Sünde nicht, sondern – ganz realistisch – den Kampf gegen das Leiden. Kurz: Der Buddhismus »steht, in meiner Sprache geredet, jenseits von Gut und Böse«.

Die theologischen Lügen

Zurück zum Christentum: Die Interpretationen und Fälschungen des Apostels Paulus sind der Ursprung der christlichen Theologie. Theologen, sagt Nietzsche, erkennt man an zwei Eigenschaften. Erstens: Sie sind keine Philologen, das heißt, daß sie keine »Tatsache ablesen können, ohne sie durch Interpretation zu fälschen«. Zweitens: Die Theologen lügen. Denn sie wissen, daß es keinen Gott gibt, keinen Sünder, keinen Erlöser, keinen freien Willen, keine sittliche Weltordnung. »Selbst bei dem bescheidensten Anspruch auf Rechtschaffenheit muß man heute wissen, daß ein Theologe, ein Priester, ein Papst mit jedem Satz, den er spricht, nicht nur irrt, sondern lügt, – daß es ihm nicht mehr freisteht, aus ›Unschuld‹, aus Unwissenheit zu lügen.« Der Priester, »die gefährlichste Art Parasit«, hat lauter Begriffe erfunden, um seine Herrschaft zu sichern und zu stabilisieren: Jenseits, jüngstes Gericht, Seele, Unsterblichkeit – »Folterinstrumente, Systeme von Grausamkeiten«.

Nietzsche redet sich hier und an anderen Stellen in Rage, anstatt kühl zu analysieren und zu sezieren, was er ja gern als seine Methode behauptet: Er legt die falschen Begriffe nicht »aufs Eis«, wie er es in der »Götzen-Dämmerung« beanspruchte, er ist engagiert und leidenschaftlich – und das hat einen entscheidenden Grund: Jeder kann die christliche Dogmatik als Lüge erkennen, alles liegt offen zutage, der moderne Mensch im Zeitalter der Naturwissenschaften kann sich nicht mehr »Christ« nennen. »Jedermann weiß das: und trotzdem bleibt alles beim alten.« Das läßt Nietzsche schier verzweifeln.

Wobei er besondere Probleme damit hat, daß nicht nur einfache Menschen, »das Volk«, immer noch am Christentum hängen. Das würde er – gemäß seiner Verachtung der »niederen Stände« – noch verstehen. Aber die Großen dieser Welt, die Nietzsche ja für etwas Besonderes hält, die enttäuschen ihn auch ganz besonders. »Wohin kam das letzte Gefühl von Anstand, von Achtung vor sich selbst, wenn unsere Staatsmänner sogar, eine sonst sehr unbefangene Art Mensch und Antichristen der Tat durch und durch, sich heute noch Christen nennen und zum Abendmahl gehen?« Wir schreiben 1888, das »Dreikaiserjahr«. Im März war Kaiser Wilhelm I. gestorben, sein Nachfolger, Kaiser Friedrich III., stirbt im Juni, der junge Kronprinz wird als Wilhelm II. Deutscher Kaiser und König von Preußen. Und was macht der? »Ein junger Fürst an der Spitze seiner Regimenter, prachtvoll als Ausdruck der Selbstsucht und Selbstüberhebung seines Volks, – aber, ohne Scham, sich als Christen bekennend?« Alles, was Staatsmänner und Monarchen auszeichnen müßte – daß man Soldat ist, Patriot ist, daß man auf seine Ehre hält, stolz ist, sich wehrt –, all das ist für Nietzsche doch zutiefst antichristlich. »Was für eine Mißgeburt von Falschheit muß der moderne Mensch sein, daß er sich trotzdem nicht schämt, Christ noch zu heißen!«

Gegen diese »Modernität« gibt es nur ein Heilmittel: Zurück zu den Griechen. Für Nietzsche ist die griechische Antike nicht nur Bildungsbestand, Vorbild, Berufungsinstanz, sondern Leben. Deshalb sein verzweifelter Ausruf gegen Ende des »Antichrist«: »Die ganze Arbeit der antiken Welt umsonst: ich habe kein Wort dafür, das mein Gefühl über etwas so Ungeheures ausdrückt.« Der wortgewaltige Nietzsche hat kein Wort für diesen Verlust! Denn in der Antike – die römische gehört für Nietzsche dazu – war alles schon da: eine gelehrte Kultur, alle wissenschaftlichen Methoden, der Tatsachen-Sinn, die »Rechtschaffenheit der Erkenntnis«, große Kunst, alles schon da, »vor zwei Jahrtausenden bereits!«. Das alles ist nicht etwa in einem Titanenkampf oder durch ein großes Naturereignis zugrunde gegangen, nicht besiegt, sondern »von listigen, heimlichen, unsichtbaren, blutarmen Vampyren [...] ausgesogen!«. Und schließlich: »Das Christentum hat uns um die Ernte der antiken Kultur gebracht.«

Und so holt Nietzsche am Ende des »Antichrist« noch einmal zu einer großen Anklage gegen das Christentum und die christliche Kirche aus. »Sie ist mir die höchste aller denkbaren Korruptionen, sie hat den Willen zur letzten auch nur möglichen Korruption gehabt. Die christliche Kirche ließ nichts mit ihrer Verderbnis unberührt, sie hat aus jedem Wert einen Unwert, aus jeder Wahrheit eine Lüge, aus jeder Rechtschaffenheit eine Seelen-Niedertracht gemacht.« Und er kann gar kein Ende finden in seinen Verwünschungen: »Diese ewige Anklage des Christentums will ich an alle Wände schreiben, wo es nur Wände gibt – ich habe Buchstaben, um auch Blinde sehend zu machen … Ich heiße das Christentum den einen großen Fluch, die eine große innerlichste Verdorbenheit, den einen großen Instinkt der Rache, dem kein Mittel giftig, heimlich, unterirdisch, klein genug ist – ich heiße es den einen unsterblichen Schandfleck der Menschheit.«

11. Kapitel
Seht, welch ein Mensch

»An diesem vollkommenen Tage, wo alles reift und nicht nur die Traube braun wird, fiel mir eben ein Sonnenblick auf mein Leben: ich sah rückwärts, ich sah hinaus, ich sah nie so viel und so gute Dinge auf einmal. Nicht umsonst begrub ich heute mein vierundvierzigstes Jahr, ich *durfte* es begraben, – was in ihm Leben war, ist gerettet, ist unsterblich. Die *Umwertung aller Werte,* die Dionysos-Dithyramben und, zur Erholung, die *Götzen-Dämmerung* – Alles Geschenke dieses Jahrs, sogar seines letzten Vierteljahrs! *Wie sollte ich nicht meinem ganzen Leben dankbar sein?* Und so erzähle ich mir mein Leben.«

Spätherbst 1888 in Turin: Das Wetter ist prächtig, Nietzsche fühlt sich gut, er ist in Hochstimmung, er hatte ein gutes, ein äußerst produktives Jahr. Und nun erzählt er *sich* sein Leben. Am 15. Oktober, seinem 44. Geburtstag, hat er damit angefangen, am 4. November ist das Druckmanuskript fertig. Warum dieses Buch? An seinen Verleger Naumann schreibt er: »Ich habe mich vollkommen davon überzeugt, noch eine Schrift nötig zu haben, eine im höchsten Grade *vorbereitende* Schrift, um nach Jahresfrist ungefähr mit dem ersten Buche der *Umwertung* hervortreten zu können.« Später heißt es, der »zerschmetternde Blitzschlag« der Umwertung aller Werte soll erst zwei Jahre später kommen, also 1890.

Dieses erste Buch der »Umwertung« ist allerdings bereits geschrieben, wie wir gesehen haben, es ist »Der Antichrist«. Das Manuskript hat er Ende September abgeschlossen, aber nicht in Druck gegeben. Obwohl er große Wirkung davon erwartete. Zu große. Anfang Dezember heißt es in einem Briefentwurf, daß er erst in drei Monaten den Auftrag zur Herstellung einer Manuskript-Ausgabe geben wolle. »Sie bleibt vollkommen geheim: sie dient mir als Agitations-Ausgabe.« Er zögert, ist unschlüssig, er hat Angst vor der Zensur, er fürchtet ins Gefängnis gesteckt zu werden für seine ketzerischen Schriften – schließlich ist die Kirche doch eine der mächtigsten Institutionen.

In Rußland waren seine Schriften schon verboten, und in Deutschland gab es den »Fall Geffcken«. Der Rechtsprofessor Heinrich Geffcken gehörte zu den Ratgebern von Kaiser Friedrich III., als dieser noch Kronprinz war. Aus dieser Zeit stammt ein Tagebuch des Kronprinzen, in dem es unter anderem um seine und die Rolle Bismarcks bei der Reichsgründung geht. 1888 veröffentlicht Geffcken einige Auszüge in der Oktobernummer der »Deutschen Rundschau« – ein Skandal. Auf Veranlassung Bismarcks wird Geffcken wegen Landesverrats angeklagt.

Diese Affäre hat Nietzsche sehr beunruhigt. Seine Angst vor dem militärisch immer stärker werdenden Reich, vor Bismarck, vor der Hohenzollerndynastie, vor der Kirche, vor der einflußreichen antisemitischen Bewegung nimmt in diesen Herbsttagen 1888 groteske Züge an. »Mein Argwohn ist, daß man das erste Buch der *Umwertung* auf der Stelle *konfisziert* – legal mit allerbestem Recht«, schreibt er Ende Oktober 1888 an Heinrich Köselitz. Der »Antichrist« wird also erst einmal zurückgehalten, »Ecce homo« soll ein Versuchsballon sein, wieviel er den Deutschen zumuten kann. »Ich möchte gern einmal die *Probe* machen, was ich bei den deutschen Begriffen von *Pressefreiheit* eigentlich riskieren kann.«

Mit großer Sorgfalt feilt Nietzsche am Manuskript des »Ecce homo«, penibel überwacht er von Turin aus, was damit passiert. Kaum ist es bei Naumann in Leipzig, da will Nietzsche es schon wieder zurückhaben, weil er noch Änderungen einzufügen hat. Bis zum 6. Dezember ist auch das erledigt, schon tags darauf schickt er das Manuskript zurück, »nachdem ich es, zur letzten Gewissens-Beruhigung, noch einmal vom ersten bis zum letzten Wort auf die Goldwaage gelegt habe. Es geht dermaßen über den Begriff ›Literatur‹ hinaus, daß eigentlich selbst in der Natur das Gleichnis fehlt: es sprengt, wörtlich, die Geschichte der Menschheit in zwei Stücke – höchster Superlativ von Dynamit.« Das schreibt er an Köselitz.

Aber dann hat er es plötzlich nicht mehr so eilig. Am 16. Dezember schreibt er: »Ich sehe jetzt mitunter nicht ein, wozu ich die tragische Katastrophe meines Lebens, die mit ›Ecce‹ beginnt, zu sehr beschleunigen sollte.« Aber der Verleger geht über seine Bedenken hinweg, die Druckerei druckt, schon Weihnachten liegen Nietzsche fünf Korrekturbogen vor.

»Ecce homo« soll eine Provokation sein. Nicht nur um auszuprobieren, was Publikum und Behörden aushalten. Nietzsche ist davon überzeugt, ein »Schicksal«, ein »Verhängnis« zu sein. Er versteht sich selbst als entscheidende Krisis in der Geschichte der Menschheit – Briefe, Notizen, einzelne Zitate weisen darauf immer wieder hin. Im Laufe des Jahres 1888 verstärkt sich dieses Selbstbewußtsein; »Ecce homo« ist dessen literarisches Monument.

Aber Nietzsche spielt auch mit seinem Publikum. Der großspurige Titel, die großmäuligen Kapitelüberschriften – es macht ihm Spaß, zu übertreiben und in der Übertreibung gleichzeitig ins Schwarze zu treffen. Nietzsche kann wunderbar ironisch, auch selbstironisch sein. »Erwäge ich, was ich alles zwischen dem 3. September und 4. November verbrochen habe, so fürchte ich, daß allernächst die Erde *zittert*. In der Tat meldete der letzte Observatoriumsbericht von gestern bereits eine leichte Oszillation.« Das notiert er am 14. November. Eine Woche später schreibt er: »Ich habe jetzt mit einem Zynismus, der welthistorisch werden wird, mich selbst erzählt.«

Schon sechs Jahre vorher hatte Nietzsche den Titel »Ecce homo« benutzt, und zwar für ein Gedicht im »Vorspiel in deutschen Reimen« zur »Fröhlichen Wissenschaft«:

Ja! Ich weiß, woher ich stamme!
Ungesättigt gleich der Flamme
Glühe und verzehr ich mich.
Licht wird alles, was ich fasse,
Kohle alles, was ich lasse:
Flamme bin ich sicherlich.

Jetzt nimmt Nietzsche diesen provozierenden Titel wieder auf und schließt damit unmittelbar an die Polemik in »Der Antichrist« an. »Ecce homo« – ein Zitat aus dem Johannes-Evangelium. Gegen Jesus wird verhandelt, er ist gefoltert worden, er wird mit Dornenkrone und Purpurmantel vorgeführt, und da sagt der römische Statthalter Pilatus zu der aufgeregten Menge: »Seht, welch ein Mensch.« Im »Antichrist« hatte Nietzsche geschrieben, im ganzen Neuen Testament gebe es eine Figur, die man ehren müsse: eben Pilatus.

An Meta von Salis schreibt Nietzsche: »Dieser homo bin ich nämlich selbst, eingerechnet des ecce.« Er ist also derjenige, der auf den Menschen zeigt, der sagt: »Seht, welch ein Mensch.« Er zeigt damit auf sich selbst, denn er ist dieser Mensch, dieser Leidende, Gefolterte, und das meint Nietzsche nicht nur als gezielte antichristliche Provokation. Denn er hat sich immer verstanden als einer, der an seiner Zeit und sich selbst tiefer gelitten hat als jeder andere. Aber im Gegensatz zu Jesus, dessen Wahrheit für Nietzsche Lüge ist, steht er für die Umwertung aller Werte: »Das ist meine Formel für einen Akt höchster Selbstbesinnung der Menschheit, der in mir Fleisch und Genie geworden ist.«

Warum will Nietzsche sich nun sein Leben erzählen? Ein richtiges Selbstgespräch soll es ja nicht werden, er erzählt sich sein Leben für andere. Das Problem ist uns inzwischen nur zu bekannt: Die Zeitgenossen nehmen ihn nicht wahr. »Das Mißverhältnis [...] zwischen der Größe meiner Aufgabe und der *Kleinheit* meiner Zeitgenossen ist darin zum Ausdruck gekommen, daß man mich weder gehört, noch auch nur gesehn hat. Ich lebe auf meinen eignen Kredit hin, es ist vielleicht bloß ein Vorurteil, daß ich lebe?« Zwar verbietet ihm sein Stolz, allzuviel Aufhebens von sich selbst zu machen – Nietzsche spricht hier immer noch selbst –, aber da er in Kürze »mit der schwersten Forderung an die Menschheit herantreten muß«, hat er jetzt die Pflicht, den Menschen zuzurufen: *»Hört mich! Denn ich bin der und der. Verwechselt mich vor allem nicht!«*

Also wer ist er? Kein Popanz, kein Moral-Ungeheuer, kein Fanatiker, kein Prediger, sondern: »Ich bin ein Jünger des Philosophen Dionysos, ich zöge vor, eher noch ein Satyr zu sein als ein Heiliger.« Wie schon am Ende der »Götzen-Dämmerung«, so kommt Nietzsche auch hier wieder auf das zurück, was sein Werk bestimmt: das dionysische Lebensgefühl. Dann erklärt er, was die Arbeit des Philosophen ist, wo er lebt: Die Chiffren sind »Höhe« und »Eis«: »Wer die Luft meiner Schriften zu atmen weiß, weiß, daß es eine Luft der Höhe ist, eine *starke* Luft. Man muß für sie geschaffen sein, sonst ist die Gefahr keine kleine, sich in ihr zu erkälten. Das Eis ist nahe, die Einsamkeit ist ungeheuer – aber wie ruhig alle Dinge im Licht liegen! wie frei man atmet! wieviel man *unter* sich fühlt! – Philosophie, wie ich sie bisher verstanden und gelebt habe, ist das freiwillige Leben in Eis und Hochgebirge.«

Nun ist »Ecce homo« keine Autobiographie im üblichen Sinne. Er stellt in den Kapitelüberschriften provozierende rhetorische Fragen: »Warum ich so weise bin«, »Warum ich so klug bin«, »Warum ich so gute Bücher schreibe« – hier rekapituliert und interpretiert Nietzsche in der Tat sein bisheriges Werk. Das Schlußkapitel heißt: »Warum ich ein Schicksal bin«. Der Leser, dem Nietzsche nicht ganz unbekannt ist, weiß also, wohin die Reise geht. Zu Beginn allerdings ist das Unternehmen tatsächlich eher autobiographisch ausgerichtet.

Warum ich so weise bin

»Das Glück meines Daseins, seine Einzigkeit vielleicht, liegt in seinem Verhängnis: ich bin, um es in Rätselform auszudrücken, als mein Vater bereits gestorben, als meine Mutter lebe ich noch und werde alt.« Das Rätsel läßt sich zumindest nach einer Seite auflösen: Der Vater ist das Symbol für Krankheit, für Verfall. Zwar zeichnet Nietzsche auch hier den Vater in freundlichstem Licht, das hat sich in all den Jahren nicht geändert. Seine über das ganze Werk verstreuten Bemerkungen über »schlichte Landgeistliche« als Inkarnation des so verhaßten Christentums sind die einzigen Hinweise darauf, was seine Kindheit unter dem puritanisch strenggläubigen Vater ihm angetan haben könnte. Wenn er explizit von seinem Vater spricht, dann mit Wärme: »er war zart, liebenswürdig und morbid, wie ein nur zum Vorübergehn bestimmtes Wesen – eher eine gütige Erinnerung an das Leben, als das Leben selbst.«

Wer Nietzsche lesen kann, der weiß: Leben ist das einzige, was gilt, Morbidität ist ein anderer Ausdruck für »décadence«, also Abfall, Verfall, der Zustand, der überwunden werden muß. Genau von diesem Zustand aber ist Nietzsche selbst durch seinen Vater geprägt. Er hat immer Angst vor einer Erbkrankheit gehabt, er war lange davon überzeugt, wie sein Vater im Alter von 35 Jahren zu sterben, *eine* Parallele sieht er jetzt noch: »Im gleichen Jahre, wo sein Leben abwärts ging, ging auch das meine abwärts: im sechsunddreißigsten Lebensjahre kam ich auf den niedrigsten Punkt meiner Vitalität.« Das war 1879 in Basel, als er die Professur wegen seiner Krankheit endgültig aufgeben mußte.

Krankheit ist ein Zeichen von Dekadenz, das steht für Nietzsche außer Zweifel. In der »Götzen-Dämmerung« gibt es eine beeindruckende Passage über Krankheit. »Der Kranke ist ein Parasit der Gesellschaft. In einem gewissen Zustande ist es unanständig, noch länger zu leben. Das Fortvegetieren in feiger Abhängigkeit von Ärzten und Praktiken, nachdem der Sinn von Leben, das *Recht* zum Leben verloren gegangen ist, sollte bei der Gesellschaft eine tiefe Verachtung nach sich ziehen.« Da wäre dann der Freitod zu loben. Da wir nicht verhindern können, geboren zu werden, können wir diesen Fehler – »denn bisweilen ist es ein Fehler« – wiedergutmachen: »Wenn man sich *abschafft*, tut man die achtungswürdigste Sache, die es gibt: man verdient beinahe damit, zu leben.«

Nietzsche war fast sein ganzes Leben lang krank, auch jetzt, im Spätherbst 1888, ist er keineswegs gesund. Er schreibt sich gesund, im doppelten Wortsinn: Er produziert wie verrückt, fühlt sich zwischenzeitlich auch gut und behauptet in seinen Schriften, das sei sein Gesamtzustand. Tatsächlich wissen wir aus Briefen und Notizen, daß er auch in diesem großen Jahr 1888 immer wieder schlechte Phasen hat. Wie geht er damit um, daß er ein Dauer-Kranker ist? Er verdrängt es, wie gesagt: Er schreibt sich gesund.

Er sei nie richtig krank gewesen, schreibt er, sondern »summa summarum« gesund, Krankheit war immer eine »Spezialität«. Das beste Zeichen dafür ist für ihn die Tatsache, daß er sich selbst wieder gesund machte, als er krank war. »Für einen typisch Gesunden kann [...] Kranksein sogar ein energisches *Stimulans* zum Leben, zum Mehrleben sein.« Und so war auch seine lange Krankheitszeit eigentlich keine Krankheit. »Ich entdeckte das Leben gleichsam neu, mich selber eingerechnet, ich schmeckte alle guten und selbst kleinen Dinge, wie sie andre nicht leicht schmecken könnten – ich machte aus meinem Willen zur Gesundheit, zum *Leben*, meine Philosophie.« Nietzsche kann seiner Meinung nach auch deshalb nicht wirklich krank sein, weil er ein »wohlgeratener Mensch« ist, und da verbietet sich eine Philosophie der Armut und Entmutigung von selbst. Der Wohlgeratene »errät Heilmittel gegen Schädigungen, er nützt schlimme Zufälle zu seinem Vorteil aus; was ihn nicht umbringt, macht ihn stärker«.

Das heißt also: Nietzsche ist durch seine langen Krankheitsperioden auf der einen Seite ein Fachmann in Sachen Dekadenz: »Ich habe sie vorwärts und rückwärts buchstabiert.« Und er ist gleichzeitig das genaue Gegenteil, eben der Inbegriff des Wohlgeratenen, des Gesunden. Deshalb kann Nietzsche, im Blick auf das Anfangsrätsel seiner Herkunft, sagen: »Diese doppelte Herkunft, gleichsam aus der obersten und der untersten Sprosse an der Leiter des Lebens, *décadent* zugleich und *Anfang* – dies, wenn irgend etwas, erklärt jene Neutralität, jene Freiheit von Partei im Verhältnis zum Gesamtproblem des Lebens, die mich vielleicht auszeichnet. Ich habe für die Zeichen von Aufgang und Niedergang eine feinere Witterung als je ein Mensch gehabt hat, ich bin der Lehrer par excellence hierfür – ich kenne beides, ich bin beides.«

Rätselhaft bleibt allerdings, wo in dem Satz über Vater und Mutter das Zeichen für *Anfang* liegen soll: »Als meine Mutter lebe ich noch und werde alt« kann das ja wohl nicht bedeuten. Wichtiger ist aber: Nietzsche ist beides gleichzeitig, Dekadenz und das Gegenteil, er ist also in der Lage, das Dasein, sein Dasein aus zwei Perspektiven zu betrachten. Er nennt sich von daher einen »Doppelgänger«, einen, der das »zweite Gesicht« hat. Das ist die Antwort, eine Antwort auf die Frage »Warum ich so weise bin«, so ist dieses Kapitel nämlich überschrieben.

Auf den Vater kommt Nietzsche noch ein paarmal zu sprechen. »Auch noch in einem anderen Punkte bin ich bloß mein Vater noch einmal und gleichsam sein Fortleben nach einem allzu frühen Tode.« Das bezieht sich auf eine bestimmte Art von Sanftmut, nämlich den Verzicht auf die Vergeltung von Missetaten, von Unrecht. Nietzsche rächt sich nicht, sondern ist freundlich. Das hört sich nun allzu arg nach Schönfärberei an, kennt man doch den groben Ton, den Nietzsche vor allem in Briefen gern mal anschlägt, wenn er sich falsch behandelt fühlt. Aber hier kann man sehen, mit welchem Maß an Ironie er an seine Selbstbeschreibung geht. Denn er sagt auch, daß Schweigen die völlig falsche Reaktion auf Beleidigungen sei. Wer schweigt, dem fehlen »Feinheit und Höflichkeit des Herzens«. Selbst der gröbste Brief ist noch anständiger als Schweigen. »Man sieht, ich möchte die Grobheit nicht unterschätzt wissen, sie ist bei weitem die *humanste* Form des Widerspruchs und, inmitten der modernen Verzärtelung, eine unsrer ersten Tugenden.« Aber Rachsucht, das meint er ganz ernst, ist ein Zeichen von Schwäche. »Ein ander Ding ist der Krieg.« Daß er kriegerisch und angriffslustig ist, das räumt Nietzsche gern ein: »das *aggressive* Pathos gehört ebenso notwendig zur Stärke als das Rach- und Nachgefühl zur Schwäche«.

Andererseits ist Nietzsche von vielen Zeitgenossen als ausgesprochen höflich, zurückhaltend, ja schüchtern beschrieben worden. Der Philosoph mit dem Hammer, der so angestrengt über Männlichkeit redet und in seinen Schriften gnadenlos alles niedermacht, was ihn stört, war in persönlichen Begegnungen keineswegs dominant oder auftrumpfend, sondern eher scheu.

Sosehr Nietzsche seinen Vater lobt, so hart geht er mit Mutter und Schwester ins Gericht. Der härteste Einwand gegen seine Lehre von der ewigen Wiederkunft, schreibt er, seien für ihn Mutter und Schwester. »Wenn ich den tiefsten Gegensatz zu mir suche, die unausrechenbare Gemeinheit der Instinkte, so finde ich immer meine Mutter und Schwester, – mit solcher canaille mich verwandt zu glauben wäre eine Lästerung auf meine Göttlichkeit. Die Behandlung, die ich von Seiten meiner Mutter und Schwester erfahre, bis auf diesen Augenblick, flößt mir ein unsägliches Grauen ein: hier arbeitet eine vollkommene Höllenmaschine, mit unfehlbarer Sicherheit über den Augenblick, wo man mich blutig verwunden kann – in meinen höchsten Augenblicken, ... denn da fehlt jede Kraft, sich gegen giftiges Gewürm zu wehren.«

Nietzsches Schwester Elisabeth hat es geschafft, den Abdruck dieser Passage in der ersten postumen Ausgabe von »Ecce homo« 1908 zu verhindern. Heinrich Köselitz und Verleger Naumann haben sich offenbar zu der Sprachregelung überreden lassen, Nietzsche habe diese Sätze »bereits im vollen Wahnsinn« geschrieben, auch unter Hinweis darauf, daß die Passage zu den Änderungen gehörte, die Nietzsche im Dezember 1888 an den Verleger geschickt hatte.

Warum ich so klug bin

Die Antwort ist einfach: »Ich habe nie über Fragen nachgedacht, die keine sind – ich habe mich nicht verschwendet.« Also mit Gott, Unsterblichkeit der Seele, Erlösung, Jenseits hat er sich nie beschäftigt, »selbst als Kind nicht«. Der Atheismus sei bei ihm ein Instinkt. »Gott ist eine faustgrobe Antwort, eine Undelikatesse gegen uns Denker –, im Grunde sogar bloß ein faustgrobes *Verbot* an uns: ihr sollt nicht denken!«

Statt dessen habe er sich mehr für Ernährungsfragen interessiert. In der Tat sind in seinen Schriften immer wieder Überlegungen zu Diät, zu richtigem Essen und Trinken anzutreffen, der Briefwechsel mit seiner Mutter ist in den letzten Jahren voll von solchen Erörterungen, von Wünschen und Bestellungen. Allerdings räumt er auch ein, erst spät klug geworden zu sein – es liegt an der deutschen Bildung, an ihrem Idealismus, »weshalb ich gerade hier rückständig bis zur Heiligkeit war«. Er erklärt »auch die Herkunft des *deutschen Geistes* – aus betrübten Eingeweiden ... Der deutsche Geist ist eine Indigestion, er wird mit nichts fertig.«

Sodann macht Nietzsche sich ausschweifende Gedanken um Ort und Klima. »Der klimatische Einfluß auf den *Stoffwechsel*, seine Hemmung, seine Beschleunigung, geht so weit, daß ein Fehlgriff in Ort und Klima jemanden nicht nur seiner Aufgabe entfremden, sondern ihm dieselbe überhaupt vorenthalten kann: er bekommt sie nie zu Gesicht.« Nietzsche war jahrelang unterwegs, immer auf der Suche nach dem geeigneten Ort mit einem Klima, das keine Kopfschmerzen macht und die Verdauung begünstigt. »Naumburg, Schulpforta, Thüringen überhaupt, Leipzig, Basel, Venedig – ebensoviele Unglücksorte für meine Physiologie.« Auch wenn Basel und Venedig in dieser Aufzählung vorkommen – insgesamt schneidet Deutschland besonders schlecht ab, vor allem was die Verdauung angeht: »das deutsche Klima allein ist ausreichend, um starke und selbst heroisch angelegte Eingeweide zu entmutigen«.

Denn es kommt auf das Tempo des Stoffwechsels an, und das steht in einem genauen Verhältnis zur körperlichen und geistigen Beweglichkeit, und zu der braucht man klare, trockene Luft. »Paris, die Provence, Florenz, Jerusalem, Athen – diese Namen beweisen etwas: das Genie ist *bedingt* durch trockne Luft, durch reinen Himmel – das heißt durch rapiden Stoffwechsel, durch die Möglichkeit, große, selbst ungeheure Mengen Kraft sich immer wieder zuzuführen.« Wohlgemerkt: Nietzsche war nie in Paris, nie in der Provence, nie in Jerusalem, nie in Athen.

Das dritte wichtige Element für ein richtiges Leben: die Erholung. Als wichtigste nennt er Lesen. Das mag nicht verwundern bei einem Philologen, Psychologen und Philosophen. Aber es würde auch verwundern, wenn Nietzsche das nicht wieder ganz anders meinte, als es sich anhört. Lesen dient ihm zur Erholung, wenn er das Gelesene nicht ernst nimmt, wenn er in fremden »Wissenschaften und Seelen spazierengehen« kann. »Lesen erholt mich eben von *meinem* Ernste.« Dagegen: »In tief arbeitsamen Zeiten sieht man keine Bücher bei mir: ich würde mich hüten, jemanden in meiner Nähe reden oder gar denken zu lassen. Und das hieße ja lesen.« Sodann erklärt er, was er – zur Erholung – im letzten halben Jahr gelesen hat, überwiegend ältere Franzosen, alles andere zählt nicht. Um dann aber wieder zu versichern: »Es liegt vielleicht nicht in meiner Art, viel und vielerlei zu lesen: ein Lesezimmer macht mich krank.«

Von den deutschen Schriftstellern läßt Nietzsche gerade mal Heinrich Heine gelten. Er hat an anderer Stelle auch mal Lessing gelobt, und Goethe wird auch überwiegend freundlich behandelt. Aber hier geht es um Lyrik, und da muß Heine genannt werden, weil Nietzsche endlich auf sich selbst zu sprechen kommen will. »Man wird einmal sagen, daß Heine und ich bei weitem die ersten Artisten der deutschen Sprache gewesen sind – in einer unausrechenbaren Entfernung von allem, was bloße Deutsche mit ihr gemacht haben.« Und damit ist Nietzsche da angelangt, wo er hinwollte – bei seiner großen Dichtung. »Wenn ich einen Blick in meinen Zarathustra geworfen habe, gehe ich eine halbe Stunde im Zimmer auf und ab, unfähig, über einen unerträglichen Krampf von Schluchzen Herr zu werden.«

Dann kommt eine Wendung, die überraschen mag nach dem, was Nietzsche im selben Jahr über Richard Wagner geschrieben hat. Die wichtigste »Erholung« seines Lebens sei nämlich »der intimere Verkehr mit Richard Wagner« gewesen. Über die Tage in Tribschen hat er nur gute Worte. »Ich weiß nicht, was andre mit Wagner erlebt haben: über *unsren* Himmel ist nie eine Wolke hinweggegangen.« Da ist zunächst nicht von Musik die Rede. Es geht um Deutschland, die Deutschen und um Wagners Verhältnis dazu. Wagner war ein Revolutionär, sagt Nietzsche, er lief den Deutschen davon. »Wir, die wir in der Sumpfluft der Fünfziger Jahre Kinder gewesen sind, sind mit Notwendigkeit Pessimisten für den Begriff ›deutsch‹; wir können gar nichts andres sein als Revolutionäre – wir werden keinen Zustand der Dinge zugeben, wo der *Mucker* obenauf ist.«

Nietzsche weist auch hier darauf hin, daß er zu den Deutschen »verurteilt« war, weil er eben zufällig in Deutschland geboren wurde. In der Familie hielt sich hartnäckig eine Legende, daß man von polnischen Edelleuten abstammte. Es gibt zwar in der gesamten Ahnentafel nicht einen zarten Hinweis darauf, aber Nietzsche hat zeitlebens mit adliger Abstammung kokettiert. Es paßte ja auch besser zu seiner Theorie des Vornehmen und Wohlgeratenen, wenn er selbst adligen Geblüts war. »Ich habe von daher viel Rassen-Instinkte im Leibe, wer weiß?« Damit die Legende stimmiger wurde, erfand Nietzsche eine entsprechende Außenwirkung. »Denke ich daran, wie oft ich unterwegs als Pole angeredet werde und von Polen selbst, wie selten man mich für einen Deutschen nimmt, so könnte es scheinen, daß ich nur zu den *angesprenkelten* Deutschen gehörte.« Schließlich: »Ich selbst bin immer noch Pole genug, um gegen Chopin den Rest der Musik hinzugeben.«

Dieser Polen-Spleen war eine Möglichkeit, sich der »Verurteilung« zu Deutschland zu entziehen, Wagner war die andere. »Alles erwogen, hätte ich meine Jugend nicht ausgehalten ohne Wagnersche Musik. […] Wenn man von einem unerträglichen Druck loskommen will, so hat man Haschisch nötig. Wohlan, ich hatte Wagner nötig.« Die Musik Wagners spielt in diesem Zusammenhang gar keine Rolle, und eher beiläufig merkt Nietzsche an: »Was ich Wagner nie vergeben habe? Daß er reichsdeutsch wurde.« Aber letztlich bleibt doch: »So gewiß

Wagner unter Deutschen bloß ein Mißverständnis ist, so gewiß bin ich's und werde es immer sein.« Von hier aus mag verständlich sein, warum Nietzsche mit der Veröffentlichung von »Der Fall Wagner« und von »Nietzsche contra Wagner« gezögert hat. Hier war doch alles gesagt, und es war so gesagt, wie er sich abschließend über Wagner äußern wollte – in erster Linie dankbar, denn alles Kritische war doch eigentlich erledigt, das hatte er sich schon von der Seele geschrieben. Aber »zitternd vor Leidenschaft« handelt man eben anders.

Nahrung, Ort und Klima, Erholung – das alles dient der Selbsterhaltung, und die drückt sich am deutlichsten als »Instinkt der Selbstverteidigung« aus. Selbstverteidigung heißt hier vor allem Vermeidung von Unangenehmem. Zur Lebensklugheit, die Nietzsche hier propagiert, gehört es, sich gar nicht erst Situationen auszusetzen, in denen man Unangenehmes abwehren muß. Er macht das an seiner Wohnsituation klar: »Gesetzt, ich trete aus meinem Haus heraus und fände, statt des stillen und aristokratischen Turin, die deutsche Kleinstadt: mein Instinkt würde sich zu sperren haben, um alles das zurückzudrängen, was aus dieser plattgedrückten und feigen Welt auf ihn eindringt. Oder ich fände die deutsche Großstadt, dies gebaute Laster, wo nichts wächst, wo jedwedes Ding, Gutes und Schlimmes, eingeschleppt ist.« Um all dies Schreckliche abzuwehren, von sich weg zu halten, nicht an sich herankommen zu lassen, müßte er einen immensen Aufwand treiben, also Kräfte vergeuden. Selbstverteidigung zur Selbsterhaltung heißt also, Vergeudung zu vermeiden.

Wie man wird, was man ist

So lautet der Untertitel von »Ecce homo«, und die Antwort auf diese Frage fällt hier einigermaßen überraschend aus. »Daß man wird, was man ist, setzt voraus, daß man nicht im entferntesten ahnt, *was* man ist.« Dieses Wissen könnte gefährlich sein: Wenn nämlich »die Aufgabe, die Bestimmung, das *Schicksal* der Aufgabe« zu groß sind, könnte das Bewußtsein der Größe schädlich sein. Es geht also nicht um Selbsterkenntnis, sondern um die Einlösung einer Bestimmung. »Was man ist«, das gibt es schon, die Bestimmung ist inhaltlich anwesend. Man muß das, was man ist, nur noch werden.

Unter dieser Voraussetzung haben auch die Fehlgriffe des Lebens ihren Sinn, die Nebenwege, Abwege, Verzögerungen. »Man muß die ganze Oberfläche des Bewußtseins – Bewußtsein *ist* eine Oberfläche – rein erhalten von irgendeinem der großen Imperative. Vorsicht selbst vor jedem großen Worte, jeder großen Attitüde.«

Ein bemerkenswertes Beispiel dafür, wie Nietzsche sich sein Leben *zurechtlegt*, indem er es sich *erzählt*. Ausgerechnet er, dem Gestus, Pathos, Attitüde geradezu ein Lebenselixier sind, sieht sich hier ohne Fehl und Tadel. »Man wird mir aus keinem Augenblick meines Lebens irgendeine anmaßliche und pathetische Haltung nachweisen können. Das Pathos der Attitüde gehört *nicht* zur Größe; wer Attitüden überhaupt nötig hat, ist *falsch* ... Vorsicht vor allen pittoresken Menschen!«

Also: Die Oberfläche von »großen Imperativen« rein halten, derweil in der Tiefe die zur Herrschaft berufene »Idee« arbeitet, Qualitäten und Tüchtigkeiten vorbereitet, die dereinst Mittel zum Ganzen sein sollen. »Nach dieser Seite hin ist mein Leben einfach wundervoll.« Der Instinkt regiert, das ist alles. »Seine *höhere Obhut* zeigte sich in dem Maße stark, daß ich in keinem Falle auch nur geahnt habe, was in mir wächst – daß alle meine Fähigkeiten plötzlich reif, in ihrer letzten Vollkommenheit eines Tags *hervorsprangen*. Es fehlt in meiner Erinnerung, daß ich mich je bemüht hätte – es ist kein Zug von *Ringen* in meinem Leben nachweisbar, ich bin der Gegensatz einer heroischen Natur.« Er hat nie etwas gewollt, nie nach etwas gestrebt, und er tut das auch jetzt noch nicht. »Ich will nicht im geringsten, daß etwas anders wird als es ist; ich selber will nicht anders werden.« Er sieht sich als jemand, »der nach seinem vierundvierzigsten

Jahre sagen kann, daß er sich nie um *Ehren*, um *Weiber*, um *Geld* bemüht« habe.

Man merkt, worauf das hinausläuft: Wer derart »ungezielt« durchs Leben geht, der wird von seinem »Instinkt« gelenkt, der ist in einer »höheren Obhut«, den leitet das Schicksal. »Meine Formel für die Größe am Menschen ist *amor fati*: daß man nichts anders haben will, vorwärts nicht, rückwärts nicht, in alle Ewigkeit nicht. Das Notwendige nicht bloß ertragen, noch weniger verhehlen – aller Idealismus ist Verlogenheit vor dem Notwendigen –, sondern es *lieben.*«

Warum ich so gute Bücher schreibe

»Das eine bin ich, das andre sind meine Schriften.« Dieser Satz Nietzsches wird häufig zitiert, er könnte zu Mißverständnissen verleiten. Er heißt nämlich nicht: Das eine ist mein Leben, das andere meine Philosophie. Leben ist gelebte Philosophie, Philosophie ist nur dann nicht »décadent«, wenn sie Leben ist, zumindest werden will. Anders als andere Philosophen, genauer: als *alle* anderen Philosophen hat Nietzsche begriffen, daß es keinen theoretischen Zugriff auf das Leben gibt. Das ist der Irrtum aller Philosophie, für die stellvertretend immer wieder Sokrates genannt wird. »Weise« ist derjenige, der weiß, daß das Leben dem Denken nicht nur immer vorausliegt, sondern daß das Denken auch immer im Leben liegt. Es gibt keinen Standpunkt außerhalb, das Denken ist Symptom des Lebens. Wenn Nietzsche hier von »Ich« und »Schriften« redet, dann meint er die Schriften, die nicht – noch nicht – verstanden werden. »Ich selber bin noch nicht an der Zeit, einige werden posthum geboren«, sagt Nietzsche hier, ein Satz, der sich so ähnlich schon im Vorwort zum »Antichrist« findet.

Das ist auch der Grund, warum er so gute Bücher schreibt: Er ist – noch – nicht von dieser Welt, und diese Bücher sind –

noch – nicht von dieser Welt. »Irgendwann wir man Institutionen nötig haben, in denen man lebt und lehrt, wie ich leben und lehren verstehe: vielleicht selbst, daß man dann auch eigene Lehrstühle zur Interpretation des Zarathustra errichtet.« Daß seine Bücher, vor allem der »Zarathustra«, nicht verstanden werden, liegt am mangelnden »Organ« der Menschen dafür: »Zuletzt kann niemand aus den Dingen, die Bücher eingerechnet, mehr heraushören, als er bereits weiß. Wofür man vom Erlebnisse her keinen Zugang hat, dafür hat man kein Ohr.« Das heißt: Nietzsche wird nicht nur nicht verstanden, er *kann* gar nicht verstanden werden. »Wer etwas von mir verstanden zu haben glaubte, hatte sich etwas aus mir zurechtgemacht, nach seinem Bilde.«

So ist das Wort Übermensch »zur Bezeichnung eines Typus höchster Wohlgeratenheit« überall mißverstanden worden – »als ›idealistischer‹ Typus einer höheren Art Mensch, halb ›Heiliger‹, halb ›Genie‹«. So haben die Menschen es sich zurechtgelegt, bloß die Wahrheit wollte keiner wissen. »Wem ich ins Ohr flüsterte, er solle sich eher nach einem Cesare Borgia als nach einem Parsifal umsehen, der traute seinen Ohren nicht.«

Das gilt freilich nur für die Deutschen. »In Wien, in St. Petersburg, in Stockholm, in Kopenhagen, in Paris und New York – überall bin ich entdeckt: ich bin es *nicht* in Europas Flachland Deutschland.« Wer freilich einmal Nietzsche gelesen hat, hält andere Bücher einfach nicht mehr aus, allerdings darf man dazu kein Deutscher sein. »Wer mir aber durch *Höhe* des Wollens verwandt ist, erlebt dabei wahre Ekstasen des Lernens: denn ich komme aus Höhen, die kein Vogel je erflog, ich kenne Abgründe, in die noch kein Fuß sich verirrt hat.«

In diesem Stil geht es weiter: Nietzsche ist ein Sprachkünstler, wie es ihn vorher in Deutschland noch nicht gegeben hat, er ist der größte Poet, er ist ein Psychologe, der nicht seinesgleichen hat – er ist der Meister aller Klassen, vor allem der ungeschlagene Meister der Selbststilisierung. Besonders gut kennt er sich mit den Frauen aus: »Das gehört zu meiner dionysischen

Mitgift. Wer weiß? vielleicht bin ich der erste Psycholog des Ewig-Weiblichen. Sie lieben mich alle – eine alte Geschichte: die *verunglückten* Weiblein abgerechnet, die ›Emanzipierten‹, denen das Zeug zu Kindern abgeht.«

Es *ist* die alte Geschichte: Nietzsche gibt hier noch einmal ein paar besonders gelungene Kostproben seines abgrundtiefen Ressentiments gegen alle Frauen, die mehr sein wollen als Gebärmaschinen. »Hat man meine Antwort auf die Frage gehört, wie man ein Weib *kuriert* – ›erlöst‹? Man macht ihm ein Kind. Das Weib hat Kinder nötig, der Mann ist immer nur Mittel: also sprach Zarathustra.« Emanzipation ist der Instinkthaß des gebäruntüchtigen Weibes gegen das gebärfähige: »kein sichereres Mittel dazu als Gymnasial-Bildung, Hosen und politische Stimmvieh-Rechte«.

Geburt der Tragödie

Nach der einleitenden Selbstcharakterisierung – wir sind immer noch im Kapitel »Warum ich so gute Bücher schreibe« – stellt Nietzsche nun seine Bücher einzeln vor. So wie er sich sein Leben zurechtlegt, so legt er sich sein Werk zurecht. Das ist nicht unbedingt neu. Nietzsche hat bei Neuauflagen seiner Bücher neue Vorreden verfaßt, in denen er seine Werke interpretiert, einordnet, auch kritisiert – wenn er denn Leser gehabt hätte, dann wären sie über Nietzsches Entwicklung sehr wohl informiert gewesen. So hat er vor allem für die »Geburt der Tragödie« 1886, 14 Jahre nach Erscheinen, anläßlich einer Neuauflage ein neues Vorwort (»Versuch einer Selbstkritik«) geschrieben, das vor allem die naive Sicht auf Wagner und dessen Romantik kritisiert. »Vielleicht würde ich jetzt vorsichtiger und weniger beredt von einer so schweren psychologischen Frage reden, wie sie der Ursprung der Tragödie bei den Griechen ist.« Insgesamt nennt er das Buch »schlecht geschrieben, schwerfällig, peinlich, bilderwütig und bilderwirrig, gefühlsam, hier und da verzuckert bis zum Femininischen, ungleich im

Tempo, ohne Willen zur logischen Sauberkeit, sehr überzeugt und deshalb des Beweisens sich überhebend, mißtrauisch selbst gegen die Schicklichkeit des Beweisens«.

Zwei Jahre später nun, in »Ecce homo«, geht er wieder freundlicher mit seinem philosophischen Erstling um. Das Verständnis des dionysischen Phänomens bei den Griechen, das Verständnis des Sokratismus und die Systematisierung des Gegensatzpaars »dionysisch–apollinisch« – das sind für Nietzsche die bleibenden Leistungen der »Geburt der Tragödie«. Das Wichtigste ist ihm aber die Erkenntnis des dionysischen Prinzips der absoluten Lebensbejahung, »ein Jasagen ohne Vorbehalt, zum Leiden selbst, zur Schuld selbst, zu allem Fragwürdigen und Fremden des Daseins selbst«.

Aber das dionysische Prinzip greift auch gestaltend ins Leben ein, ist also nicht »konsequent« im Bejahen und Hinnehmen dessen, was ist. Dem Leben soll zur Wiedergewinnung des dionysischen Zustands verholfen werden. »Werfen wir einen Blick ein Jahrhundert voraus, setzen wir den Fall, daß mein Attentat auf zwei Jahrtausende Widernatur und Menschenschändung gelingt. Jene neue Partei des Lebens, welche die größte aller Aufgaben, die Höherzüchtung der Menschheit in die Hände nimmt, eingerechnet die schonungslose Vernichtung aller Entartenden und Parasitischen, wird jenes *Zuviel von Leben* auf Erden wieder möglich machen, aus dem auch der dionysische Zustand wieder erwachsen muß. Ich verspreche ein *tragisches* Zeitalter: die höchste Kunst im Jasagen zum Leben, die Tragödie, wird wiedergeboren werden, wenn die Menschheit das Bewußtsein der härtesten, aber notwendigsten Kriege hinter sich hat, *ohne daran zu leiden.*«

Unter »mein Attentat« versteht Nietzsche sein Werk, vor allem die »Umwertung«, also im wesentlichen den »Antichrist«. Was »Höherzüchtung« und »Vernichtung alles Entartenden und Parasitischen« bedeuten soll, bleibt vieldeutig. Manchmal meint Nietzsche mit »Züchtung« eher die Herstellung von Bedingungen, die die Lebensbejahung fördern, manchmal aber auch buchstäblich Auslese, Menschenzucht. Mit »Vernichtung« meint er mal die Abschaffung von Ständen wie der Priesterkaste, mal die buchstäbliche Vernichtung von Menschen, die »Abschaffung« der Vielzuvielen.

Unzeitgemäße Betrachtungen

Nietzsche erzählt dann weiter, wie seine erste »Unzeitgemäße Betrachtung« einigen Lärm hervorrief, es war die Schrift gegen David Friedrich Strauß, wie aber in der Folge aus diesem Lärm eher Schweigen wurde. »Niemand hat bisher mit mir Händel gesucht. Man schweigt, man behandelt mich in Deutschland mit einer düstern Vorsicht.« »›Menschliches, Allzumenschliches‹ ist das Denkmal einer Krisis«, erfahren wir weiter und hören, wie Nietzsche sich in diesem Buch von allerlei Idealismen frei gemacht habe: »fast jeder Satz darin drückt einen Sieg aus«. Er erinnert daran, daß die Anfänge dieses Buchs in die Anfänge der Bayreuther Festspiele fallen, in seine Auseinandersetzung mit und Ablösung von Wagner. Weshalb? »Man hatte Wagner ins Deutsche übersetzt! Der Wagnerianer war Herr über Wagner geworden! – Die *deutsche* Kunst! Der *deutsche* Meister! Das *deutsche* Bier!«

Und nun kommt eine für Nietzsches Selbstinterpretation zentrale Stelle, hier lernen wir, wie er sich sein Leben zurechtlegt. Der Wagner-Schock zeigte ihm nämlich, daß er insgesamt in eine falsche Richtung gegangen war, daß er sich als Basler Professor mit Unwichtigem beschäftigt, daß er zehn Jahre lang nichts Brauchbares getan und gelernt hatte. »Ich sah mit Erbarmen mich ganz mager, ganz abgehungert: die *Realitäten* fehlten geradezu innerhalb meines Wissens und die ›Idealitäten‹ taugten den Teufel was!« Aus diesem Leben, das sagte ihm sein Instinkt, mußte er heraus. Und da kam ihm eine »Erbschaft« von seiten des Vaters zugute – die Krankheit. Die löste ihn aus allem heraus: Weil er kaum noch sehen konnte, war er vom Buch »erlöst, ich las jahrelang nichts mehr – die *größte* Wohltat, die ich mir je erwiesen habe!«. Und auch sonst: Die Krankheit brachte ihn von allem weg und wieder zu sich.

Morgenröte

»Mit diesem Buche beginnt mein Feldzug gegen die *Moral.*« So charakterisiert Nietzsche die »Morgenröte«. Hier versucht er auch zu erklären, warum ein Eingreifen in das Geschehen bei aller Lebensbejahung notwendig ist. Er definiert als seine Aufgabe, »einen Augenblick höchster Selbstbesinnung der Menschheit vorzubereiten, einen *großen Mittag*«. Diese Selbstbesinnung ist notwendig geworden, weil eben nicht alles zum besten steht, die Menschheit ist nicht von selbst auf dem rechten Wege. Daß alles in besten Händen sei, war die Lüge der Moral, zumal der christlichen, war die Lüge der Priester. Also: Der lebensbejahende Instinkt setzt sich nicht von allein durch, es gibt auch den Instinkt der Verneinung, den »*décadence*-Instinkt«. Offenbar stellt Nietzsche sich das so vor, daß Instinkte nicht immer nur das Gute sind (diesen Eindruck hat er sonst meistens erweckt). Sondern Instinkte arbeiten gegeneinander, und dem guten und richtigen Instinkt muß zur Geltung verholfen werden. Um so mächtiger stellt sich aber hier die Frage des Geltungsanspruchs: Woher weiß ich, an welchem Maßstab messe ich, welcher Instinkt der gute und welcher der schlechte ist? Nietzsche: Der von mir als Instinkt des Lebens identifizierte ist der gute. Dem mag man zustimmen. Aber das ist eine Setzung, ein Dogma, ein Entschluß. Es ist nicht selbst-verständlich, also aus sich heraus ohne weitere Begründung verständlich, so vorzugehen.

Ist aber einmal so entschieden, dann ist das Weitere auch klar. »Wer über diesen Punkt mit mir uneins ist, den halte ich für *infiziert*«, sagt Nietzsche. Um gleich anzufügen: »Aber alle Welt ist mit mir uneins.« Also muß der »Physiologe«, der Nietzsche schließlich auch ist, zur Tat schreiten. »Wenn innerhalb des Organismus das geringste Organ in noch so kleinem Maße nachläßt, seine Selbsterhaltung, seinen Kraftersatz, seinen ›Egoismus‹ mit vollkommener Sicherheit durchzusetzen, so entartet das Ganze. Der Physiologe verlangt *Ausschneidung* des entarteten Teils, er verneint jede Solidarität mit dem Entarteten, er ist am fernsten vom Mitleiden mit ihm.«

Fröhliche Wissenschaft

Für die »Fröhliche Wissenschaft« hat Nietzsche nur ein paar Worte übrig. Er hatte sie ja als eine Art Fortsetzung der »Morgenröte« verstanden und gleichzeitig als eine Art Vorbereitung des »Zarathustra«. Eine solche Zwischenstellung nimmt sie auch jetzt in Nietzsches Selbstauslegung ein. Sie gehört in die »Zwischenzeit« von 1881 bis 1883, also von der Vision des Gedankens der Ewigen Wiederkunft bis zur Niederschrift des »Zarathustra«, und sie hat »hundert Anzeichen der Nähe von etwas Unvergleichlichem«, sagt Nietzsche jetzt. Die große Bedeutung der »Fröhlichen Wissenschaft« für sein Denken, die vor allem in der Rede des »tollen Menschen« über die »Gott ist tot«-Problematik liegt, scheint Nietzsche so nicht gesehen zu haben. Oder er will sie so nicht mehr sehen, weil er die zentrale Bedeutung des »Zarathustra« herausarbeiten will. Die Besprechung dieses Werks nimmt im Kapitel »Warum ich so gute Bücher schreibe« den größten Raum ein.

Also sprach Zarathustra

Ob nun stilisiert oder nicht: Nietzsche ist davon überzeugt, daß »Zarathustra« sein entscheidendes Werk ist und über seine Urheberschaft hinaus das Beste überhaupt, was je geschrieben worden ist. »Lassen wir die Dichter beiseite: es ist vielleicht überhaupt nie etwas aus einem gleichen Überfluß von Kraft heraus getan worden.« Deshalb ist für ihn auch das Inspirationsereignis von zentraler Bedeutung. Zarathustra ist nicht ein Gedanke, auf den man kommt, etwas, das einem einfällt; sondern *»er überfiel mich«*. Das hat etwas von einer Offenbarung, und Nietzsche scheut sich hier auch nicht, diesen religiös besetzten Begriff zu verwenden. »Der Begriff Offenbarung, in dem Sinn, daß plötzlich, mit unsäglicher Sicherheit und Feinheit, etwas *sichtbar*, hörbar wird, etwas, das einen im Tiefsten erschüttert und umwirft, beschreibt einfach den Tatbestand. Man hört, man sucht nicht; man nimmt, man fragt nicht, wer da gibt; wie ein Blitz leuchtet ein Gedanke auf, mit Notwendigkeit, in der Form ohne Zögern, – ich habe nie eine Wahl gehabt. Eine Entzückung, deren ungeheure Spannung sich mitunter in einen Tränenstrom auslöst, bei der der Schritt unwillkürlich bald stürmt, bald langsam wird; ein vollkommnes Außer-sich-sein mit dem distinktesten Bewußtsein einer Unzahl feiner Schauder und Überrieselungen bis in die Fußzehen; eine Glückstiefe, in der das Schmerzlichste und Düsterste nicht als Gegensatz wirkt, sondern als bedingt, als herausgefordert, sondern als eine notwendige Farbe innerhalb eines solchen Lichtüberflusses. [...] Dies ist *meine* Erfahrung von Inspiration; ich zweifle nicht, daß man Jahrtausende zurückgehn muß, um jemanden zu finden, der mir sagen darf ›es ist auch die meine‹.«

Nietzsche behauptet hier übrigens, daß der dritte Teil des »Zarathustra« auch der letzte gewesen sei. Tatsächlich wurde der vierte Teil 1885 fertig. Weil aber die ersten drei Teile (entstanden 1883 und 1884) beim Verlag »verfaulen«, wie Nietzsche Ende 1884 klagt, findet er keinen Verleger für den vierten. Also läßt Nietzsche den vierten Teil auf eigene Kosten in kleiner Auflage drucken. Zunächst sollen es nur 20 Exemplare sein, dann werden es 40. Und er beschwört den Drucker und die paar Freunde, denen er die Druckbogen und später die fertigen Bücher schickt, auf jeden Fall Stillschweigen zu bewahren: Dies Werk sei nicht für die Öffentlichkeit bestimmt. Es kommt auch nicht in den Handel, und 1888 schreibt Nietzsche an Köselitz:

»Ich will alle Exemplare des vierten Zarathustra wieder zurückhaben, um dies ineditum gegen alle Zufälle von Leben und Tod sicherzustellen.« Das ist der Grund, warum er auch in »Ecce homo« den vierten Teil verschweigt: Es soll ihn nicht gegeben haben.

Es waren gute Zeiten während der Arbeit am »Zarathustra«, wie Nietzsche jetzt schreibt. »Man hat mich oft tanzen sehn können; ich konnte damals, ohne einen Begriff von Ermüdung, sieben, acht Stunden auf Bergen unterwegs sein. Ich schlief gut, ich lachte viel –, ich war von einer vollkommnen Rüstigkeit und Geduld.« Aber sonst – vor und nach dem »Zarathustra« – ging es ihm schlecht. »Man büßt es teuer, unsterblich zu sein: man stirbt dafür mehrere Male bei Lebzeiten.« Vor allem, sagt Nietzsche, gibt es eine gewisse »rancune«, eine Arglist des Großen: ein großes Werk, einmal vollbracht, wendet sich gegen seinen Urheber. Er wird schwach, angreifbar, verletzlich – mit anderen Worten: Nietzsche war in dieser Zeit wieder sehr krank, und er versucht sich zurechtzulegen, was das denn nun wieder zu bedeuten habe.

Das Werk aber steht da in all seiner Kraft und Herrlichkeit, weil hier Philosophie Wirklichkeit wurde. Der Begriff »dionysisch« wurde *»höchste Tat«*, sagt Nietzsche. An »ihr gemessen erscheint der ganze Rest von menschlichem Tun als arm und bedingt. Daß ein Goethe, ein Shakespeare nicht einen Augenblick in dieser ungeheuren Leidenschaft und Höhe zu atmen wissen würde, daß Dante, gegen Zarathustra gehalten, bloß ein Gläubiger ist und nicht einer, der die Wahrheit erst *schafft*, ein *weltregierender* Geist, ein Schicksal –, daß die Dichter des Veda Priester sind und nicht einmal würdig, die Schuhsohlen eines Zarathustra zu lösen, das ist alles das wenigste und gibt keinen Begriff von der Distanz, von der *azurnen* Einsamkeit, in der dies Werk lebt.« In diesem hohen Ton geht es weiter, im Lob seines »Zarathustra« ist Nietzsche unübertroffen schwärmerisch, überschwenglich, maßlos. »Dergleichen ist nie gedichtet, nie gefühlt, nie *gelitten* worden: so leidet ein Gott, ein Dionysos.«

In einem anderen Sinne bemerkenswert ist die Tatsache, daß Nietzsche von einem psychologischen Problem »im Typus des Zarathustra« spricht. Zarathustra ist der radikalste Neinsager zu allem, wozu man bisher ja sagte, und trotzdem der radikalste Jasager, der »keinen Einwand gegen das Dasein, selbst nicht gegen dessen ewige Wiederkunft findet, – vielmehr einen Grund noch hinzu, das ewige Ja zu allen Dingen *selbst zu sein*, ›das ungeheure unbegrenzte Ja- und Amen-sagen‹.« Das ist nun nicht nur das psychologische Problem des Typus Zarathustra, sondern – wie wir gesehen haben – das philosophische Problem in Nietzsches Gesamtwerk. Wie soll das unbegrenzte Ja-und-Amen-Sagen zum Dasein einschließlich dessen ewiger Wiederkunft vereinbar sein mit dem radikalen Nein-Sagen zu allem, wozu bisher ja gesagt wurde – wenn nicht ein Maßstab für Ja und Nein »mitgeliefert« wird, der nicht dem Dasein entspringt, sondern doch irgendwie wieder »hinter den Dingen« liegt? Nietzsches Antwort an dieser Stelle: *»Aber das ist der Begriff des Dionysos noch einmal.«*

Die deutschen Kulturverbrecher

Für seine »restlichen« Werke hat Nietzsche hier nur noch wenige Worte. Denn die Hauptarbeit war getan, der jasagende Teil seiner Lebensaufgabe erledigt, nun mußte noch ein bißchen nein gesagt werden – so legt er sich Leben und Werk jetzt zurecht. »Jenseits von Gut und Böse« – im wesentlichen eine Kritik der Modernität. »Genealogie der Moral« – eine Psychologie des Christentums, eine Psychologie des Gewissens, eine Psychologie des Priesters. Und, das versteht sich, »das Unheimlichste, was bisher geschrieben worden ist«. »Götzendämmerung« – hier wird mit allen »Götzen« aufgeräumt, die bisher als Wahrheiten galten. »Es gibt nichts Substanzreicheres, Unabhängigeres, Umwerfenderes – Böseres.«

»Der Fall Wagner« ist das letzte Werk, das Nietzsche in dieser Reihe der Selbstinterpretation vorstellt – das ist chronologisch nicht ganz korrekt, denn »Der Fall Wagner« ist vor der »Götzen-Dämmerung« erschienen. Aber diese Reihenfolge paßt besser in Nietzsches Selbstauslegungskonzept: Mit der »Geburt der Tragödie« fängt seine Philosophie an, mit dem »Fall Wagner« kommt er wieder auf diese Ausgangslage zurück, ein Kreis schließt sich, danach kommt das »Hauptwerk« – das ist die Logik, die suggeriert werden soll. Die Wiedergeburt der griechischen Tragödie hatte Nietzsche vom Musikdrama Richard Wagners erhofft, nein, er hatte sie in der »Geburt der Tragödie« als vollzogen behauptet. Diese These hat er im Laufe der Zeit zurückgenommen, der »Fall Wagner« ist eine Art »Protokoll« dieses Prozesses.

Aber kurioserweise geht Nietzsche hier auf Wagner, auf die Musik, auf Tragödie kaum noch ein. Es geht ihm, wie überhaupt zuletzt beim Thema Wagner, um Deutschland und die Deutschen. Hier holt er noch einmal weit und kräftig aus, um gegen das loszuschlagen, was ihn an Deutschland stört. Da ist zum einen die »Unzucht« in historischen Dingen. Nietzsche regt sich mächtig über die Großspurigkeit der »Reichsdeutschen« auf, denen der Blick für den Gang der Geschichte und die Werte der Kultur abhanden gekommen sei. Eben weil das »Deutsche« so wichtig genommen werde. »›Deutsch‹ ist ein Argument, ›Deutschland, Deutschland über alles‹ ein Prinzip, die Germanen sind die ›sittliche Weltordnung‹ in der Geschichte.«

Geschichtsklitterung, wo er hinschaut, vor allem die verbreitete Wertschätzung der Reformation und der Rolle Martin Luthers ist Nietzsche ein Dorn im Auge. Die Reformation hat nach seiner Meinung die Chancen, die der europäischen Kultur durch die Renaissance erwachsen waren, zunichte gemacht. In dem Augenblick, als die Kirche unterlegen war gegen die wissenschaftliche Redlichkeit, hat Luther Christentum und Kirche wiederhergestellt – das ist Nietzsches Sicht der Dinge. Luther ist für ihn ein »Verhängnis von Mönch« und keine große Gestalt der Geschichte. Insgesamt sind die Deutschen die Verhinderer europäischen Fortschritts. *»Alle großen Kultur-Verbrechen von vier Jahrhunderten haben sie auf dem Gewissen!«*

Was Wunder, daß die Deutschen mit Friedrich Nietzsche nichts anfangen können. Weshalb er sich auch nicht unter die Deutschen rechnen lassen will. Das wäre zuviel der Ehre für die Deutschen, wenn der große Geist, der die Falschmünzerei in viertausend Jahren Geistesgeschichte entlarvt hat, nämlich Nietzsche selbst, den Deutschen zugeschlagen würde. »Man kommt beim Deutschen, beinahe wie beim Weibe, niemals auf den Grund, *er hat keinen*: das ist alles. Aber damit ist man noch nicht einmal flach.« Auch hier redet und schreibt sich Nietzsche ganz schön in Rage – man muß daran erinnern, daß er mit »Ecce homo« auch einen Test machen wollte, was er seinem Publikum alles zumuten kann. Zum Beispiel dem deutschen Publikum. »Und warum sollte ich nicht bis ans Ende gehen? Ich liebe es, reinen Tisch zu machen.«

Das tut er hier ganz gründlich. »Wenn ich mir eine Art Mensch ausdenke, die allen meinen Instinkten zuwiderläuft, so wird immer ein Deutscher daraus.« Er will auch seinen Freunden dieses vernichtende Urteil nicht ersparen (obwohl er Richard Wagner und einige andere Künstler davon ausnimmt). Das entscheidende Merkmal, ob jemand unter dieses Verdikt fällt, ist die Art, wie er mit Nietzsche umgeht. »Ich halte diese Rasse nicht aus, mit der man immer in schlechter Gesellschaft ist, die keine Finger für nuances hat – wehe mir! ich bin eine nuance –, die keinen esprit in den Füßen hat und nicht einmal gehen kann.« Friedrich Nietzsche könnte eine Nuance der Weltgeschichte sein – welch entsetzliche Vorstellung. Und noch entsetzlicher: Nicht einmal diese Nuance würden die Deutschen wahrnehmen.

Was Nietzsche seinen Freunden vorwirft: Wohlwollen, in dem nach seinen Worten mehr Zynismus liegt als in Haß. Wohlwollen bedeutet: Man nimmt ihn nicht ernst. »Ich sage es jedem meiner Freunde ins Gesicht, daß er es nie der Mühe für wert genug hielt, irgendeine meiner Schriften zu *studieren*; ich errate aus den kleinsten Zeichen, daß sie nicht einmal wissen, was drin steht. Was gar meinen Zarathustra anbetrifft, wer von meinen Freunden hätte mehr darin gesehn als eine unerlaubte, zum Glück vollkommen gleichgültige Anmaßung? … Zehn Jahre: und niemand in Deutschland hat sich eine Gewissensschuld daraus gemacht, meinen Namen gegen das absurde Stillschweigen zu verteidigen, unter dem er vergraben lag.«

Nach diesem Ausbruch muß Nietzsche natürlich versichern, daß ihm das alles nichts ausmacht, das widerspräche ja seiner Philosophie. Das »*Notwendige* verletzt mich nicht; amor fati ist meine innerste Natur.« Aber den »Fall Wagner« habe er »zwei Jahre ungefähr vor dem zerschmetternden Blitzschlag der *Umwertung*« geschrieben, damit sich die Deutschen noch mal ordentlich blamieren. Das sei ja dann auch gelungen. »Zum Entzücken, meine Herren Germanen! Ich mache Ihnen mein Kompliment.«

Damit schließt Nietzsche die Werkreihe ab, die er uns in »Ecce homo« vorstellt. Dabei spricht er im Prinzip nur über die Werke, die erschienen sind. Das gilt zwar nicht für die »Götzen-Dämmerung« – die liegt Ende 1888 gedruckt beim Verlag, ist aber noch nicht ausgeliefert –, das ist also eher eine technische, keine inhaltliche Frage. Er macht, wie gerade gesehen, hin und wieder eine Bemerkung zur »Umwertung«, wie das geplante Hauptwerk jetzt durchgängig heißt. Damit ist, wie schon gezeigt, der »Antichrist« gemeint, über den er in »Ecce homo« schreibt: »Das Vorwort entstand am 3. September 1888: als ich morgens, nach dieser Niederschrift, ins Freie trat, fand ich den schönsten Tag vor mir, den das Ober-Engadin mir je gezeigt hat – durchsichtig, glühend in den Farben, alle Gegensätze, alle Mitten zwischen Eis und Süden in sich schließend.« Dann ging es wieder nach Turin, dort kam er am 21. September an. »Ohne Zögern und ohne mich einen Augenblick abziehn zu lassen, ging ich wieder an die Arbeit: es war nur das letzte Viertel des Werks noch abzutun. Am 30. September großer Sieg; siebenter Tag; Müßiggang eines Gottes am Po entlang. […] Ich habe nie einen solchen Herbst erlebt, auch nie etwas der Art auf Erden für möglich gehalten – [...] jeder Tag von gleicher unbändiger Vollkommenheit.«

Warum ich ein Schicksal bin

Nachdem Nietzsche uns erzählt hat, warum er so weise und so klug ist und warum er so gute Bücher schreibt, muß er nun noch erklären, was das Verhängnisvolle, das Schicksalhafte an ihm ist. Und das tut er noch einmal mit großer rhetorischer Geste: »Ich kenne mein Los. Es wird sich einmal an meinen Namen die Erinnerung an etwas Ungeheures anknüpfen, – an eine Krisis, wie es keine auf Erden gab, an die tiefste Gewissens-Kollision, an eine Entscheidung heraufbeschworen *gegen* alles, was bis dahin geglaubt, gefordert, geheiligt worden war. Ich bin kein Mensch, ich bin Dynamit.« Diesen Begriff hat er von einem Kritiker übernommen. Ein Rezensent hatte im September in der Berner Zeitung »Der Bund« Nietzsches »Jenseits von Gut und Böse« mit den Wagen verglichen, die Dynamit für den Durchbruch des Gotthardtunnels transportierten. Die Bevölkerung werde durch schwarze Flaggen vor dem gefährlichen Inhalt gewarnt. So müsse man auch mit Nietzsches Buch verfahren: »Hier liegt Dynamit.«

Das hat Nietzsche gefallen, er hat diese Wendung seither immer wieder benutzt und damit verbunden, daß er die Geschichte der Menschheit in zwei Stücke sprengen werde. »Ich bereite ein Ereignis vor, welches höchst wahrscheinlich die Geschichte in zwei Hälften spaltet, bis zu dem Punkte, daß wir eine neue Zeitrechnung haben werden: von 1888 als Jahr Eins an. [...] Alles ist auseinandergesprengt – ich bin das gefährlichste Dynamit, das es gibt.« An Franz Overbeck schreibt er: »Diesmal führe ich, als alter Artillerist, mein großes Geschütz vor: ich fürchte, ich schieße die Geschichte der Menschheit in zwei Hälften auseinander.« An seine Schwester: »Du hast nicht den entferntesten Begriff davon, nächstverwandt mit eben dem Menschen und Schicksal zu sein, in dem sich die Frage von Jahrtausenden entschieden hat, – ich habe, ganz wörtlich geredet, die Zukunft der Menschheit in der Hand.« Und schließlich: »Die nächsten Jahre steht die Welt auf dem Kopf: nachdem der alte Gott abgedankt ist, werde ich von nun an die Welt regieren.«

Das alles mag man belächeln und abtun als die Spinnerei eines Egomanen, als Geschrei eines schon halb Wahnsinnigen – letztlich ist es das ja auch. Und Nietzsche macht damit und mit sich selbst auch immer gerne seine Späße: »Ich habe eine erschreckliche Angst davor, daß man mich eines Tags *heilig* spricht: man wird erraten, weshalb ich dies Buch *vorher* herausgebe, es soll verhüten, daß man Unfug mit mir treibt ... Ich will kein Heiliger sein, lieber noch ein Hanswurst ... Vielleicht bin ich ein Hanswurst.«

Aber »Ecce homo« ist auch der Hilferuf eines Einsamen, der mit großem Getöse auf sich aufmerksam machen will, weil er zu sehen vermeint, was sonst keiner sieht: den epochalen Bruch der abendländischen Geschichte. Noch im April 1887 schreibt Nietzsche an Overbeck: »Ich glaube, man hielte mich einfach für toll, wenn ich verlauten ließe, was ich von mir selber halte [...], daß mit mir eine *Katastrophe* sich vorbereitet, deren Namen ich weiß, aber nicht aussprechen werde.« Der »tolle Mensch« in der »Fröhlichen Wissenschaft« hatte diese Katastrophe mit dem Satz »Gott ist tot« schon vorbereitet, und jetzt, Ende 1888, spricht der »tolle« Nietzsche es aus: Die Katastrophe ist die Entdeckung der Wahrheit der christlichen Moral, »wer über sie aufklärt [...], ist ein Schicksal – er bricht die Geschichte der Menschheit in zwei Stücke«.

Das hat notwendigerweise auch Auswirkungen auf die Politik. Nietzsche hat zwar immer darauf hingewiesen, daß er ein unpolitischer Mensch ist, aber er hat die Weiterungen seiner Philosophie in Politik auch immer mitbedacht. Zwar immer eher allgemein: Denn er kann nicht wirklich in politischen, erst recht nicht in sozialen Kategorien denken. Das rubriziert er unter »kleine Politik«. Schon in »Jenseits von Gut und Böse« hatte er gesagt: »Die Zeit für kleine Politik ist vorbei: schon das nächste Jahrhundert bringt den Kampf um die Erd-Herrschaft – den *Zwang* zur großen Politik.« Diesen Gedanken nimmt er jetzt wieder auf: »Denn wenn die Wahrheit mit der Lüge von Jahrtausenden in Kampf tritt, werden wir Erschütterungen haben, einen Krampf von Erdbeben, eine Versetzung von Berg und Tal, wie dergleichen nie geträumt worden ist. Der Begriff Politik ist dann gänzlich in einen Geisterkrieg aufgegangen, alle Machtgebilde der alten Gesellschaft sind in die Luft gesprengt – sie ruhen allesamt auf der Lüge: es wird Kriege geben, wie es noch keine auf Erden gegeben hat. Erst von mir an gibt es auf Erden *große Politik*.«

Solche Sätze nimmt er – zumindest gegen Ende des Jahres 1888 – dann auch praktisch ernst. Er will seine Philosophie umsetzen, er plant einen veritablen, nicht nur geistigen Vernichtungsschlag gegen das Christentum und sucht dafür Verbündete. Anfang Dezember entwirft er einen Brief an den dänischen Schriftsteller Georg Brandes, in dem er seine Pläne skizziert. Die Juden sieht er auf seiner Seite, »die einzige internationale Macht, die ein Instinkt-Interesse an der Vernichtung des Christentums hat«. Ohnehin braucht man für eine solche politische Bewegung das Großkapital. Die Offiziere sieht er auf seiner Seite, weil die instinktiv wissen, »daß es im aller höchsten Grad *unehrenhaft, feige, unreinlich* ist, Christ zu sein«. Man muß nur den »Antichrist« und »Ecce homo« lesen, dann weiß man, was bevorsteht. »*Siegen wir*, so haben wir die Erdregierung in den Händen – den Weltfrieden eingerechnet [...]. Wir haben die absurden Grenzen der Rasse Nation und Stände überwunden: es gibt nur noch Rangordnung zwischen Mensch und Mensch und zwar eine ungeheuer lange Leiter von Rangordnung. Da haben Sie das erste welthistorische Papier: *Große* Politik par excellence.«

Um den deutschen Kaiser will Nietzsche sich vorab selbst

kümmern, er weiß, wie man »solche braunen Idioten« behandelt. Anfang Dezember 1888 entwirft er einen Brief an Kaiser Wilhelm II.: »Ich erweise hiermit dem Kaiser der Deutschen die höchste Ehre, die ihm widerfahren kann, eine Ehre, die um so viel mehr wiegt, als ich dazu meinen tiefen Widerwillen gegen Alles, was deutsch ist, zu überwinden habe: ich lege ihm das *erste* Exemplar meines Werks in die Hand, mit dem sich die Nähe von etwas Ungeheurem ankündigt.« Das Werk, das Ungeheures ankündigt: »Ecce homo«.

»Hat man mich verstanden?« Dreimal stellt Nietzsche diese Frage am Ende des »Ecce homo«. Zweimal folgen dieser Frage die bekannten Ausbrüche gegen das Christentum, gegen die Moral. Und nach dem dritten Mal lautet die Antwort: *»Dionysos gegen den Gekreuzigten.«* Das ist nicht nur eine nochmalige, abschließende antichristliche Provokation, die ja schon mit dem Titel »Ecce homo« zu einiger Schärfe geführt worden war. Beide haben ja miteinander zu tun. Beide leiden, aber ihr Martyrium hat jeweils einen anderen Sinn. Im Christentum heißt Leiden Verneinung des Lebens, im Dionysischen heißt Leiden Bejahung des Lebens.

Der Lebensbejaher wird gegen den Lebensverneiner ausgespielt. Und die Pointe heißt: Beides ist Nietzsche auch selbst. Er sieht in sich einerseits das dionysische Prinzip kräftig am Werke, andererseits ist er auch »décadent«. In ihm steckt die Polarität »Dionysos gegen den Gekreuzigten«, sie sagt: Ich, Nietzsche, bin beides in der großartigen, entsetzlichen Spannung, die in dieser Entgegensetzung steckt – »Ecce homo«!

12. Kapitel
Singe mir, singe, o meine Seele

»Ecce homo« ist zu Lebzeiten Nietzsches nicht mehr veröffentlicht worden. Er hat Ende Dezember 1888 noch daran gearbeitet, vor allem den Schluß umformuliert, auch in den ersten Januartagen 1889 sitzt er noch daran. Parallel dazu schreibt er am Druckmanuskript der »Dionysos-Dithyramben«. Er kommt damit im doppelten Sinne auf seine Anfänge zurück. Zum einen auf die Lyrik als eines seiner ursprünglichsten Ausdrucksmittel. Nietzsche hat seit frühester Jugend gedichtet, und er hat alle möglichen lyrischen Formen ausprobiert. Angefangen von der frühen Gefühls- und Erlebnislyrik über Naturlyrik bis hin zur »Gedankenlyrik« und zu epigrammatischen Sprüchen und gereimten Aphorismen.

1882 kündigt er seinem Verleger die »Fröhliche Wissenschaft« an mit »vielen Epigrammen in *Versen*!!!«. Tatsächlich eröffnet ein »Vorspiel in deutschen Reimen« das Werk, überschrieben »Scherz, List und Rache«. So heißt ein Singspiel von Goethe. In den nachgelassenen Fragmenten des Jahres 1882 findet sich dieses Gedicht:

Takt als Anfang, Reim als Endung,
und als Seele stets Musik:
solch ein göttliches Gequiek
nennt man Lied. Mit kürzrer Wendung,
Lied heißt: ›Worte als Musik‹.

Sinnspruch hat ein neu Gebiet:
Er kann spotten, schwärmen, springen,
niemals kann der Sinnspruch singen;
Sinnspruch heißt: ›Sinn ohne Lied‹. –

Darf ich euch von Beidem bringen?

Das hat er getan. Im selben Jahr erscheinen seine »Idyllen aus Messina« in der »Internationalen Monatsschrift«. Das ist das einzige Mal, daß Nietzsche Gedichte selbständig veröffentlicht. Er hat zwar vor allem in den 80er Jahren viele Gedichte geschrieben und auch die Herausgabe von Lyrik-Sammlungen erwogen, aber es blieb bei den »Idyllen aus Messina«. Sonst sind die Gedichte eingearbeitet in die philosophischen Schriften, als Vorspiel oder Anhang oder Nachgesang, und auch einige der »Idyllen« tauchen so später wieder auf: als »Lieder des Prinzen Vogelfrei« im Anhang der erweiterten Ausgabe der »Fröhlichen Wissenschaft« 1887. Auf diese Weise sind eine Reihe von Gedichten zu seinen Lebzeiten nicht gedruckt worden, die heute seinen Ruhm als Lyriker ausmachen.

Was den Lyriker Friedrich Nietzsche auszeichnet, ist unter anderem die ungeheure Musikalität seiner Sprache. So sagt er: »Man darf vielleicht den ganzen Zarathustra unter die Musik rechnen.« Ohnehin hielt er Musik für die ihm gemäßeste Ausdrucksform. Ein Leben ohne Musik hat er als Irrtum bezeichnet. Er hat genauso früh mit dem Komponieren angefangen wie mit dem Dichten, und er hat auch das sein Leben lang getan. Freilich mit weniger Erfolg. Dem berühmten Pianisten und Dirigenten Hans von Bülow, dem ersten Mann von Cosima Wagner, hat er eine Komposition zugeschickt und zur Antwort bekommen, das sei das »Unerquicklichste und Antimusikalischste«, was er, von Bülow, seit langem gesehen habe. Nietzsche hat sich von Richard Wagner für seine Partituren verhöhnen und verspotten lassen, aber er hat sich durch nichts von seinem musikalischen Schaffen abhalten lassen. Sein treuer Vasall Heinrich Köselitz, dem er den Künstlernamen Peter Gast »verlieh«, war Komponist. Der bekam den Auftrag, Nietzsches »Hymnus auf das Leben«, die Vertonung eines Textes von Lou von Salomé, in die Musikhäuser zu bringen. Was nicht gelang. Aber bis zum Schluß war Nietzsche überzeugt: »Man wird ihn später einmal zu meinem Gedächtnis singen.«

Dieses musikalische Schaffen ist für Nietzsche mit seinem lyrischen aufs engste verbunden, besonders dann, wenn es um die angesprochenen Dithyramben geht. Das ist der zweite Aspekt seines Rückgriffs auf seine Anfänge. Er kommt mit dem letzten Werk, das er selbst noch abgeschlossen hat, auf ein wesentliches Element der Tragödienschrift zurück. »Dionysos-Dithyramben« ist eigentlich eine Doppelung. Denn Dithyramben sind ja ursprünglich Chorlieder bei Festspielen zu Ehren des Dionysos. Sie sind also Musik. Lyrik entsteht aus Musik, und das Kennzeichnende der antiken griechischen Lyrik, sagt Nietzsche, ist die »Identität des Lyrikers mit dem Musiker«. Der Lyriker ist, »als dionysischer Künstler, gänzlich mit dem Ur-Einen, seinem Schmerz und Widerspruch, eins geworden und produziert das Abbild dieses Ur-Einen als Musik«.

Seine Subjektivität hat der Künstler im dionysischen Prozeß aufgegeben: »Das ›Ich‹ des Lyrikers [...] tönt aus dem Abgrunde des Seins«, seine ›Subjektivität‹ im Sinne der zeitgenössischen Ästhetik, sagt Nietzsche, ist eine Einbildung, der Lyriker ist Sprache, Zunge, Stimme des Ur-Einen. Diese Position hat Nietzsche später relativiert. Da akzeptiert er Lyrik auch als Sprachkunst, sofern sie nicht reines Formenspiel, bloße Artistik ist. Aber sprachliche Virtuosität, Ironie und Wortwitz eines Heinrich Heine hat er sehr bewundert und seine eigenen Gedichte daran gemessen. Auch Stimmungslyrik wird nicht mehr nur verdammt, wenn auch Dichter wie Eduard Mörike nach wie vor schlechte Noten bekommen: Da fehlen die Gedanken! Letztlich akzeptiert Nietzsche nur *einen* deutschen Lyriker neben Heine, das ist Goethe, weil er das Miteinander von Gedankentiefe und Formvollendung geschafft habe. Also heißt es schließlich: »Deutschland hat nur einen Dichter hervorgebracht außer Goethe: das ist Heinrich Heine.«

Das heißt nun aber nicht, daß der Dithyrambus für Nietzsche an Bedeutung verloren hat. In »Ecce homo« hatte er ja sogar behauptet: »Ich bin der Erfinder des Dithyrambus.« Hier ist nicht mehr die Lyrik gemeint, die eins mit dem Ur-Einen ist, sondern hier geht es um den Gedicht-Typus aus dem »Zarathustra«. Da spricht das lyrische Ich vorwiegend mit sich selbst, es handelt sich um dithyrambische Monologe. Geänderte Fassungen der drei Gedichte aus dem »Zarathustra« und sechs Lieder Zarathustras, die Nietzsche im Herbst 1888 in Turin gedichtet hat – das sind die »Dionysos-Dithyramben«. Ursprünglich sollten sie unter dem Titel »Lieder Zarathustras« erscheinen.

»Nur Narr! nur Dichter!«, das erste Stück der Sammlung, behandelt das Dilemma von Wort und Wahrheit. Die Sprache lügt, ist immer Fiktion, und der Dichter produziert mit seinen Metaphern unausweichlich Lügen.

Nur Narr! nur Dichter!
Nur Buntes redend,
aus Narrenlarven bunt herausredend,
herumsteigend auf lügnerischen Wortbrücken,
auf Lügen-Regenbogen
zwischen falschen Himmeln
herumschweifend, herumschleichend –
nur Narr! *nur* Dichter!

Es sind Nietzsches wichtigste philosophische Thesen, die hier in Verse und freie Rhythmen gefaßt werden, formal stark an Hölderlin angelehnt. »Ruhm und Ewigkeit« heißt ein Gedicht, das Nietzsches Ja zur Ewigkeit noch einmal emphatisch ausdrückt.

Schild der Notwendigkeit!
Höchstes Gestirn des Seins!
– das kein Wunsch erreicht,
– das kein Nein befleckt,
ewiges Ja des Seins,
ewig bin ich dein Ja:
denn ich liebe dich, o Ewigkeit! – –

»Ich darf nicht daran denken, ohne zu schluchzen«, notiert Nietzsche an Weihnachten 1888 über diesen Dithyrambus. In dieser Kunstform hat er, nimmt man alle Übertreibungen und Selbsthypostasen mal weg, wohl wirklich die ihm angemessene Ausdrucksform gefunden.

In der neuen Vorrede zur »Geburt der Tragödie« von 1886 hatte er beklagt, daß er das Neue, das er in seiner Tragödienschrift hatte ausdrücken wollen, nicht als Dichter zu sagen gewagt hatte. »Sie hätte *singen* sollen, diese ›neue Seele‹«, hieß es da. Und Zarathustra spricht: »O meine Seele, nun gab ich dir alles und auch mein letztes, und alle meine Hände sind an dich leer geworden: – *daß ich dich singen hieß*, siehe, das war mein letztes! […] Singe mir, singe, o meine Seele! Und mich laß danken! – Also sprach Zarathustra.«

13. Kapitel
Am Grossen und Unmöglichen zugrunde gehen

Am 3. Januar 1889 schreibt Nietzsche an Cosima Wagner: »Man erzählt mir, daß ein gewisser göttlicher Hanswurst dieser Tage mit den Dionysos-Dithyramben fertig geworden ist.« Ein zweiter Brief am selben Tag lautet: »Dies Breve an die Menschheit sollst du herausgeben, von Bayreuth aus.« Titel: »Die frohe Botschaft«. Und noch ein Brief an Cosima Wagner geht an diesem Tag heraus: »An die Prinzeß Ariadne, meine Geliebte«. Darin heißt es: »Es ist ein Vorurteil, daß ich ein Mensch bin. Aber ich habe schon oft unter Menschen gelebt und kenne alles, was Menschen erleben können, vom Niedrigsten bis zum Höchsten. Ich bin unter Indern Buddha, in Griechenland Dionysos gewesen. Alexander und Caesar sind meine Inkarnationen, insgleichen der Dichter des Shakespeare Lord Bakon. Zuletzt war ich noch Voltaire und Napoleon, vielleicht auch Richard Wagner«. Der letzte Satz dieses Briefes: »Ich habe auch am Kreuze gehangen.«

Am selben Tag an die alte Freundin Meta von Salis: »Ich habe eben Besitz ergriffen von meinem Reich, werfe den Papst ins Gefängnis und lasse Wilhelm, Bismarck und Stöcker erschießen. Der Gekreuzigte.« Adolf Stoecker war Hof- und Domprediger in Berlin, ein antisemitischer Hetzer mit großem Einfluß auf Wilhelm II. Weitere Briefe Nietzsches aus diesen Tagen sind wechselweise unterschrieben mit »Dionysos« oder »Der Gekreuzigte«. Stand am Ende von »Ecce homo« noch der schmerzhafte Gegensatz dieser beiden großen Leidenden, »Dionysos gegen den Gekreuzigten«, so sind sie jetzt in der Person Friedrich Nietzsche vereint – er *ist* endgültig beide, Dionysos *und* der Gekreuzigte.

Im Prinzip fühlt er sich mit allen Menschen identisch. »Was unangenehm ist und meiner Bescheidenheit zusetzt, ist, daß im Grunde jeder Name in der Geschichte ich bin.« Vor allem aber sind es berühmte Namen, gleichgültig, auf welche Weise sie berühmt geworden sind. Zum Beispiel Prado und Chambige. Im November 1888 hatte es zwei aufsehenerregende Gerichtsprozesse gegeben: In Paris war ein Prostituiertenmörder namens Prado zum Tode verurteilt worden, in Constantine in Algerien ein Student namens Henri Chambige wegen Frauenmordes zu sieben Jahren Zwangsarbeit. Nietzsche identifiziert sich mit beiden »anständigen Verbrechern«, genauso wie mit Ferdinand de Lesseps, dem Erbauer des Suez-Kanals, und Kardinal Antonelli, dem engsten Berater von Papst Pius IX.

»Ich lasse eben alle Antisemiten erschießen«, schreibt er am 4. Januar 1889 an seinen Freund Overbeck, und an Umberto I., König von Italien, am selben Tag: »Meinem geliebten Sohn Umberto. Mein Friede sei mit dir! Ich komme Dienstag nach Rom und will dich neben seiner Heiligkeit dem Papst sehn.« Einen fast gleichlautenden Brief bekommt der vatikanische Staatssekretär Kardinal Mariano. Friedrich Nietzsche ist also schon der Herrscher der Welt, wenn nicht Gott selbst. Denn auch diese Volte ist ihm nicht fremd.

Am 5. Januar schickt er einen längeren Brief an Jacob Burckhardt in Basel: »Lieber Herr Professor, zuletzt wäre ich sehr viel lieber Basler Professor als Gott; aber ich habe es nicht gewagt, meinen Privat-Egoismus so weit zu treiben, um seinetwegen die Schaffung der Welt zu unterlassen. Sie sehen, man muß Opfer bringen, wie und wo man lebt«. Wer so schreiben kann, mag zwar »ver-rückt« sein, aber er ist noch nicht irrsinnig, ist zumindest noch Herr einiger Sinne und eines Teils seines Intellekts. Dem Professor berichtet er weiter, daß er verurteilt sei, die nächste Ewigkeit durch schlechte Witze zu unterhalten. Er lädt ihn ein auf eine »schöne Plauderei in Turin« und berichtet eher beiläufig, daß er tags darauf den Besuch von König Umberto und dessen Frau erwarte (»die ich aber auch nur hier in

Hemdärmeln empfange«). Schließlich: »Ich habe Kaiphas in Ketten legen lassen; auch bin ich voriges Jahr von den deutschen Ärzten auf eine sehr langwierige Weise gekreuzigt worden. Wilhelm, Bismarck und alle Antisemiten abgeschafft.«

Insgesamt ist dieser Brief aber in einem sehr freundlichen Ton geschrieben, und der letzte Satz läßt auf geradezu rührende Weise ahnen, daß Nietzsche gefühlt haben muß, welche »Verrücktheiten« er da von sich gibt: »Sie können von diesem Brief jeden Gebrauch machen, der mich in der Achtung der Basler nicht heruntersetzt.«

»Wahnsinnszettel« hat die Nietzsche-Forschung diese Briefe genannt, und man kann tatsächlich den geistigen Zusammenbruch auf die Zeit um den 3. bis 5. Januar 1889 datieren. Er hatte sich angekündigt. Spätestens seit Oktober 1888 hatte Nietzsche immer wieder Phasen der Umnachtung, abwechselnd mit Phasen allergrößter geistiger Klarheit. Vermutlich ist schon der Briefentwurf an Georg Brandes mit Nietzsches Vorstellungen von »großer Politik« ein Vorzeichen des Wahnsinns und auch der an Kaiser Wilhelm II. Am 26. Dezember hatte er noch geschrieben: »Ich selber arbeite eben an einem Promemoria für die europäischen Höfe zum Zwecke einer antideutschen Liga. Ich will das ›Reich‹ in ein eisernes Hemd einschnüren und zu einem Verzweiflungs-Krieg provozieren.« An August Strindberg schreibt er am 31. Dezember: »Ich habe einen Fürstentag nach Rom zusammenbefohlen, ich will den jungen Kaiser füsilieren lassen.« Unterschrift: »Nietzsche-Cäsar«. Und kurz darauf heißt es: »In zwei Jahren wird Ihnen jeder Zweifel daran benommen sein, daß *ich* von nun an die Welt regiere. Friedrich Nietzsche.«

Solche Äußerungen sind eindeutig. Man kann aber auch viele Übertreibungen und »Verrücktheiten« in den Werken und im Alltagsleben der Jahre vor Ende 88/Anfang 89 als Vorformen des Wahnsinns interpretieren. Auch Größenwahn kann man als Wahn im klinischen Sinne nehmen. Das muß man nur wollen. Wir befinden uns im Juste milieu des ausgehenden 19. Jahrhunderts, da gilt so manches als »verrückt«, was nur anders ist. Davon wissen Nietzsches Vermieter in Turin, die Familie Fino, einiges zu berichten. Ende Dezember hat Frau Fino merkwürdige Geräusche im Zimmer des Mieters gehört, sie ist dem nachgegangen und hat durchs Schlüsselloch gesehen, daß der Professor nackt im Zimmer herumtanzte. Eines Tages soll er erklärt haben, das Haus müsse festlich geschmückt werden, weil der König und die Königin zu Besuch kämen.

Nietzsche beobachtet sich auch selbst dabei, wie er allmählich immer wunderlicher wird. Daß er bei geringsten Anlässen hemmungslos schluchzt und sich kaum beruhigen kann, das berichtet er von sich ohne jeden Argwohn. Der Spätromantiker hält das nicht für ein Anzeichen übersteigerter Reizbarkeit, sondern für Ausdruck seiner besonderen Sensibilität. Aber er nimmt auch wahr, daß er »fortwährende Grimassen« schneidet und vor Vergnügen an sich selbst in Tränen ausbricht. Er hat seine Gefühlsreaktionen zeitweilig nicht mehr im Griff. Nach dem Besuch eines Konzerts notiert er: »Mein Gesicht machte fortwährend Grimassen, um über ein extremes Vergnügen hinwegzukommen, eingerechnet, für 10 Minuten die Grimasse der Tränen.« Ende November 1888 schreibt er an Köselitz: »Ich mache so viel dumme Possen mit mir selber und habe solche Privat-Hanswurst-Einfälle, daß ich mitunter eine halbe Stunde auf offner Straße *grinse*, ich weiß kein andres Wort. [...] Ich habe vier Tage lang die Möglichkeit verloren, einen gesetzten Ernst in mein Gesicht zu bringen.« Selbstironie und Sarkasmus sind ihm allerdings noch nicht verlorengegangen: »Ich denke, mit einem solchen Zustand ist man reif zum ›Welt-Erlöser‹?«

Er grinst aber nicht nur auf offener Straße, sondern hält auch Passanten an und erzählt ihnen, er sei der »Tyrann von Turin« oder: »Ich bin Gott, ich habe mich so verkleidet, um mich den Menschen zu nähern.« Die Beschreibungen seines Alltags zeigen, wie er mehr und mehr der Wirklichkeit »entrückt«. Weihnachten 1888: »Was hier in Turin merkwürdig ist, das ist eine vollkommene Faszination, die ich ausübe.« Die Frauen schauen sich nach ihm um, die Menschen sind freundlich zu ihm, er wird zuvorkommend bedient, bekommt in seiner Trattoria für wenig Geld die ausgesuchtesten Speisen, Kellner und Koch arbeiten offensichtlich nur für ihn. Allmählich entgleitet ihm die Wirklichkeit.

Der geschundene Droschkengaul

Die schönste Geschichte aus diesen Turiner Januartagen ist die von dem Droschkenpferd. Eines Tages will Nietzsche mal wieder einen seiner langen Spaziergänge machen. Er tritt aus dem Haus an der Piazza Carlo Alberto, da sieht er, wie am Droschkenstand ein Kutscher seinen müden, alten Gaul mit der Peitsche traktiert. Nietzsche eilt hinzu, fällt der geschundenen Kreatur schluchzend um den Hals und bricht zusammen. Sein Vermieter Davide Fino hat das Ganze von seinem Zeitungskiosk aus beobachtet, er bringt den völlig verstörten Professor nach Hause. So wird die Geschichte allerdings erst Jahrzehnte später erzählt, da ist sie zum festen Bestand der Familientradition der Finos geworden.

Anfang Januar 1889 wurde nur eine karge Variante bekannt. Eines Tages sei der Professor von zwei Stadtpolizisten nach Hause gebracht worden, weil er auf der Straße zusammengebrochen sei. Von einem Droschkengaul war da noch nicht die Rede. Overbeck berichtet, daß Nietzsche am 7. oder 8. Januar auf der Straße zusammengebrochen und von Davide Fino aufgehoben worden sei. Damals ist nur von einem »öffentlichen Skandal« die Rede. Damit kann natürlich auch die Geschichte mit dem Pferd gemeint sein. Die man auch so deuten kann: Nietzsche hat sehr intensiv Dostojewski gelesen. In dessen Roman »Schuld und Sühne« träumt Raskolnikow, wie betrunkene Bauern ein Pferd zu Tode prügeln. Von Mitleid übermannt, wirft er sich dem toten Tier an den Hals und küßt es. Nicht auszuschließen, daß Nietzsche diese Szene »nachgespielt« hat. Aber es gibt keinen verläßlichen Hinweis darauf, daß er »Schuld und Sühne« wirklich gelesen hat.

Bemerkenswert ist dabei eine Stelle aus einem Brief vom Mai 1888. Im Zusammenhang mit der »Genealogie der Moral« erzählt Nietzsche: »Gestern dachte ich mir ein Bild aus von einer *moralité larmoyante*, mit Diderot zu reden. Winterlandschaft. Ein alter Fuhrmann, der mit dem Ausdruck des brutalsten Zynismus, härter noch als der Winter ringsherum, sein Wasser an seinem eignen Pferde abschlägt. Das Pferd, die arme geschundne Kreatur, blickt sich um, dankbar, sehr dankbar.«

So irrsinnig die »Wahnsinnszettel« vom 3. Januar 1889 auch sein mögen, Nietzsche hat sie korrekt adressiert, ordentlich frankiert und abgeschickt. Jacob Burckhardt in Basel reagiert als erster. Er alarmiert Franz Overbeck, der zwar auch einen »Wahnsinnszettel« bekommen, ihn aber nicht ernst genommen hat. Overbeck reist am 7. Januar in Richtung Turin ab. Am 15. Januar berichtet er Heinrich Köselitz über seine erste Begegnung mit Nietzsche. »Ich erblicke N. in einer Sofaecke kauernd und lesend – wie sich dann ergab, die letzte Korrektur von Nietzsche contra Wagner – entsetzlich verfallen aussehend, er [...] stürzt auf mich zu, umarmt mich heftig, mich erkennend, und bricht in einen Tränenstrom aus, sinkt dann in die Zuckungen aufs Sofa zurück, ich bin auch vor Erschütterung nicht imstande, auf den Beinen zu bleiben.« Als sich Nietzsche nach Einnahme von Bromwasser beruhigt hat, erzählt er von einem für den Abend geplanten großen Empfang. Overbeck schildert, wie Nietzsche die Menschen um sich herum klar erkennt, mit sich selbst aber in völligem Wahn versunken ist. Immer mal wieder stößt er Wortfetzen und Halbsätze aus seinen letzten Werken hervor, lärmt auf dem Klavier herum, tobt, schreit.

»Der unvergleichliche Meister des Ausdrucks, war außerstande, selbst die Entzückungen seiner Fröhlichkeit anders als in den trivialsten Ausdrücken oder durch skurriles Tanzen und Springen wiederzugeben. Dabei die kindlichste Harmlosigkeit, die ihn auch in den drei Nächten, in denen er schon tobend den ganzen Haushalt wach erhalten hatte, nie verlassen hatte.« Overbeck hat Köselitz wohl nicht die ganze Wahrheit geschrieben.

Carl Albrecht Bernoulli, ein Freund Overbecks, hat später berichtet, daß dieser im vertrauten Kreis mehr erzählt habe. »Danach bot sich in Turin damals ein Anblick, der die orgiastische Vorstellung der heiligen Raserei, wie sie der antiken Tragödie zugrundelag, auf grauenhafte Weise verkörperte.«

Im Irrenhaus

Overbeck will den Freund in eine Klinik bringen, der wehrt sich aber. Er fühlt sich bei Familie Fino in Turin wohl. Durch Vermittlung des deutschen Konsulats findet sich ein Reisebegleiter, Dr. Leopold Bettmann, ein in Turin ansässiger deutscher Zahnarzt. Der aber auch Erfahrungen mit Geisteskranken haben soll. Über den damaligen Zustand des Patienten verfaßt Bettmann ein Gutachten: »Pat. ist gewöhnlich aufgeregt, ißt viel, verlangt beständig zu essen, dabei ist er nicht imstande, etwas zu leisten und für sich zu sorgen, behauptet, ein berühmter Mann zu sein, verlangt fortwährend Frauenzimmer.« Auf jeden Fall kann Bettmann den überraschend sanftmütigen Patienten Nietzsche zu der Reise nach Basel überreden. Man fährt mit dem Zug nach Basel, Nietzsche singt Lieder, die er um die Weihnachtszeit gedichtet hat, und am 10. Januar wird er dann in die Basler Psychiatrische Klinik »Friedmatt« eingeliefert. Franz Overbeck schreibt: »Gestern früh habe ich ihn oder vielmehr einen nur für den Freund kenntlichen Trümmerhaufen von ihm dem hiesigen Irrenspital übergeben. Dort gilt sein Fall, zunächst durch den unangemessensten Größenwahn charakterisiert, aber durch wie vieles andere sonst! – als hoffnungslos. Ich habe kein ebenso entsetzliches Bild der Zerstörung gesehen.«

Die Mutter kommt nach Basel, um den Sohn nach Jena zu holen. Dort wird er am 18. Januar in die Psychiatrische Universitätsklinik eingeliefert. Sein Zustand verschlechtert sich rapide, er muß nachts oft isoliert werden, er tobt und brüllt, trinkt seinen Urin, beschmiert sich mit Kot. Nachts sieht er

»ganz verrückte Weiberchen« und berichtet eines Morgens: »Heute nacht sind 24 Huren bei mir gewesen.«

Im November kommt der Kunsthistoriker Julius Langbehn nach Jena und bietet Nietzsches Mutter an, ihren Sohn mit einer Spaziergangs- und Gesprächstherapie zu heilen. Seine Methode: »Er ist ein Kind u. ein König, als Königs-Kind, das er ist, muß er behandelt werden, das ist die einzig richtige Methode.« Anfangs bessert sich der Zustand Nietzsches tatsächlich, und Langbehn geht aufs Ganze: Der Patient soll in seine Obhut übergeben werden, er will die Vormundschaft, die Verfügung über Nietzsches Basler Pension und die alleinige Verantwortung für ihn. Die Mutter lehnt ab, Nietzsche wird entmündigt, sie übernimmt die Vormundschaft.

Allmählich richtet der Kranke sich in seiner Krankheit ein. Die Tobsuchtsanfälle lassen nach, die Kotschmierereien hören auf. Zwischenzeitlich ist er ganz wach und ansprechbar, dann zieht er sich wieder in sein Dunkel zurück. Anfang 1890 schreibt Köselitz: »Er lebt als fast ganz Vernünftiger in einer Traumwelt, aus der er nicht mehr herauskann.« Im März nimmt seine Mutter ihn aus der Anstalt, wohnt zunächst mit ihm in Jena. Bei einem Spaziergang entwischt Friedrich der Mutter und entkleidet sich auf offener Straße, weil er in einer Pfütze baden will. Das Jenaer Herrenbad war an dem Tag geschlossen. Die Polizei greift ihn auf, die Anstaltsärzte bestehen darauf, daß er wieder zurückgebracht wird. Aber die Mutter weigert sich und »flieht« mit dem Sohn nach Naumburg.

Zunächst geht das einigermaßen gut, wenn auch Carl von Gersdorff schon im Februar 1891 schreibt: »Es scheint nun, als ob der Wahnsinn zum Blödsinn umzuschlagen Miene machte.« Nietzsche wird immer willenloser, dämmert vor sich hin, die hellen, wachen Phasen werden immer seltener. Im Laufe des Jahres 1893 verschlimmert sich sein Zustand zusehends. Anfangs hatte die Mutter noch lange Spaziergänge mit ihm unternommen, auch das öffentliche Bad aufgesucht. Das geht jetzt nicht mehr. Er brüllt, tobt und schlägt um sich, sobald er andere

Menschen sieht. Bald kann er sich nicht mehr selbständig waschen und anziehen, er muß gefüttert werden. Nach und nach erkennt er seine Freunde nicht mehr.

Im November bekommt Nietzsche Krämpfe am Kinn, so daß er nicht mehr schlucken kann. Diese Lähmungen breiten sich aus. Im Frühjahr 1897 werden sie so schlimm, daß er fast nur noch liegen oder in einem Lehnstuhl sitzen kann. Im April stirbt seine Mutter. Seine Schwester Elisabeth, die inzwischen ein Nietzsche-Archiv gegründet und dieses nach Weimar verlegt hat, holt ihn zu sich in die »Villa Silberblick«. Wo Nietzsche buchstäblich »ausgestellt« wird. Seine Verehrer pilgern nach Weimar und dürfen den vor sich hin dämmernden Philosophen besichtigen. Im Sommer 1898 trifft ihn ein leichter Schlaganfall, im Mai 1899 ein schwerer, ein letzter Schlaganfall am 24. August 1900. Am Tag darauf stirbt Friedrich Nietzsche, 55 Jahre alt. Drei Tage später wird er in Röcken beerdigt.

Die Krankheitsgeschichte

Über Nietzsches Krankheit ist viel gemutmaßt und phantasiert worden – das wirre Leben dieses Philosophen und sein langes Leiden bieten reichlich Stoff dafür. Bis heute streiten Fachleute und Laien darüber, alle möglichen Diagnosen mit allerlei hübschen Fachbegriffen kommen vor: Hysterie, Schizophrenie, Paranoia, Zyklothomie (manisch-depressives Irresein), endogene Psychose, Epilepsie, Neurasthenie, neurophysiologischer Kollaps. Bei so vielen Möglichkeiten schießen natürlich die Spekulationen ins Kraut.

Zunächst noch einmal die Fakten: Nietzsche war sehr früh stark kurzsichtig und hat geschielt. Er litt spätestens seit seiner Schulzeit an starken Augen- und Kopfschmerzen. Er selbst hat die dauernden Kopfschmerzen später auf die ständige Überanstrengung der Augen zurückgeführt. Vor seinem 36. Lebensjahr hatte er allerdings panische Angst davor, wie sein Vater in diesem Alter zu sterben. Dessen möglicher Gehirntumor wäre zwar nicht erblich gewesen. Aber der Vater hatte auch an Krämpfen, an epilepsie-ähnlichen Anfällen gelitten, und auch der junge Nietzsche litt unter extremen Erregungszuständen. Das war der entscheidende Grund für seine Ängste.

Schon als Kind und Jugendlicher nie »richtig«, nie dauerhaft gesund, war er während seiner Zeit als Basler Professor nahezu ununterbrochen von unterschiedlichen Krankheiten befallen – keinen Wehwehchen, wenn man seinen Schilderungen in Briefen und Notizen glauben darf. Die Kopfschmerzanfälle dauerten häufig mehrere Tage, begleitet von stundenlangem Erbrechen von Galle und von Magen- und Darmbeschwerden. Er litt unter chronischem Magenkatarrh und ständigen Verdauungsproblemen. 1879, als er sich entschloß, die Basler Professur endgültig aufzugeben, zählte er 118 schwere Anfälle dieser Art.

Als er dann das Lebensalter des Vaters überschritten hat, ist zwar die Angst von ihm genommen, aber er glaubt immer noch an das Erbe. Im Juli 1888, auch jetzt heißt es in seinen Briefen »immer krank«, schreibt er an Overbeck: »Ewiger Kopfschmerz, ewiges Erbrechen [...]. Die Lebens-Kraft ist nicht mehr intakt.« Wohlgemerkt: Bald darauf wird er in »Ecce homo« ausführlich schildern, wie herrlich gesund er ist, wie er die Krankheit benutzt hat, um in der Überwindung derselben zur »großen Gesundheit« zu finden. In den Briefen liest sich das anders. Da diagnostiziert er »eine gewisse Gesamt-Erschöpfung, die in der Tat mein eigentliches Leiden ist«. Und diese nervöse Erschöpfung sei einerseits erworben, zum Teil aber geerbt, »von meinem Vater, der auch nur an *Folgeerscheinungen* des Gesamt-Mangels an Lebenskraft gestorben ist«.

Die Diagnose der Ärzte in Basel lautete: »Progressive Paralyse« – danach litt Nietzsche also an den Spätfolgen einer Syphilis. Die Kollegen in Jena haben diese Diagnose bestätigt. Nietzsches Schwester Elisabeth hat wie eine Löwin um ein heroisches Bild ihres Bruders für die Nachwelt gekämpft. Zu diesem Kampf gehörte die strikte Leugnung auch nur der Möglichkeit,

Nietzsche sei geschlechtskrank gewesen. Tatsächlich gibt es dafür keinen sicheren Beweis. Nietzsche ist nicht obduziert worden, und Syphilis-Nachweise im Labor waren damals noch nicht möglich. Es gab nur Anhaltspunkte, medizinische und biographische. Das hat sich bis heute nicht geändert.

Die biographischen: Studienfreunde haben erzählt, während der Bonner Studienzeit habe Nietzsche in Köln ein Bordell besucht. Paul Deussen berichtet, Nietzsche sei von Kommilitonen in ein entsprechendes Haus mitgeschleppt worden und sei ausgebüchst, als er merkte, wo er war. Deussen war davon überzeugt, daß Nietzsche nie eine körperliche Beziehung zu einer Frau hatte. Die Kölner Bordell-Geschichte kann sich freilich auch anders zugetragen haben, aber es spricht wenig dafür.

Möglich wäre auch, daß Nietzsche sich während seiner Leipziger Studentenzeit 1865/66 infiziert hat. Er hat in Jena zwei Ärzte konsultiert, weil er nach einem oder zwei Bordellbesuchen »rheumatische Schmerzen« hatte und fürchtete, sich einen Tripper geholt zu haben. Er wurde mit Quecksilber-Einsalbungen auf Syphilis behandelt. Den Basler Ärzten soll er gesagt haben, er habe sich in Leipzig »zweimal spezifisch infiziert«.

Die medizinischen Anhaltspunkte: Bei den Untersuchungen in Basel und in Jena wurde eine kleine Narbe an seinem Genital festgestellt, die typisch für das Abheilen des Geschwürs im ersten Syphilis-Stadium ist. Auch der weitere Verlauf könnte passen: Im Sekundärstadium treten Kopf- und Gliederschmerzen auf, dazu Augenentzündungen. Bei Nietzsche wurde 1875 erstmals eine chronische Regenbogenhautentzündung festgestellt, die das Lesen fast unmöglich machte. Diese Uveitis kann auf eine syphilitische Infektion zurückgehen.

In der dritten Phase der Syphilis, die nach 15 bis 20 Jahren eintritt, kommt es zu einem Generalangriff der Lues-Bakterien auf das Nervensystem. Anfälle von Größenwahn sind typische Folgen, das sogenannte »luetische Wetterleuchten«, eine Phase hoher Produktivität, Schmerzfreiheit, Schaffensrausch, Euphorie, schließlich Zusammenbruch – ein geradezu lehrbuchmäßiger Verlauf einer Lues, sagen die einen. Völlig untypisch, sagen die anderen, weil die angebliche Paralyse zu stürmisch ausgebrochen sei und zu lange gedauert habe. Nietzsche habe vielmehr an manisch-depressiven Schwankungen gelitten, dessen Ursache auch eine nicht-syphilitische Gefäßkrankheit sein könnte.

Das Leiden an der Welt

Was wissen wir, wenn wir die Antwort auf diese Frage kennen? Offensichtlich nichts Entscheidendes. Sicher scheint dies zu sein: Nietzsche hat, was nicht überraschen dürfte, nicht an *einer* Krankheit gelitten, sondern an einem lebensbedrohlichen Gemisch von ererbten und erworbenen Krankheiten – da war seine Selbstdiagnose wohl ganz treffend. Dazu kommt – vermutlich – ein langjähriger Medikamentenmißbrauch, und zwar durch Ärzte und durch Nietzsche selbst, der irgendwann keine Lust mehr auf ärztliche Behandlung hatte. Zwar hat die Schwester versucht, den Medikamentenmißbrauch als einzige Ursache für den Zusammenbruch des Bruders festzuschreiben, um von jeder Debatte über eine Geschlechtskrankheit abzulenken. Es ist aber aus Nietzsches Briefen und Notizen gut zu belegen, daß er jahrelang nur mit Hilfe von Chloral und anderen Narkotika hat schlafen können – und manchmal nicht einmal dann. Und daß er in den letzten Jahren regelmäßig Opium nahm, ist auch sicher.

Allerdings bleibt bei solchen Erörterungen der psychische und psychosomatische Bereich weitgehend unberücksichtigt. Bei Nietzsche überlagern sich organische und psychische Krankheitselemente. Die organischen sind bekannt, die psychischen kann man mit aller Vorsicht so benennen: neurotische Depression, hysterische Depressionsabwehr, narzißtische Persönlichkeitsstörung. Die Vorstellung, daß der schöpferische Mensch ein zerrissener ist, der an sich selbst und der Welt irre wird, kennt Nietzsche aus der Welt der literarischen und philosophischen

Romantik. Der Dichter, auch der Philosoph leidet an dieser Welt, er ist krank wegen des Unheils dieser Welt. Körper und Geist flüchten in Krankheiten, in körperliche und geistige. Der Kopf zerbirst, die Seele bricht entzwei – das alles ist die Vorstellungswelt der Romantik, das alles ist Nietzsche nur zu geläufig.

Im »Antichrist« schreibt er: »Wer allein hat Gründe, sich wegzulügen aus der Wirklichkeit? Wer an ihr leidet. Aber an der Wirklichkeit leiden heißt eine verunglückte Wirklichkeit sein.« Es gibt keine bessere Charakterisierung Nietzsches. Er hat seine lebenslange Krankheit als »Krankheit am Leben« interpretiert, als Folge einer Auseinandersetzung mit dem Leiden und Umsetzung des Leidens in Erkenntnis, in Philosophie. Damit lag er ziemlich richtig. Selbstbetrug war dagegen seine Meinung, er habe die Krankheit »überwunden«.

Nun zu den Spekulationen: Hat Nietzsche sein Ende inszeniert? Einige Interpreten sind davon überzeugt, daß Nietzsche absichtlich in den Wahnsinn geflohen ist, um seiner Biographie eine neue Wende zu geben. Als sich zeigte, daß er als Philosoph in geistiger Umnachtung interessant wurde, habe es kein Zurück mehr gegeben. Andere mutmaßen, Schwester Elisabeth habe den Bruder aus ebendiesem Grunde gedrängt, sich verrückt zu stellen, und dann noch elf Jahre Komödie mit ihm gespielt. Nietzsches Freund Overbeck nahm den »Wahnsinnszettel« auch deshalb nicht ernst, weil er meinte, Nietzsche wolle seine Philosophie auf die Spitze treiben: Wahnsinn als allerletzte und radikalste Konsequenz. Anhaltspunkte für solche Spekulationen gibt es bei Nietzsche in der Tat. Er schreibt zum Beispiel, Hölderlin habe sich durch den Wahnsinn »beglaubigen« müssen wie andere auch: »Alle jenen überlegenen Menschen, welche es unwiderstehlich dahin zog, das Joch irgendeiner Sittlichkeit zu brechen und neue Gesetze zu geben, blieb, wenn sie nicht wirklich wahnsinnig waren, nichts übrig, als sich wahnsinnig zu machen oder zu stellen.«

Sicher ist, daß Nietzsche immer gefürchtet hat, wahnsinnig zu werden. 1881 schreibt er an Heinrich Köselitz: »Ach,

Freund, mitunter läuft mir die Ahnung durch den Kopf, daß ich eigentlich ein höchst gefährliches Leben lebe, denn ich gehöre zu den Maschinen, die zerspringen können!« Nietzsche-Biograph Werner Ross schreibt: »Nietzsche wußte seinen Wahnsinn voraus. Zum Schluß hat er ihn wie ein Kunstwerk geplant.«

Vermutlich ist der Vorgang weniger dramatisch-romantisch, als er aussieht. Möglicherweise kommt zur zerrütteten körperlichen Gesundheit Nietzsches eine zerrüttete geistige Gesundheit, die auch dadurch zu erklären ist, daß Nietzsche an seinen eigenen Ansprüchen zerbrochen ist. Zerbrochen an dem Ungeheuren, das er denken und letztlich auch tun wollte. Die Theorie der ewigen Wiederkunft, heißt es im »Zarathustra«, hält nur der Übermensch aus oder derjenige, der deutlich auf dem Weg zum Übermenschen ist. Die anderen zerbrechen. Und zwar buchstäblich. Wer sich selbst sieht als einen, der die Geschichte der Menschheit in zwei Teile »schießt«, der kann an einem solchen Gedanken zugrunde gehen, er wird an sich und seiner Sache irre. Philosophie zum Leben machen, das kann zum Tode führen, wenn diese Aufgabe nicht durchzuhalten ist. Thomas Mann hat Friedrich Nietzsche eine »überbeauftragte Seele« genannt. In der zweiten »Unzeitgemäßen Betrachtung« spricht Nietzsche davon, daß man sich Großes und Edles zum Ziel setzen soll. »Gehe nur an ihm zugrunde – ich weiß keinen besseren Lebenszweck, als am Großen und Unmöglichen [...] zugrunde zu gehen.« Hat Nietzsche erkennen müssen, daß er nicht der Gigant, nicht der Titan war, der er hätte sein müssen, um die Welt zu schultern, die er in zwei Teile brechen wollte? Der Irrsinn hat viele Namen und viele Väter.

Epilog

Nietzsche als Schlachtfeld
Wirkungen, Deutungen, Vereinnahmungen

»Erwägen Sie, wie ich seit 1876 in mancherlei Betracht, des Leibes und der Seele, ein Schlachtfeld mehr als ein Mensch gewesen bin!«

Friedrich Nietzsche
an Heinrich Köselitz, 25. Juli 1882

»Es gibt eine Art Inquisitionszensur, in der es die Deutschen nach Goethes Urteil weit gebracht haben; es heißt: unverbrüchliches Schweigen.« Das schreibt Nietzsche schon 1874, in der dritten »Unzeitgemäßen Betrachtung«. Vierzehn Jahre später notiert er: »Sollten die allerbesten Dinge unbekannt bleiben? die allerbesten Menschen eingerechnet! Gehört es zum Wesen des Vollkommenen, nicht ›berühmt‹ zu werden? – *Ruhm* – ich fürchte man muß ein wenig canaille sein, um berühmt zu werden.« Und in der »Fröhlichen Wissenschaft«, also 1882, heißt es: »Haben wir uns je darüber beklagt, mißverstanden, verkannt, verwechselt, verleumdet, verhört und überhört zu werden? Eben das ist unser Los – o für lange noch! Sagen wir, um bescheiden zu sein, bis 1901 – es ist auch unsre Auszeichnung; wir würden uns selbst nicht genug in Ehren halten, wenn wir's anders wünschten.«

Es hat nicht bis 1901 gedauert, bis er berühmt wurde. Was ihn vor Mißverständnissen keineswegs geschützt hat. Daß er nicht verstanden wird, hat er häufig angemerkt, hat genauso häufig damit kokettiert und erklärt, daß ihn eben nur bestimmte Leute verstehen können. Die müßten möglicherweise erst geboren werden. Den Deutschen hat er das am allerwenigsten zugetraut. »Ich habe den Deutschen die tiefsten Bücher gegeben, die sie überhaupt besitzen – Grund genug, daß die Deutschen kein Wort davon verstehn.«

Mißverständnis ist die eine Sache, damit kann Nietzsche ironisch-arrogant umgehen. Daß er aber gar nicht »gehört«, also nicht gelesen wird, das hat ihn keineswegs kaltgelassen. Bis zu seinem Zusammenbruch, in den Jahren 1872 bis 1888, werden seine Bücher kaum gekauft und gelesen. Wofür Nietzsche auch seine Verleger verantwortlich macht, die sich seiner Meinung nach nicht genug um das Werk kümmern. Ab 1886 versuchte Nietzsche, mit neuen Vorreden und vermeintlichen Neuausgaben auf seine Werke aufmerksam zu machen. Ohne Erfolg.

Nietzsche schreibt immer mal wieder, daß man ihn anderswo sehr wohl zu schätzen wisse, nur eben in Deutschland nicht. Dafür in Paris und St. Petersburg und Stockholm und New York. Daran ist richtig, daß es im Ausland einzelne kleine Fan-Gemeinden gab. Eine Nietzsche-Verehrerin hat zwei seiner späteren Bücher direkt ins Französische übersetzt, aus den USA bekam er einmal die Nachricht, daß eine kleine Gruppe ständig »ihren« Nietzsche liest. In Wien hatte sich schon Ende der 70er Jahre ein Kreis von Nietzsche-Verehrern um den jungen Schriftsteller Siegfried Lipiner gebildet. Aber das war auch nicht nach Nietzsches Geschmack: »Ich schreibe ganz und gar nicht für die gärende und unreife Altersklasse.« Zwar nimmt er gern zur Kenntnis, daß ihn ein Schriftsteller namens Paul Lanzky mit »Verehrter Meister« anredet, aber meistens ist ihm Verehrung dieser Art doch lästig, zum Beispiel die des jungen Dichters Hermann Conradi: »Solche vierundzwanzigjährige Dichterlinge sind die letzten Leser, die ich mir wünsche.«

Noch weniger hat er sich wohl eine andere »Wahlverwandtschaft« gewünscht: Bei allen radikalen Parteien, schreibt er im März 1887, »genieße ich eines wunderlichen und fast mysteriösen Ansehens«. Bei Sozialisten, Nihilisten, Antisemiten, christlichen Orthodoxen, Wagnerianern. Ob das wirklich für alle genannten Gruppierungen zutrifft, steht dahin. Die Antisemiten jedenfalls hatten sich eine eigene Auslegung des »Zarathustra« zurechtgemacht, »die mich sehr hat lachen machen«, wie Nietzsche schreibt, die ihn aber auch geärgert hat. Er gehörte zu den

Adressaten der »Antisemitischen Correspondenz«, die nur vertraulich verschickt wurde. Ende März schickt er drei Nummern zurück mit der Bitte, »mich fürderhin nicht mehr mit diesen Zusendungen zu bedenken: ich fürchte zuletzt für meine Geduld«. Das Gerede über den Wert von Menschen und Rassen, »diese beständigen absurden Fälschungen und Zurechtmachungen der vagen Begriffe ›germanisch‹, ›semitisch‹, ›arisch‹, ›christlich‹, ›deutsch‹ – das alles könnte mich auf die Dauer [...] aus dem ironischen Wohlwollen herausbringen, mit dem ich bisher den tugendhaften Velleitäten und Pharisäismen der jetzigen Deutschen zugesehen habe«. Auf diese Anhängerschaft wollte Nietzsche lieber verzichten.

Gutes aus Dänemark

Der Tatbestand bleibt: Bis zu seiner Umnachtung war Nietzsche ein fast unbeachteter deutscher Philosoph, mäßig bekannt in Fachkreisen, eher ein Gerücht als eine Wirklichkeit. Daß sich das allmählich änderte, hat Nietzsche noch bei vollem Bewußtsein registrieren können. Im Frühjahr 1888 beginnt der dänische Schriftsteller Georg Brandes an der Universität Kopenhagen eine Vorlesungsreihe »Über den deutschen Philosophen Friedrich Nietzsche«. Der jubelt und berichtet seinen Freunden: »Der Saal ist jedes Mal zum Bersten voll. Mehr als 300 Zuhörer. Die großen Zeitungen geben Berichte. – Sic *incipit* gloria mundi.« Brandes hatte schon im November 1887 an Nietzsche geschrieben und dessen »aristokratischen Radikalismus« gelobt. Dieser Begriff hat Nietzsche gefallen, er hat ihn sich schnell zu eigen gemacht. In »Ecce homo« heißt es: »Ein Ausländer, ein Däne war es, der zuerst dazu genug Feinheit des Instinkts und Mut hatte, der sich über meine angeblichen Freunde empörte ... An welcher deutschen Universität wären heute Vorlesungen über meine Philosophie möglich?« Mit Brandes beginnt Nietzsche sogleich eine emsige Korrespondenz, ihn weiht er auch in seine politischen Umsturzpläne ein und bittet ihn um Unterstützung.

Brandes schickt dem schwedischen Dramatiker August Strindberg Nietzsches »Fall Wagner«. Strindberg ist begeistert. Von da an schließt Strindberg alle Briefe an seine Freunde mit der Aufforderung: »Lest Nietzsche!« Ola Hansson, ebenfalls schwedischer Schriftsteller, lernt in Berlin das Werk Nietzsches kennen. Er bewundert ihn als dichterischen und philosophischen Revolutionär und veröffentlicht im Februar 1889 die erste systematische Abhandlung: »Friedrich Nietzsche. Die Umrißlinien seines Systems und seiner Persönlichkeit«. Und im Oktober desselben Jahres kann er schon über »Nietzscheanismus in Skandinavien« schreiben.

Auch in Deutschland kommt die Nietzsche-Rezeption allmählich in Gang, vor allem die Nachricht von Nietzsches geistiger Umnachtung sorgt für reges Interesse und für den Absatz seiner Bücher. Die »Götzen-Dämmerung«, die Ende Januar 1889 in den Buchhandel kommt, wird gut verkauft, bald können die älteren Bücher mit Aussicht auf Erfolg neu aufgelegt werden. Ende 1892 beschäftigen sich schon über zwei Dutzend Artikel oder Bücher mit Nietzsche und seiner Philosophie. Im März 1893 beschreibt der Berliner Soziologe und Philosoph Ludwig Stein den beginnenden Nietzsche-Boom: »Und so beginnt sich denn um das Banner Nietzsches mälig eine förmliche ›Unheils-Armee‹ von Neo-Zynikern zu scharen. Junge Literaten verdienen sich heute ihre Sporen mit Vorliebe an Nietzsche. [...] So entsteht eine erschreckend anwachsende Nietzsche-Literatur.«

Zwar gibt es von Anfang an auch skeptische und kritische Rezeptionen, aber die Nietzsche-Begeisterung überwiegt. Es ist in erster Linie die von Nietzsche so verachtete »gärende und unreife Altersklasse«, die für einen regelrechten Nietzsche-Kult sorgt. Innerhalb weniger Jahre wird er zum Modephilosophen einer Generation, die den emphatischen Begriff »Jugend« zu ihrem Programm macht.

Das letzte Jahrzehnt des 19. Jahrhunderts in Deutschland: Rasante Entwicklungen in Naturwissenschaft und Technik machten eine rasante Industrialisierung möglich, der wirtschaftliche

Aufschwung der Gründerjahre hatte nationales Selbstbewußtsein gefördert, das nach dem Regierungsantritt Wilhelms II. in hegemoniale und kolonial-imperialistische Expansionspolitik mündete. Die geistige Entwicklung der 70er und 80er Jahre hatte mit dieser äußeren Machtentfaltung nicht Schritt gehalten.

Wegbereiter des Jugendstils

Im engeren kulturellen Bereich ist es zunächst das Unbehagen einer jungen Literaten-Generation an epigonaler Dichtung, das sich um 1890 Luft macht. Und das dann auf andere Kulturbereiche ausgreift: Malerei, Theater, Baukunst. Darüber hinaus erfaßt eine ausgreifende Reformbewegung unter dem Firmennamen »Jugend« alle Lebensbereiche – dazu gehören Körperkult, Tanz und Gymnastik, Reform-Kleidung, Reform-Kost, Reform-Pädagogik und anderes mehr. Die Kulturzeitschrift »Jugend«, 1896 in München gegründet, wird binnen kurzem zum Wortführer einer anti-bürgerlichen Kulturkritik und zum Wegbereiter des ästhetischen »Jugendstils«. Im Vorwort zum ersten Heft heißt es: »Jugend ist Daseinsfreude, Genußfähigkeit, Hoffnung und Liebe, Glaube an den Menschen – Jugend ist Leben, Jugend ist Farbe, ist Form und Licht.« Ja zum Leben, Ja zum Dasein, Ja zum Leib, zum Genuß – ohne Mühe läßt sich Nietzsches »dionysisches Prinzip« auf diese Begriffe beziehen.

Die Kritik am politisch und gesellschaftlich Etablierten, Ekel vor der »Dekadenz«, der Wunsch nach dem Aufbruch ins Unbekannte und Unerhörte – bei Nietzsche fand diese häufig diffuse Kritik prägnante Schlagworte. Da wird etwas laut, »was gegen Verkleinerung und die üble spießige Art in der Zivilisierung aufbegehrt und was man in seiner schönsten Erscheinung zu allen Zeiten schließlich *Jugend* genannt hat«. So hat das Ernst Bloch gesehen.

Vor allem ist Nietzsche Lieferant von Stimmungen für künstlerische Bewegungen wie Naturalismus, Impressionismus und vor allem Expressionismus. Das gilt in erster Linie für den »Zarathustra«, dessen Botschaft vom neuen Menschen, der die bürgerliche Dekadenz überwindet, die künstlerischen Avantgarden dieser Zeit stark beeinflußt hat. Der Komponist Richard Strauss nennt 1896 eine sinfonische Tondichtung »Also sprach Zarathustra«. Inhaltlich hat das wenig mit Nietzsche zu tun. Strauss war vom »Zarathustra« atmosphärisch angeregt – wie viele andere auch.

Es war also vor allem diese hymnische Dichtung Nietzsches, weniger die Philosophie, die Anfang der 90er Jahre Wirkung erzielte. »Die Menschheit sieht Gebärden lieber, als daß sie *Gründe* hört«, wußte Nietzsche. Schon Ostern 1892 erschien der vierte Teil des »Zarathustra«, den Nietzsche ja zurückgehalten und nur als Privatdruck an Freunde weitergegeben hatte. Im Herbst erscheint der »Zarathustra« erstmals in allen vier Teilen. Anfang 1892 hatte die Vormundschaft Nietzsches, zu der Zeit noch nicht mit Schwester Elisabeth, einen förmlichen Verlagsvertrag abgeschlossen über die Neuausgabe aller bis dahin erschienenen und die Erstausgabe aller Schriften aus dem Nachlaß. Zum erstenmal muß der Druck nicht finanziert werden, zum ersten Mal fließen Honorare direkt nach Erscheinen. Und ganz am Anfang dieser Erfolgsgeschichte steht das dichterische Werk, der große Hymnus »Zarathustra«.

Von Gottfried Benn bis Martin Walser

Wer das letzte Jahrzehnt des 19. Jahrhunderts als junger Mensch erlebt, ist empfänglich für Nietzsches Pathos. Christian Morgenstern, Jahrgang 1871, war ein glühender Verehrer Nietzsches. 1885 hat er sein erstes Werk Franziska Nietzsche geschickt, »der ehrwürdigen Mutter, die der Welt einen so großen Sohn geschenkt hat und mit ihm im Besonderen einen Befreier, ein Vorbild, einen Aufwecker zu den höchsten Kämpfen des Lebens«. Den »Zarathustra« freilich hat Morgenstern nicht so gemocht, jedenfalls schreibt er 1906: »Der Zarathustra ist bei allen Einzelheiten unbestreitbarer Größe eines der schlechtesten Bücher, die es gibt.« Er nennt das Buch einen »Mischmasch von Grandiosem und Banalem«, der »oft groß und tragisch, öfter aber noch unbeherrscht und geschwätzig wirkt. Ein Buch, das nur durch Reduktion seiner Reden auf etwa zwölf bis zwanzig Seiten zu dem klassischen zu machen wäre, das es zu sein wünscht.«

Thomas Mann, Jahrgang 1875, nennt seinen »Doktor Faustus« einen »Nietzsche-Roman« und schreibt in seinen »Betrachtungen eines Unpolitischen«: »Nietzsche [...] verlieh der deutschen Sprache eine Sensitivität, Kunstleichtigkeit, Schönheit, Schärfe, Musikalität, Akzentuiertheit und Leidenschaft – ganz unerhört bis dahin und von unentrinnbarem Einfluß auf jeden, der nach ihm Deutsch zu schreiben sich erkühnte.« In seinem Essay über »Nietzsche's Philosophie im Lichte unserer Erfahrung« schreibt Mann 1947: »Daß Philosophie nicht kalte Abstraktion, sondern Erleben, Erleiden und Opfertat für die Menschheit ist, war Nietzsche's Wissen und Beispiel. Er ist dabei zu den Firnen grotesken Irrtums emporgetrieben worden, aber die Zukunft war in Wahrheit das Land seiner Liebe, und den Kommenden, wie uns, deren Jugend ihm Unendliches dankt, wird er als eine Gestalt von zarter und ehrwürdiger Tragik, umloht vom Wetterleuchten dieser Zeitenwende, vor Augen stehen.« 1892, zu Beginn des Nietzsche-Kults, war Thomas Mann 17 Jahre alt. Und noch 55 Jahre später ist seine Rede getränkt vom Pathos der Jugend und Zeitenwende.

Allerdings ergeht es ihm mit dem »Zarathustra« wie Christian Morgenstern. Vielleicht hat ja die genauere Lektüre – über die Schlagworte hinaus – hier wie da zu einer anderen Einschätzung geführt. 1947 schreibt Thomas Mann: »Dieser gesicht- und gestaltlose Unhold und Flügelmann Zarathustra mit der Rosenkrone des Lachens auf dem unkenntlichen Haupt, seinem ›Werdet hart!‹ und seinen Tänzerbeinen ist keine Schöpfung, er ist Rhetorik, erregter Wortwitz, gequälte Stimme und zweifelhafte Prophetie, ein Schemen von hilfloser Grandezza, oft rührend und allermeist peinlich – eine an der Grenze des Lächerlichen schwankende Unfigur.«

Für Gottfried Benn, Jahrgang 1886, ist Nietzsche das »Erdbeben der Epoche und seit Luther das größte deutsche Sprachgenie«. Im Sommer 1914 schreibt er einen szenischen Dialog mit dem Titel »Ithaka«, der so endet: »Unser Blut schreit nach Himmel und Erde [...]. Seele, klaftere die Flügel weit; ja, Seele! Seele! Wir wollen den Traum. Wir wollen den Rausch. Wir rufen Dionysos und Ithaka!« Und noch 1950 schreibt Benn: »Eigentlich hat alles, was meine Generation diskutierte, innerlich sich auseinander dachte, man kann sagen: erlitt, man kann auch sagen, breittrat – alles das hatte sich bereits bei Nietzsche ausgesprochen und erschöpft, definitiv Formulierung gefunden, alles Weitere war Exegese ... Er war, wie sich immer deutlicher zeigt, der weitreichende Gigant der nachgoetheschen Epoche.«

Die Liste der Schriftsteller und Künstler, die sich auf Nietzsche beziehen, ist endlos. Hugo von Hofmannsthal, Rainer Maria Rilke, Hermann Hesse, Arthur Schnitzler, Stefan George, Robert Musil, Alfred Döblin, Ernst Jünger – bis hin zu Martin Walser, der Nietzsche seinen »Hauslehrer« oder auch »Hausheiligen« nennt und den »Zarathustra« als »Feuerprosa« bezeichnet. Auf außerdeutsche Literaten hat Nietzsche vor allem und zunächst in Frankreich gewirkt. Was nicht zuletzt daran lag, daß Nietzsche in seinen kulturkritischen Schriften stets der französischen Kultur den Vorrang vor der deutschen gab, ja den Vorrang vor allen anderen europäischen Kulturen. Die Franzosen haben Nietzsche als einen der Ihren empfunden, er wird als Essayist vom Range eines Montaigne betrachtet. Seine Ideen waren im Gespräch, bevor seine Werke übersetzt wurden, die Avantgarde-Zeitschriften machten ihre Leser mit Nietzsche bekannt. Schon 1900 erschien in einer Zeitschrift ein Aufsatz über Nietzsche in Frankreich. André Gide und André Malraux gehörten zu den frühen Anhängern Nietzsches, Albert Camus war einer der wichtigen »nachgeborenen« Nietzscheaner in Frankreich.

In Italien wurde Nietzsche vor allem durch Gabriele D'Annunzio bekannt, wodurch er schon früh zum Zugpferd des italienischen Faschismus wurde. George Bernard Shaw, Oscar Wilde, James Joyce in der britischen, Jack London, Theodore Dreiser, Eugene O'Neill in der amerikanischen Literatur – wo man auch hinschaut, man stößt auf die großen Namen der Literatur, wenn man den Spuren Nietzsches nachgeht.

Diese enorme Breiten- und Tiefenwirkung liegt zum einen darin, daß Nietzsche ein Denker und Schreiber mit ungeheurer Vielfalt war. »Es gibt kaum eine Wirklichkeit, über die Nietzsche nicht etwas gesagt hat«, stellt Karl Jaspers fest. Andererseits ist diese umfassende Wirkung auch den »Zurechtmachungen« geschuldet, die Nietzsche so verachtet hat. Er hält eine derartige Fülle an »Wahrheiten für alle Fälle« bereit, daß jeder sich *seinen* Nietzsche aus den Zutaten backen kann, die er selber zur Verfügung stellt. So kann Thomas Mann Nietzsches Moralkritik »als eine letzte Form von Aufklärung« begreifen. Das mag noch angehen.

Nietzsche würde sich aber vehement wehren müssen, wenn er als »Humanist« bezeichnet wird. Auch das tut Thomas Mann. »Die überkonfessionelle Religiosität, von der er spricht, kann ich mir nicht anders vorstellen als gebunden an die Idee des Menschen, als einen religiös fundierten und getönten Humanismus, der, vielerfahren, durch vieles hindurchgegangen, alles Wissen ums Untere und Dämonische hineinnähme in seine Ehrung des menschlichen Geheimnisses.« Das geht aber nur, wenn man Nietzsche *gegen* alles interpretiert, was er jemals zum Thema Humanismus gesagt hat. Ohnehin ist die zitierte Passage nur zu verstehen im Zusammenhang mit dem Vorwurf, Nietzsche sei Wegbereiter des Faschismus gewesen. Noch einmal Thomas Mann: »politikfern im Grunde und unschuldig-geistig, hat er als sensibelstes Ausdrucks- und Registrierinstrument mit seinem Macht-Philosophem den heraufsteigenden Imperialismus vorempfunden«.

Nietzsche als Nazi-Vordenker?

»Politikfern« und »unschuldig geistig« – das sind die Vokabeln, die Nietzsche vor dem Vorwurf schützen sollen, er habe Faschismus und Nationalsozialismus »vorbereitet«. Gottfried Benn hat in diesem Zusammenhang formuliert: »Was kann Nietzsche dafür, daß die Nazis bei ihm ihr Bild bestellten?« Ohne Zweifel ist die völkisch-nationalistische und schließlich nationalsozialistische Deutung Nietzsches das prekärste Kapitel im großen Buch der Nietzsche-Vereinnahmungen. Es fängt an mit Nietzsches Schwester Elisabeth, die 1885 den Lehrer, Schriftsteller und erklärten Antisemiten Bernhard Förster geheiratet hatte. 1887 ging sie mit ihrem Mann nach Paraguay, wo sie die »arische« Kolonie »Nueva Germania« gründeten. Nach dem Selbstmord ihres Mannes kehrt Elisabeth 1891 nach Naumburg zurück, beansprucht die Rechte für den Nachlaß und gründet 1894 das Nietzsche-Archiv, das die Herausgabe der Schriften übernimmt und damit großen Anteil am Erfolg Nietzsches hat.

Allerdings hat sie von Anfang an Werke, Tagebücher, Notizhefte, Briefe manipuliert. Hat gestrichen, gefälscht, erfunden, Texte unterdrückt, Briefe verschwinden lassen, um nach und nach ein einheitliches Bild von Person, Leben und Werk Friedrich Nietzsches entstehen zu lassen – *ihr* Bild. Ein Höhepunkt dieser großangelegten Fälschung war ihre dreibändige Nietzsche-Biographie, ein zweiter das zweibändige, später vierbändige Werk »Der Wille zur Macht«. Wir wissen, daß Nietzsche ein »Hauptwerk« mit diesem Titel erwogen hatte, dann aber zuerst den Titel verwarf zugunsten »Umwertung aller Werte« und schließlich den ganzen Plan aufgab. Der »Antichrist« war sein letztes Wort. Was seine Schwester aus Nachlaß-Fragmenten willkürlich kompilierte, sollte nun postum zum »Hauptwerk« stilisiert werden. Mit der eindeutigen Tendenz, Friedrich Nietzsche als völkischen, deutsch-nationalen, antisemitischen Vor-Denker aufzustellen.

Dabei äußert sich Nietzsche gegen den Antisemitismus so

eindeutig, wie er das selten tut. Und zwar spätestens nach dem Bruch mit Wagner. Dem Herausgeber der »Antisemitischen Correspondenz«, Theodor Fritsch, hatte er ja im März 1887 deutlich zu verstehen gegeben, was er von seinem Blatt hielt. In einem Notizheft wird er noch deutlicher: »Es gibt gar keine unverschämtere und stupidere Bande in Deutschland als diese Antisemiten ... Dieses Gesindel wagt es, den Namen Z(arathustra) in den Mund zu nehmen! Ekel! Ekel! Ekel!« Fritsch hatte auf diesen Brief mit einem Verriß von »Jenseits von Gut und Böse« reagiert und Nietzsche einen »angejüdelten Stuben-Verlehrten« genannt. Auch andere Vorkämpfer der völkischen Bewegung äußerten sich entsprechend. Damit war die Sache für die Antisemiten eigentlich erledigt.

Nicht aber für Elisabeth Förster-Nietzsche. Sie fälschte bzw. unterdrückte alle Äußerungen ihres Bruders gegen die Völkischen und die Antisemiten. Er sollte, vor allem in der Zeit vor dem Ersten Weltkrieg, als Antisemit und deutsch-nationaler Kriegsphilosoph aufgebaut werden. Zumindest letzteres gelang einigermaßen. 1914 erscheint eine »Kriegsausgabe« des »Zarathustra«, die in rund 150000 Exemplaren an deutsche Soldaten verteilt wird. Hier vor allem ist ein legitimer Anknüpfungspunkt.

Nietzsche hat den Krieg verherrlicht. Und zwar nicht nur metaphorisch, als Streit, als klärende Auseinandersetzung, sondern buchstäblich, als physische, militärische Auseinandersetzung, als »Reinigung« von krankem Volksbestand, als Vernichtung des Parasitären. Das ist faschistisches Begriffsarsenal, und daher lag es für Elisabeth Förster-Nietzsche nahe, das Werk ihres Bruders den Nationalsozialisten als braune Ideologie anzudienen. Dazu kommen Schlagworte wie »Herrenmoral«, »Übermensch«, »blonde Bestie«, »Wille zur Macht«, die Verherrlichung des Starken, der Macht, die Verachtung des Rechts – ein Faschist wie Benito Mussolini konnte sich schon in den frühen 20er Jahren begeistert zu Friedrich Nietzsche bekennen.

In Deutschland allerdings dauert das länger. Adolf Hitler hat Nietzsche mit einiger Sicherheit nicht gelesen, in »Mein

Kampf« kommt er jedenfalls nicht vor. Und der Chefideologe der Nazis, Alfred Rosenberg, erwähnt Nietzsche in seinem »Mythus des 20. Jahrhunderts« nur am Rande. Nietzsches explizite anti-deutsche und pro-französische Haltung war für die Nazis nicht zu übersehen, genausowenig sein radikaler Individualismus, der mit Faschismus nun gar nicht zu vereinbaren ist. Da muß also mühsam uminterpretiert werden, und das gelingt erst durch die Mitwirkung von Nazis am Nietzsche-Archiv. So hat Alfred Baeumler, Philosophieprofessor in Dresden, entscheidenden Anteil an der Stilisierung von »Wille zur Macht« zum angeblichen Hauptwerk Nietzsches, das damit als politische Ideologie der Nazis brauchbar gemacht werden sollte. »Im Nietzsche-Archiv sind alle stramme Nazis, vom Hausmeister bis zur Leiterin«, hat Harry Graf Kessler notiert, der in den Anfängen des Nietzsche-Archivs zu den Unterstützern gehörte.

Nach 1933 jedenfalls wird Nietzsche öffentlich als großer Denker gefeiert. Im Gewölbe des Tannenberg-Denkmals werden zum Jahrestag von Hindenburgs Sieg bei Tannenberg drei Bücher deponiert: Hitlers »Mein Kampf«, Rosenbergs »Mythus des 20. Jahrhunderts« und Nietzsches »Also sprach Zarathustra«. Das spricht zwar dafür, daß kein führender Nazi den »Zarathustra« wirklich gelesen haben kann. Aber das passende Material zur Vereinnahmung hatte Nietzsche den Nazis geliefert, und seine Schwester hatte für die entsprechende Zubereitung dieses Materials gesorgt. Sie hat früh Kontakt zu Mussolini und Hitler gesucht und gefunden. 1933 schenkt sie Hitler den silbernen Degenstock ihres Bruders. 1934, anläßlich des 90. Geburtstages von Nietzsche, wird in Weimar mit großem Nazi-Pomp gefeiert, Hitler selbst besucht Elisabeth Förster-Nietzsche im Nietzsche-Haus.

1940 erscheint eine Nietzsche-Sammlung mit dem Titel »Schwert des Geistes. Worte für den deutschen Kämpfer und Soldaten«. Im Vorwort wird die »Zarathustra«-Passage zitiert: »Wehe uns! Heil uns! Der Tauwind weht!« Weil Nietzsche dieser Tauwind noch nicht sein konnte, sei nun Adolf Hitler gekommen. Und weiter: »Möge dieses ›Schwert des Geistes‹ den deutschen Kämpfer und Soldaten begleiten, der [...] die Wahrheit jenes Nietzsche-Wortes zutiefst empfinden wird, mit dem diese Auswahl schließt: ›Alles Glück auf Erden, Freunde, gibt der Kampf!‹« Da könnte Nietzsche sich nicht einmal allzusehr mißbraucht fühlen. 1944 feiern alle möglichen Nazi-Größen Nietzsches 100. Geburtstag. Mussolini schickt für die geplante Nietzsche-Weihestätte eine antike Dionysos-Statue.

Jaspers, Heidegger, Löwith

Die philosophische Auseinandersetzung mit Nietzsche in Deutschland setzt noch während der Nazi-Zeit ein. Von Karl Jaspers erscheint 1936 ein Nietzsche-Buch, das von der Nazi-Vereinnahmung Welten entfernt ist. Martin Heidegger hat zwar den Nazis nahegestanden, *sein* Nietzsche schwebt aber in ganz anderen Regionen. Karl Löwith, der 1933 Berufsverbot bekam, konnte seine Nietzsche-Studie immerhin noch 1935 veröffentlichen. Löwith hat später erklärt: »Nietzsches Schriften haben ein Klima geschaffen, in dem bestimmte Dinge möglich wurden, und die Aktualität ihrer Massenauflagen während des Dritten Reiches war kein bloßer Zufall.«

Nach dem Zweiten Weltkrieg war Nietzsche eine Weile tabu, weil er von den Siegermächten zu den »geistigen Kriegsverbrechern« gezählt wurde. Übrigens fast in einem Atemzug mit Hegel und Fichte, also zwei Vertretern eines philosophischen Idealismus, den Nietzsche doch so heftig wie tapfer bekämpft hatte. Die Sowjets sperrten das Archiv in Weimar, es wurde erst 1991 wieder geöffnet. Die Beschäftigung mit Nietzsche war in der DDR unerwünscht. Georg Lukács, der schon 1934 und 1943 über Nietzsche als Vorläufer der faschistischen Ästhetik geschrieben hatte, bezeichnet ihn in seinem 1953 erschienen Buch »Zerstörung der Vernunft« als »Begründer des Irrationalismus der imperialistischen Periode«.

Nietzsches Philosophie, so Lukács, ist die »Weltanschauung einer offensiven Abwehr des Hauptfeindes, der Arbeiterklasse, des Sozialismus«. Der bürgerliche Intellektuelle Nietzsche hat Angst vor dem, was als Massenbewegung auf seine Klasse zukommt, die um ihre Herrschaft fürchtet. Zur Abwehr dieser Gefahr braucht man einen aggressiv-reaktionären Staat. Der Bismarck-Staat hat das noch nicht sein können oder wollen, der Faschismus hat diese Aufgabe übernommen. Damit war Nietzsche für viele erledigt, vor allem im Ostblock. Allerdings begann Ende der 80er Jahre in der DDR eine neue Auseinandersetzung mit Nietzsche.

Auch im Westen gab es unmittelbar nach dem Zweiten Weltkrieg eine Phase der »Abrechnung«, ein Jahrzehnt, in dem man Broschüren gegen den »Hitler-Vorläufer« Nietzsche schrieb. Nach 1955 nähert man sich dem Thema wieder etwas offener, aber Nietzsches Wirkung in der Literatur zum Beispiel bleibt überschaubar. In der Philosophie ist es wiederum Martin Heidegger, der eine neue Beschäftigung mit Nietzsche anstößt. 1961 kommen zwei Bände mit Vorlesungen und Abhandlungen aus den Jahren 1936–1946 heraus, ein Jahrzehnt Auseinandersetzung mit Nietzsche. Die sich freilich ausschließlich auf die Frage einläßt, wie und als was Metaphysik nach dem durch Nietzsche postulierten Ende aller Metaphysik noch gedacht werden kann. Von der konkreten historischen Figur Friedrich Nietzsche, von den möglichen politischen Implikationen und praktischen Folgen seines Denkens sieht man dabei bedeutungsvoll ab. Diese Herangehensweise ist für einige Zeit stilbildend gewesen, genau wie die rein hermeneutische Methode, die sich auf Texte und Strukturen einläßt und auf nichts darüber hinaus. Mit einem derart »chemisch gereinigten« Nietzsche kam man ganz gut durch die 50er und 60er Jahre.

Neben Heidegger blieb auch Karl Löwith prägend für die Nietzsche-Debatte unter anderem mit seinem Buch »Von Hegel zu Nietzsche«, das in den 30er Jahren in der Emigration entstand und einigen Einfluß auf die Nachkriegsdiskussion hatte. Das gleiche gilt für Karl Jaspers, der Nietzsche als einen Vorbereiter der »Existenzphilosophie« sieht, deren Aufgabe es hinsichtlich Nietzsche wiederum ist, »die existenzielle Bedeutung dieses Lebens und Denkens zu klären«, dabei aber jede Auslegung offenzuhalten. Gleichzeitig will Jaspers aber auf die Debatte um die nationalsozialistische Ideologisierung von Nietzsches Denken nicht verzichten. Und zwar will er »gegen die Nationalsozialisten die Denkwelt dessen aufrufen, den sie zu ihrem Philosophen erklärt hatten« – eine Argumentationsfigur, die bis heute prägend für eine Richtung der Nietzsche-Interpretation ist.

Daneben haben in Deutschland insbesondere Theodor W. Adorno und Max Horkheimer Nietzsche rezipiert. Vor allem die »Dialektik der Aufklärung« setzt sich mit der Aufklärungskritik Nietzsches auseinander – eine Diskussion, die in der Kritischen Theorie bis zu Jürgen Habermas nicht aufhört und weit über sie hinaus und letztlich radikal gegen sie in die Wiederaufnahme der »Übermensch«-Figur und des Züchtungsgedankens bei Nietzsche durch Peter Sloterdijk mündet.

Nietzsche und die Postmoderne

Die bedeutendste Nietzsche-Rezeption der Nachkriegszeit geht aber wiederum von Frankreich aus, und zwar durch Strukturalismus, Poststrukturalismus und Postmoderne. Daß Nietzsche als radikaler Kritiker der Moderne die sich selbst so nennende »Postmoderne« inspiriert hat, liegt nahe. Man nennt ihn sogar gelegentlich den »Vater der Postmoderne«. Auch hier setzt die Auseinandersetzung zum einen beim Nationalsozialismus an. Jacques Derrida, ein ausgewiesener Nietzsche-Kenner, stellt sich die Frage, wie denn Nietzsche von den Nazis »mißbraucht« werden konnte, und er sucht die Antwort in der »Textstruktur«. Das Denken Nietzsches muß ein Element enthalten, das grob vereinfachend pervertiert werden konnte. »Es gibt nichts absolut Kontingentes in der Tatsache, daß die einzige Politik, die ihn wirklich wie ein höchstes und offizielles Banner geschwenkt hat, die Nazi-Politik war.«

Der andere Zugang wird wiederum über Heidegger möglich. Derridas Begriff der »Dekonstruktion« lehnt sich eng an dessen Versuch der Destruktion der abendländischen Metaphysik an. Daß dieser Versuch sich orientiert und glaubhaft macht an der Destruktion der Metaphysik bei Nietzsche, liegt auf der Hand. Das ist auch der Ansatzpunkt von Michel Foucault, dessen Konzept einer »Archäologie des Wissens« direkt an Nietzsches Antimetaphysik und vor allem dessen Kritik des Historismus anknüpft. »Nietzsche war eine Offenbarung für mich«, erklärte Foucault 1982. »Ich hatte das Gefühl, da ist jemand, der ganz anders war, als man es mich gelehrt hatte.« Die sehr alte, spätestens seit der Aufklärung geläufige Botschaft, daß »Gott tot ist«, daß die Ideen, die Götzen, die »Wahrheiten«, die Systeme sich überlebt haben, erlebt offensichtlich durch Nietzsche immer neue Aufladung, neue Erfrischung.

Auf diese Weise ist Nietzsche zu einem ganz »Zeitgemäßen« geworden, der auch in den USA zum aktuellen Mode-Philosophen avancieren konnte. »Eine Nietzsche-Welle überrollt Nordamerika« schrieb 1987 eine philosophische Zeitschrift, und diese Welle scheint bis heute nicht abgeebbt zu sein. Wobei die Nietzsche-Rezeption in den USA den Umweg über den französischen Poststrukturalismus und die Postmoderne nahm. »Worin genau Nietzsches Vermächtnis in Amerika oder anderswo bestehen könnte, läßt sich in eindeutigen Begriffen nicht beschreiben. Der Name Nietzsche – als exemplarische Vita wie als Gedankengebäude – steht für die vieldeutige Fruchtbarkeit und Unentscheidbarkeit kultureller Bedeutungen überhaupt, für die Warnung vor dem Versuch, etwas völlig eindeutig festzuhalten.« Das schreibt der amerikanische Historiker Martin Jay. Und fährt fort: »In einer Ära, in der die parodistische, selbstironische Intertextualität der Popkultur neue Gipfel [...] des Zynismus erreicht hat, erscheinen Nietzsches rhetorische Unterminierung der traditionellen Wahrheitsansprüche, seine Hervorhebung der

Erscheinungen und Masken gegenüber den Wesenheiten und seine spielerischen stilistischen Experimente nicht länger als avantgardistische Markierungen. Sie sind vielmehr selbst zum Material der Kulturindustrie geworden.« Und dabei ist Jay der Meinung, daß die Debatte um den »politischen« Nietzsche, daß seine »Entnazifizierung« abgeschlossen ist.

Was nichts daran ändert, daß der »politische« Nietzsche nach wie vor ein Problem ist. Dadurch, daß die Faschisten einige Schlagworte Nietzsches mißbraucht haben, sind diese Schlagworte ja nicht aus der Welt. Erst recht nicht die Inhalte, die von diesen Schlagworten manchmal gar nicht so verdeckt oder »erschlagen« werden, wie man meinen könnte. Nietzsches Philosophie ist in wesentlichen Inhalten eine, die sich ganz gut »mißbrauchen« läßt. Richtig ist: Nietzsche ist kein Deutschnationaler, er hat die Deutschen, zumindest die »jetzigen«, und die Nationalismen gehaßt. Und Nietzsche ist kein Antisemit. Aber es bleibt auch dabei: Nietzsche ist Anti-Demokrat, ist radikaler Aristokrat, der die Masse verachtet und einen kultischen Individualismus pflegt. Er ist Befürworter einer strikten Zwei-Klassen-Gesellschaft mit Herren und Sklaven, und diese Begriffe sind keine Metaphern, er meint sie wörtlich. Die »blonde Bestie« ist kein provokatorisches Bild, sondern Element eines ernstgemeinten gesellschaftspolitischen Programms genauso wie der Kampf gegen das Mitleid und die Ausrottung der »Minderwertigen«. Auch sein Weiberhaß ist ernst gemeint, aber im Unterschied zum Vorherigen keiner philosophischen »Analyse« geschuldet, sondern einem Männlichkeitswahn, der eher psychopathologisch zu erklären ist.

Wie jetzt?

Was also fangen wir an mit diesem schillernden Wesen namens Friedrich Nietzsche? Ist er tatsächlich ein Popstar, ein Heros der Beliebigkeit, der neue Zauberer des »anything goes«? Dann wäre die Frage nach Nietzsche nur mehr eine Vermarktungsfrage. Das wäre nichts Neues, wie wir gesehen haben. Oder ist da noch mehr?

Ein Vorschlag: Das Faszinierende an Nietzsche ist sein Versuch, die Aufklärung ernst zu nehmen, sie zu radikalisieren zu einer Aufklärung der über sich selbst unaufgeklärten Aufklärung. Diese Radikalisierung führt zu der (Selbst-)Aufforderung, den »Tod Gottes« und aller möglichen Geister und Weltgeister, das Ende aller Ideale endlich zur Kenntnis zu nehmen, und das heißt: das Ende der Metaphysik ernst zu nehmen. Also die Tendenz des Denkens, denkend hinter sich selbst zurückzugreifen, als Irrweg zu entlarven. Und zwar unter Einbeziehung der Erkenntnisse der Physiologie, der Evolutionsbiologie, der Psychologie, da ist Nietzsche unser Zeitgenosse wie kaum ein anderer. Es gibt kein Sein, keine Substanz, kein Wesen, es gibt auch kein Ich, kein Subjekt – es gibt nur das Dasein, die Erscheinung, das, was uns durch unsere Sinne gegeben ist. Alles darüber hinaus oder dahinter oder darunter ist Imagination, ist von uns dazugelogen, ist Selbstbetrug. Es gibt nur »die Natur«, das Leben, das »Notwendige«.

Faszinierend ist die unerbittliche Konsequenz, mit der Nietzsche diesen Gedanken immer wieder neu angeht, hin und her wendet, um Fußangeln zu entdecken, um im Faltenwurf des Denkens Ungenauigkeiten, Inkonsequenzen auf die Spur zu kommen, um sich immer wieder selbst zu widersprechen. Weniger faszinierend ist das Ende dieses Denkprozesses in der Endlosschleife: Die Idee von der »ewigen Wiederkunft« ist erstens ein ziemlich alter Hut, zweitens aber ein Sprung aus der Radikalität der Denkbewegung. Nietzsche, der Anti-Dogmatiker, landet am Ende bei einem Dogma, bei der ewigen Wiederkehr des Immergleichen, die aus der Voraussetzung der Voraussetzungslosigkeit nicht hervorgeht.

Er geht sich und seiner Radikalität aber noch einmal in die Falle. Die Lehre von der ewigen Wiederkunft sagt: Alles ist so, wie es ist; und so, wie es ist, ist es gut, denn es war immer so und wird immer so sein. Das ist verständlich als Kampfbegriff gegen jede Teleologie des menschlichen Subjekts oder der Geschichte.

Mit der ewigen Wiederkunft ist aber völlig unvereinbar Nietzsches Lehre vom Übermenschen. Das Ja zum Leben, zu dem, was ist und wie es ist und immer wieder sein wird, schließt jede Zielsetzung aus. Es gibt kein Darüberhinaus, weil es außerhalb des ewigen Kreislaufs kein Kriterium dafür geben kann.

Nietzsche zieht aber diese Konsequenz nicht, sondern sagt: Das Ja zum Leben muß vorerst ein Nein zu *diesem* Leben sein, denn da ist etwas falsch gelaufen in der Entwicklung. Die Sklavenmoral als Moral der dummen Mehrheit hat die Herrenmoral als Moral der klugen Minderheit verdrängt. Weil die Herren sich in ihrer Minderzahl haben übertölpeln lassen. Also muß diese Entwicklung abgebrochen, die Mißratenen mit ihrer Sklavenmoral müssen beseitigt oder zumindest unterdrückt werden, damit die »natürliche« Ordnung wiederhergestellt werden kann. Das ist das zweite Dogma des Anti-Dogmatikers Nietzsche. Er ist eben nur »erkenntnistheoretisch« ein Aufklärer, sozialphilosophisch ist er ein Reaktionär.

Der schließlich doch wieder beim Mythos landet, bei Rausch und Tanz des Dionysos. Der zu Beginn seines Philosophierens noch der griechische Rausch-Gott war und nun, an dessen Ende, der gottähnliche Übermensch geworden ist. Nietzsches letztes Wort ist wieder Rausch, ist in der Tat Irrationalismus. Und das bei einem Mann, der so überzeugend und brillant das Leben, die Natur, die Leiblichkeit gegen die Hybris der »reinen« Rationalität ins Recht zu setzen versuchte. Am Ende verzichtet Nietzsche auf jeden emanzipatorischen Gehalt seines Kampfes gegen die Götter und Götzen, er verabschiedet die »Dialektik der Aufklärung« und gibt einem Mythos das letzte Wort, der nicht mehr ein archaischer ist, sondern ein zukünftiger sein soll.

Trotzdem: Nietzsche bleibt eine Herausforderung. Man wird nicht fertig mit ihm. Der immer wieder neu ansetzende, urphilosophische Versuch, sich selbst und seine Existenz zu verstehen, die Bedingungen, Notwendigkeiten, aber auch Weiterungen dieser Existenz ohne Mystifikationen zu fassen – das kann hinter Nietzsche nicht mehr zurückgehen. Dazu kommt, daß man auch an seinen Irrtümern die eigenen Begriffe immer wieder schärfen muß. So hat Nietzsche Moral nur als religiöse, als jüdisch-christliche Sklavenmoral verstehen können. Seine überzeugende Kritik des Verlogenen und Verdrucksten aller religiös fundierten Moral übersieht aber die Möglichkeit einer sozialen Moral. Daß es einen sozialen Begriff von Moral geben kann, das erwähnt er gelegentlich am Rande, aber es interessiert ihn nicht. Wer über Moral reden will, muß Nietzsches Moralkritik verstanden haben.

Dazu gehört Humanität, ein von Nietzsche verspotteter und verlachter Begriff, weil er für ihn zum Arsenal der Sklavenmoral gehört, die »Menschlichkeit« als Kapital der Schwachen propagiert. Aber es gibt einen Humanitätsbegriff, der mit Nietzsches Moral-Lehre nichts zu tun hat. Nichts mit Angst vor Strafen oder Hoffnung auf Belohnungen, wenn man tot ist. Man kann sich auch schlicht anständig verhalten ohne solche »Aussichten«. Auch Nietzsche kennt ein solches Verhalten. Das gibt es in seiner Theorie aber nur bei den Vornehmen, den »von Anfang an Wohlgeratenen«. Wieder ein Mythos, ein Dogma, ein Glaubenssatz. Wir wollen aber mit Nietzsche argwöhnisch sein gegen jede Art Glauben und Gläubige, denn er hat uns überredet, »überall, wo die Stärke eines Glaubens sehr in den Vordergrund tritt, auf eine gewisse Schwäche der Beweisbarkeit, auf *Unwahrscheinlichkeit* selbst des Geglaubten zu schließen«.

Was darüber hinaus an Nietzsche spannend bleibt: Er war zeitlebens ein Kämpfender und ein Leidender. An sich selbst, an der Welt, an der Kultur, an der Philosophie. Und er war einer, der dies Leiden, diese Welt, dieses Leben beständig überwinden wollte, immer zu Höherem, noch nie Dagewesenem hin. Auf diesem Weg hat er nichts ausgelassen – keine Anmaßung, keine Unverschämtheit, keine Verrücktheit. Er mußte schreien, um leben zu können. Und das hat er ausgiebig getan. Er war ein Marktschreier, ein Rebell, ein Provokateur, der sich laut und ungebärdig gab, weil er gehört werden wollte. Mit ungebrochenem Selbstbewußtsein bis zum Schluß. »Wer die Luft meiner Schriften zu atmen weiß, weiß, daß es eine Luft der Höhe ist, eine starke Luft.«

Wenn dies alles aber von Nietzsche eher abschrecken sollte: So bliebe doch das impressionistische Spielen mit der Irrlichterei von Nietzsches Gedanken und Einfällen, die Freude an der Brillanz seiner Sprache, der Eleganz seiner Argumentation, der Treffsicherheit seiner Aphorismen – vor allem an der Schönheit seiner Gedichte. Wenn alles sonst nicht wäre: Das wäre auch schon etwas.

ANHANG

Schöne Stellen

Aphoristisches

»Das habe ich getan«, sagt mein Gedächtnis. »Das kann ich nicht getan haben« – sagt mein Stolz und bleibt unerbittlich. Endlich – gibt das Gedächtnis nach.

Des Mannes Art ist Wille, des Weibes Art Willigkeit.

Selten denkt das Frauenzimmer. Denkt es aber, taugt es nichts!

Aus der Kriegsschule des Lebens: Was mich nicht umbringt, macht mich härter.

An die dumme Stirne gehört als Argument von Rechts wegen die geballte Faust.

Man fängt damit an, zu verlernen andre zu lieben, und hört damit auf, an sich nichts Liebenswertes mehr zu finden.

Gebildet sein heißt: Sich nicht merken zu lassen, wie schlecht man ist.

Die einen werden durch großes Lob schamhaft, die anderen frech.

Ungeliebten Personen rechnen wir die Artigkeiten, welche sie uns erweisen, zum Vergehen an.

Wer seine Gedanken nicht auf Eis zu legen versteht, der soll sich nicht in die Hitze des Streits begeben.

Verwandte eines Selbstmörders rechnen es ihm übel an, daß er nicht aus Rücksicht auf ihren Ruf am Leben geblieben ist.

Man springt einem Menschen, der ins Wasser fällt, noch einmal so gern nach, wenn Leute zugegen sind, die es nicht wagen.

Väter haben viel zu tun, um es wieder gutzumachen, daß sie Söhne haben.

Jedermann trägt ein Bild des Weibes von der Mutter her in sich: davon wird er bestimmt, die Weiber überhaupt zu verehren oder sie geringzuschätzen oder gegen sie im allgemeinen gleichgültig zu sein.

Die Frauen wollen dienen und haben darin ihr Glück: und der Freigeist will nicht bedient sein und hat darin sein Glück.

Ich habe meinem Schmerz einen Namen gegeben und rufe ihn »Hund« – er ist ebenso treu, ebenso zudringlich und schamlos, ebenso unterhaltend, ebenso klug wie jeder andre Hund – und ich kann ihn anherrschen und meine bösen Launen an ihm auslassen: wie es andere mit ihren Hunden, Dienern und Frauen machen.

Lyrisches

Abschied

Noch einmal eh' ich weiterziehe
und meine Blicke vorwärts sende
heb' ich vereinsamt meine Hände
zu Dir empor, zu dem ich fliehe,
dem ich in tiefster Herzenstiefe

Schöne Stellen

Altäre feierlich geweiht
daß alle Zeit
mich seine Stimme wieder riefe.

Darauf erglüht tief eingeschrieben
das Wort: dem unbekannten Gotte:
Sein bin ich, ob ich in der Frevler Rotte
auch bis zur Stunde bin geblieben!
Sein bin ich – und ich fühl die Schlingen,
die mich im Kampf darniederziehn
und, mag ich fliehn
mich doch zu seinem Dienste zwingen.

Ich will dich kennen, Unbekannter,
du tief in meine Seele Greifender,
mein Leben wie ein Sturm durchschweifender
du Unfaßbarer, mir Verwandter!
Ich will dich kennen, selbst dir dienen.

Unter Freunden

Schön ists, miteinander schweigen,
Schöner, miteinander lachen, –
Unter seidenem Himmels-Tuche
Hingelehnt zu Moos und Buche
Lieblich laut mit Freunden lachen
Und sich weiße Zähne zeigen.

Macht' ich's gut, so wolln wir schweigen;
Macht' ich's schlimm –, so wolln wir lachen
Und es immer schlimmer machen,
Schlimmer machen, schlimmer lachen,
Bis wir in die Grube steigen.

Freunde! Ja! So solls geschehn?
Amen! Und auf Wiedersehn!

Kein Entschuldgen! Kein Verzeihen!
Gönnt ihr Frohen, Herzens-Freien
Diesem unvernünftgen Buche
Ohr und Herz und Unterkunft!
Glaubt mir, Freunde, nicht zum Fluche
Ward mir meine Unvernunft!

Was ich finde, was ich suche –,
Stand das je in einem Buche?
Ehrt in mir die Narren-Zunft!
Lernt aus diesem Narrenbuche,
Wie Vernunft kommt – »zur Vernunft«!

Also, Freunde, solls geschehn? –
Amen! Und auf Wiedersehn!

Das Sprichwort spricht

Scharf und milde, grob und fein,
Vertraut und seltsam, schmutzig und rein,
Der Narren und Weisen Stelldichein:
Dies alles bin ich, will ich sein,
Taube zugleich, Schlange und Schwein!

Den Kopf verloren

Sie hat jetzt Geist – wie kams, daß sie ihn fand?
Ein Mann verlor durch sie jüngst den Verstand.
Sein Kopf war reich vor diesem Zeitvertreibe:
Zum Teufel ging sein Kopf – nein! nein! zum Weibe!

Prinz Vogelfrei

So hang ich denn auf krummem Aste
Hoch über Meer und Hügelchen:
Ein Vogel lud mich her zu Gaste
Ich flog ihm nach und rast' und raste
Und schlage mit den Flügelchen.

Das weiße Meer ist eingeschlafen,
Es schläft mir jedes Weh und Ach.
Vergessen hab' ich Ziel und Hafen,
Vergessen Furcht und Lob und Strafen:
Jetzt flieg ich jedem Vogel nach.

Nur Schritt für Schritt – das ist kein Leben!
Stets Bein vor Bein macht müd und schwer!
Ich laß mich von den Winden heben,
Ich liebe es, mit Flügeln schweben
Und hinter jedem Vogel her.

Vernunft? – das ist ein bös Geschäfte:
Vernunft und Zunge stolpern viel!
Das Fliegen gab mir neue Kräfte
Und lehrt' mich schönere Geschäfte,
Gesang und Scherz und Liederspiel.

Einsam zu denken – das ist weise.
Einsam zu singen – das ist dumm!
So horcht mir denn auf meine Weise
Und setzt euch still um mich im Kreise,
Ihr schönen Vögelchen, herum!

Vereinsamt

Die Krähen schrei'n
Und ziehen schwirren Flugs zur Stadt:
Bald wird es schnei'n –
Wohl dem, der jetzt noch – Heimat hat!

Nun stehst du starr,
Schaust rückwärts ach! wie lange schon!
Was bist du, Narr,
Vor Winters in die Welt – entflohn?

Die Welt – ein Tor
Zu tausend Wüsten stumm und kalt!
Wer das verlor,
Was du verlorst, macht nirgends Halt.

Nun stehst du bleich,
Zur Winter-Wanderschaft verflucht,
Dem Rauche gleich,
Der stets nach kältern Himmeln sucht.

Flieg', Vogel, schnarr'
Dein Lied im Wüsten-Vogel-Ton! –
Versteck' du Narr,
Dein blutend Herz in Eis und Hohn!

Die Krähen schrei'n
Und ziehen schwirren Flugs zur Stadt:
Bald wird es schnei'n –
Weh dem, der keine Heimat hat!

Philosophisches

Licht und Flamme

Wir sind keine denkenden Frösche, keine Objektivier- und Registrier-Apparate mit kaltgestellten Eingeweiden – wir müssen beständig unsre Gedanken aus unsrem Schmerz gebären und mütterlich ihnen alles mitgeben, was wir von Blut, Herz, Feuer, Lust, Leidenschaft, Qual, Gewissen, Schicksal, Verhängnis in uns haben. Leben – das heißt für uns alles, was wir sind, beständig in Licht und Flamme verwandeln; auch alles, was uns trifft, wir können gar nicht anders.

(»Fröhliche Wissenschaft«)

Philosophie und Diät

Wohin will diese ganze Philosophie mit allen ihren Umwegen? Tut sie mehr, als einen steten und starken Trieb gleichsam in Vernunft zu übersetzen, einen Trieb nach milder Sonne, heller und bewegter Luft, südlichen Pflanzen, Meeres-Atem, flüchtiger Fleisch-, Eier- und Früchtenahrung, heißem Wasser zum Getränke, tagelangen stillen Wanderungen, wenigem Sprechen, seltenem und vorsichtigem Lesen, einsamem Wohnen, reinlichen, schlichten und fast soldatischen Gewohnheiten, kurz, nach allen Dingen, die gerade mir am besten schmecken, gerade mir am zuträglichsten sind? Eine Philosophie, welche im Grunde der Instinkt für eine persönliche Diät ist? Ein Instinkt, welcher nach meiner Luft, meiner Höhe, meiner Witterung, meiner Art Gesundheit durch den Umweg meines Kopfes sucht? Es gibt viele andere und gewiß auch viele höhere Erhabenheiten der Philosophie, und nicht nur solche, welche düsterer und anspruchsvoller sind als die meinen, – vielleicht sind auch sie insgesamt nichts anderes als intellektuelle Umwege derartig persönlicher Triebe? – Inzwischen sehe ich mit einem neuen Auge auf das heimliche und einsame Schwärmen eines Schmetterlings, hoch an den Felsenufern des Sees, wo viele gute Pflanzen wachsen: er fliegt umher, unbekümmert darum, daß er nur das Leben eines Tages noch lebt, und daß die Nacht zu kalt für seine geflügelte Gebrechlichkeit sein wird. Es würde sich wohl auch für ihn eine Philosophie finden lassen: ob es schon nicht die meine sein mag.

(»Morgenröte«)

Der Wanderer

Wer nur einigermaßen zur Freiheit der Vernunft gekommen ist, kann sich auf Erden nicht anders fühlen denn als Wanderer, – wenn auch nicht als Reisender nach einem letzten Ziele: denn dieses gibt es nicht. Wohl aber will er zusehen und die Augen dafür offen haben, was alles in der Welt eigentlich vorgeht; deshalb darf er sein Herz nicht allzufest an alles einzelne anhängen; es muß in ihm selber etwas Wanderndes sein, das seine Freude an dem Wechsel und der Vergänglichkeit habe. Freilich werden einem solchen Menschen böse Nächte kommen, wo er müde ist und das Tor der Stadt, welche ihm Rast bieten sollte, verschlossen findet; vielleicht, daß noch dazu, wie im Orient, die Wüste bis an das Tor reicht, daß die Raubtiere bald ferner, bald näher her heulen, daß ein starker Wind sich erhebt, daß Räuber ihm seine Zugtiere wegführen. Dann sinkt für ihn wohl die schreckliche Nacht wie eine zweite Wüste auf die Wüste, und sein Herz wird des Wanderns müde. Geht ihm dann die Morgensonne auf, glühend wie eine Gottheit des Zorns, öffnet sich die Stadt, so sieht er in den Gesichtern der hier Hausenden vielleicht noch mehr Wüste, Schmutz, Trug, Unsicherheit als vor den Toren – und der Tag ist fast schlimmer als die Nacht. So mag es wohl einmal dem Wanderer ergehen; aber dann kommen, als Entgelt, die wonnevollen Morgen anderer Gegenden und Tage, wo er schon im Grauen des Lichtes die Musenschwärme im Nebel des Gebirges nahe an sich vorübertanzen sieht, wo ihm nachher, wenn er still, in dem Gleichmaß der Vormittagsseele, unter Bäumen sich ergeht, aus deren Wipfeln und Laubverstecken heraus lauter gute und helle Dinge zugeworfen werden, die Geschenke aller jener freien Geister, die in Berg, Wald und Einsamkeit zu Hause sind und welche, gleich ihm, in ihrer bald fröhlichen bald nachdenklichen Weise, Wanderer und Philosophen sind. Geboren aus den Geheimnissen der Frühe, sinnen sie darüber nach, wie der Tag zwischen dem zehnten und zwölften Glockenschlage ein so reines, durchleuchtetes, verklärtheiteres Gesicht haben könne: – sie suchen die *Philosophie des Vormittages*.

(»Menschliches, Allzumenschliches«)

Christentum als Altertum

Wenn wir eines Sonntagmorgens die alten Glocken brummen hören, da fragen wir uns: ist es nur möglich! dies gilt einem vor zwei Jahrtausenden gekreuzigten Juden, welcher sagte, er sei Gottes Sohn. Der Beweis für eine solche Behauptung fehlt. – Sicherlich ist innerhalb unserer Zeiten die christliche Religion ein aus ferner Vorzeit hereinragendes Altertum, und daß man jene Behauptung glaubt – während man sonst so streng in der Prüfung von Ansprüchen ist –, ist vielleicht das älteste Stück dieses Erbes. Ein Gott, der mit einem sterblichen Weibe Kinder erzeugt; ein Weiser, der auffordert, nicht mehr zu arbeiten, nicht mehr Gericht zu halten, aber auf die Zeichen des bevorstehenden Weltuntergangs zu achten; eine Gerechtigkeit, die den Unschuldigen als stellvertretendes Opfer annimmt; jemand, der seine Jünger sein Blut trinken heißt; Gebete um Wundereingriffe; Sünden an einem Gott verübt, durch einen Gott gebüßt; Furcht vor einem Jenseits, zu welchem der Tod die Pforte ist; die Gestalt des Kreuzes als Symbol inmitten einer Zeit, welche die Bestimmung und die Schmach des Kreuzes nicht mehr kennt – wie schauerlich weht uns dies alles, wie aus dem Grabe uralter Vergangenheit an! Sollte man glauben, daß so etwas noch geglaubt wird?

(»Menschliches, Allzumenschliches«)

Im Schatten des Schnurrbarts

Wir vergessen zu leicht; daß wir im Auge fremder Menschen, die uns zum ersten Male sehen, etwas ganz anderes sind als das, wofür wir uns selber halten: meistens nichts mehr als eine in die Augen springende Einzelheit, welche den Eindruck bestimmt. So kann der sanftmütigste und billigste Mensch, wenn er nur einen großen Schnurrbart hat, gleichsam im Schatten desselben sitzen, und ruhig sitzen – die gewöhnlichen Augen sehen in ihm den Zubehör zu einem großen Schnurrbart, will sagen: einen militärischen, leicht aufbrausenden, unter Umständen gewaltsamen Charakter – und benehmen sich darnach vor ihm.

(»Morgenröte«)

Chronik

1844 Friedrich Wilhelm Nietzsche wird am 15. Oktober als erstes Kind des Pfarrers Carl Ludwig Nietzsche und dessen Ehefrau Franziska (geb. Oehler) in Röcken bei Lützen geboren.

1846 Geburt der Schwester Elisabeth.

1848 Geburt des Bruders Ludwig Joseph.

1849 Der Vater stirbt an »Gehirnerweichung«.

1850 Tod des Bruders; die Familie zieht nach Naumburg, dort besucht Nietzsche die Knaben-Bürgerschule. Freundschaft mit Wilhelm Pinder und Gustav Krug.

1854 Domgymnasium Naumburg.

1858 Landesschule Pforta (»Schulpforta«); Freundschaft mit Paul Deussen.

1864 Studium in Bonn: zwei Semester Theologie und Klassische Philologie.

1865 Studium in Leipzig: Klassische Philologie. Entdeckung Schopenhauers.

1866 Freundschaft mit Erwin Rohde.

1867 Militärdienst in Naumburg; Reitunfall, schwere Brustverletzung.

1868 Erste Begegnung mit Richard Wagner in Leipzig.

1869 Berufung an die Universität Basel als außerordentlicher Professor für Klassische Philologie. Erster Besuch bei Richard Wagner in Tribschen am Vierwaldstätter See.

1871 Freiwilliger im Deutsch-Französischen Krieg (Sanitäter), Nietzsche erkrankt an Ruhr und Diphtherie. In Basel Beginn der Freundschaft mit Franz Overbeck.

1872 »Die Geburt der Tragödie aus dem Geiste der Musik«; Basler Vorträge »Über die Zukunft unserer Bildungsanstalten«; die Wagners ziehen von Tribschen nach Bayreuth.

1873 Das Tragödienbuch wird von der Fachwelt angegriffen. Erste und zweite »Unzeitgemäße Betrachtung«: »David Strauss, der Bekenner und Schriftsteller« und »Vom Nutzen und Nachteil der Historie für das Leben«.

1874 Dritte »Unzeitgemäße«: »Schopenhauer als Erzieher«.

1875 Bekanntschaft mit dem Musiker Heinrich Köselitz.

1876 Vierte »Unzeitgemäße«: »Richard Wagner in Bayreuth«. Zunehmende Entfremdung von Wagner, Freundschaft mit Paul Rée und Malwida von Meysenbug. November: Letztes Zusammentreffen mit Wagner in Sorrent.

1878 »Menschliches, Allzumenschliches. Ein Buch für freie Geister«, erster Teil. Letzter Brief an Richard Wagner, Ende der Freundschaft mit den Wagners. Schwer krank. November: »Vermischte Meinungen und Sprüche«.

1879 Nietzsche gibt seine Lehrtätigkeit auf, sein Wanderleben beginnt. Erster Sommer im Engadin. »Der Wanderer und sein Schatten« (wird mit »Vermischte Meinungen und Sprüche« zum zweiten Teil von »Menschliches, Allzumenschliches«).

1881 »Morgenröte. Gedanken über die moralischen Vorurteile«. Erster Sommer in Sils-Maria, Notizen zum »Zarathustra«.

1882 »Idyllen aus Messina«; »Die fröhliche Wissenschaft«. Bekanntschaft mit Lou von Salomé.

1883 »Also sprach Zarathustra. Ein Buch für alle und keinen«. Erster und zweiter Teil.

1884 Dritter Teil von »Also sprach Zarathustra«. Winter in Nizza.

1885 Vierter Teil des »Zarathustra« als Privatdruck.

1886 »Jenseits von Gut und Böse. Vorspiel einer Philosophie der Zukunft«. Neue Ausgabe der Tragödienschrift mit einer selbstkritischen Vorrede und der beiden Bände von »Menschliches, Allzumenschliches« mit neuen Vorreden.

1887 »Zur Genealogie der Moral. Eine Streitschrift«. Neuausgabe der »Morgenröte« mit einer neuen Vorrede, Neuausgabe der »Fröhlichen Wissenschaft« mit neuer Vorrede und erweitert um ein fünftes Buch und den Anhang: »Lieder des Prinzen Vogelfrei«.

1888 Im Frühjahr erster Aufenthalt in Turin, Sommer in Sils-Maria, Herbst und Winter wieder in Turin. »Der Fall Wagner«, »Götzen-Dämmerung, oder: Wie man mit dem Hammer philosophiert«; »Nietzsche contra Wagner« (erscheint erst im Gesamtwerk); »Der Antichrist« (erscheint 1894); »Ecce homo« (erscheint 1908); »Dionysos-Dithyramben« (erscheint 1892).

1889 Zusammenbruch in den ersten Januartagen in Turin. Franz Overbeck holt den Freund nach Basel, von dort in die Psychiatrie nach Jena.

1890 Mutter Franziska nimmt den kranken Sohn zu sich nach Naumburg.

1892 Gesamtausgabe der Werke Nietzsches beginnt.

1894 Schwester Elisabeth gründet in Naumburg das Nietzsche-Archiv. 1896 zieht sie mit dem Archiv nach Weimar.

1897 Nietzsches Mutter stirbt. Elisabeth bringt den kranken Bruder nach Weimar.

1900 Nietzsche stirbt am 25. August.

Zum Weiterlesen

Von Nietzsche

Friedrich Nietzsche, Sämtliche Werke. Kritische Studienausgabe in 15 Bänden. Hrsg. von Giorgio Colli und Mazzino Montinari. München 1988.

Taschenbuchausgabe der großen Gesamtausgabe. Die ersten sechs Bände (die Hauptwerke Nietzsches) sind auch als Einzelausgaben erschienen.

Friedrich Nietzsche, Frühe Schriften 1854–1869. Fünf Bände. München 1994.

Nachdruck der Gesamtausgabe von 1933–1940 (nach fünf Bänden abgebrochen).

Friedrich Nietzsche, Sämtliche Briefe. Kritische Studienausgabe in acht Bänden. Hrsg. von Hans Joachim Mette. München 1986.

Friedrich Nietzsche, Werke in drei Bänden (plus ein Indexband). Hrsg. von Karl Schlechta. München 1954–1956.

Enthält sämtliche von Nietzsche veröffentlichte Schriften, einige Jugendschriften, einige Briefe und Fragmente aus dem Nachlaß. Von der großen Werkausgabe überholt, trotz kleinerer editorischer Mängel aber immer noch brauchbar. Als Lizenzausgabe bei der Büchergilde Gutenberg preisgünstig zu haben.

Über Nietzsche

Friedrich Nietzsche. Chronik in Bildern und Texten. München 2000.

Eine umfangreiche Sammlung (850 Seiten) von Texten, Bildern, Dokumenten auf der Basis einer Ausstellung der Stiftung Weimarer Klassik zu Nietzsches Leben und Werk.

Joachim Köhler: Nietzsche. München 2001.

Köhler schreibt die »tragische Geschichte eines heimlichen Homosexuellen«.

Curt Paul Janz: Friedrich Nietzsche. Biographie in drei Bänden. München 1978–1980.

Das Standardwerk – die umfangreichste und detaillierteste Nietzsche-Biographie. Als preisgünstige Lizenzausgabe bei 2001 erschienen (inzwischen nicht mehr in der gedruckten Ausgabe lieferbar, nur noch als CD-ROM zusammen mit der dreibändigen Werk-Ausgabe von Schlechta).

Karl Jaspers: Nietzsche. Einführung in das Verständnis seines Philosophierens. Berlin 1950.

Karl Löwith: Nietzsche. Stuttgart 1987.

Mazzino Montinari: Friedrich Nietzsche. Eine Einführung. Berlin, New York 1991.

Werner Ross: Der ängstliche Adler. Das Leben Friedrich Nietzsches. München 1984.

Rüdiger Safranksi: Nietzsche. Biographie seines Denkens. Frankfurt 2002.

Jörg Salaquarda (Hrsg.): Nietzsche. Darmstadt 1996.

Ein Überblick über die Nietzsche-Forschung nach dem Zweiten Weltkrieg bis 1980.

Günter Schulte: »Ich impfe euch mit dem Wahnsinn«. Nietzsches Philosophie der verdrängten Weiblichkeit des Mannes. Frankfurt 1982.

Der Titel ist ein Nietzsche-Zitat, der Untertitel sagt, worum es geht: Um Nietzsches problematisches Verhältnis zur eigenen Sexualität.

Schneller hören geht nicht, aber schneller lesen … Klassiker für Eilige

REINHOLD HARTMANN
Mozart für Eilige
»Je mehr man Mozart liebt, je mehr man sich mit ihm beschäftigt, desto rätselhafter wird seine Persönlichkeit«, schrieb Hermann Hesse. In »Mozart für Eilige« erfährt man alles Wissenswerte über die wichtigsten Opern und die geniale Musik und natürlich über das wilde Leben des Wolfgang Amadeus, das immer wieder Romanciers, Dramatiker und Regisseure zu ziemlich freien Darstellungen angeregt hat.
188 Seiten. Mit 15 Abbildungen. AtV 1957

ROLF SCHNEIDER
Wagner für Eilige
Rolf Schneider erzählt die Libretti der wichtigsten Opern von Richard Wagner mit dem nötigen Schuß an Ironie als spannende Geschichten nach. Alles Wissenswerte wird dem eiligen Leser profund und lesbar zugleich geboten: vom mythologischen Hintergrund der Opern über Biographisches bis hin zu den widerspruchsvollen Leistungen des Komponisten, der zu den wichtigsten geistigen Anregern gehört, die das 20. Jahrhundert hervorbrachte.
179 Seiten. AtV 1886

MARIANNE REIßINGER
Verdi für Eilige
Giuseppe Verdi (1813–1901) gehört zweifellos zu den erfolgreichsten und populärsten Opernkomponisten überhaupt. Seine Werke zählen zum festen Repertoire der internationalen Bühnen. Der Gefangenenchor aus »Nabucco« avancierte in Italien längst zur heimlichen Nationalhymne und die »Rigoletto«-Arie »La donna è mobile« wurde weltweit zum geflügelten Wort. Doch wer kennt schon mehr als dies aus den sechsundzwanzig Opern Verdis? Marianne Reißinger, eine exzellente Kennerin Verdis, bringt Licht ins Dunkel der Opernbühne und stellt mitreißend und humorvoll die wichtigsten Libretti vor.
213 Seiten. Mit 1 Abbildung. AtV 1975

Mehr Informationen erhalten Sie unter www.aufbau-verlag.de oder bei Ihrem Buchhändler

AtV

Räume, Zeiten, Landschaften. Biographien von Dichtern und Erzählern bei AtV